电子商务基础与实务

（第2版）

主　编　陶玉琼
副主编　朱振华　贾玮娜　蒙瑞珍

北京理工大学出版社
BEIJING INSTITUTE OF TECHNOLOGY PRESS

内容简介

本书是为电子商务及相关专业的学生学习电子商务知识而编写的入门教材，是在前一版的基础上结合电子商务发展的最新动态和应用修订而成的。按照项目情景引入、项目学习目标、任务描述、知识学习、任务实施、任务评价、知识拓展、项目总结、课后习题、拓展学习的体系结构进行编写。本书共分为电子商务认知、电子商务技术基础、电子商务交易模式应用、电子支付与网上银行、电子商务安全、网络营销实践、电子商务物流、跨境电子商务、电子商务法律法规等 9 个项目。本书以培养应用型人才为目标，体现了“教、学、做”一体化的教学模式，在介绍电子商务基础知识的同时，加强了实践性技能的培养。通过知识学习和任务实施的操作，学生不仅能够掌握电子商务的基础知识，而且能够做到学以致用、活学活用，从而达到工学结合、提高学生综合素质的目的。

图书在版编目（CIP）数据

电子商务基础与实务 / 陶玉琼主编．—2 版．—北京：北京理工大学出版社，2019.8（2021.7重印）

ISBN 978 -7 -5682 -7374 -9

Ⅰ.①电…　Ⅱ.①陶…　Ⅲ.①电子商务 - 高等学校 - 教材　Ⅳ.①F713.36

中国版本图书馆 CIP 数据核字（2019）第 170866 号

出版发行 / 北京理工大学出版社有限责任公司
社　　址 / 北京市海淀区中关村南大街 5 号
邮　　编 / 100081
电　　话 /（010）68914775（总编室）
（010）82562903（教材售后服务热线）
（010）68948351（其他图书服务热线）
网　　址 / http：//www. bitpress. com. cn
经　　销 / 全国各地新华书店
印　　刷 / 三河市天利华印刷装订有限公司
开　　本 / 787 毫米 ×1092 毫米　1/16
印　　张 / 16.5
字　　数 / 378 千字
版　　次 / 2019 年 8 月第 2 版　2021 年 7 月第 3 次印刷
定　　价 / 45.00 元

责任编辑 / 徐春英
文案编辑 / 徐春英
责任校对 / 周瑞红
责任印制 / 施胜娟

图书出现印装质量问题，请拨打售后服务热线，本社负责调换

再版前言

电子商务已经应用到社会活动的各个领域，从商贸流通、生产制造、旅游、金融到房地产、交通运输等各个行业，成为拉动消费、促进传统产业升级的重要推手。电子商务经营方式呈现多样化、灵活性和地域广等特点，可以大幅降低交易成本、提高效率、改善供应链管理、加快经济转型升级。目前，各类企业普遍遇到电子商务人才短缺的问题，尤其是需要掌握实践技能的电子商务运营人才。

本书是为电子商务及相关专业的学生学习电子商务知识而编写的入门教材，是在前一版的基础上结合电子商务发展的最新动态和应用修订而成的。本书自 2016 年 8 月出版以来，被多所院校使用，在编写体例上，沿用第一版的思路，按照项目情景引入、项目学习目标、任务描述、知识学习、任务实施、任务评价、知识拓展、项目总结、课后习题、拓展学习的体系结构进行编写。本书以培养应用型人才为目标，体现了“教、学、做”一体化的教学模式，在介绍电子商务基础知识的同时，加强了实践性技能的培养。通过知识学习和任务实施的操作，学生不仅能够掌握电子商务的基础知识，而且能够做到学以致用、活学活用，从而达到工学结合、提高学生综合素质的目的。

本书共分为电子商务认知、电子商务技术基础、电子商务交易模式应用、电子支付与网上银行、电子商务安全、网络营销实践、电子商务物流、跨境电子商务、电子商务法律法规等 9 个项目。与前一版相比，本书更新了大量数据、案例、图表和课后习题，增加了移动互联网开发技术、电子商务新技术趋势、快递业务介绍、跨境电商和新颁布的电子商务法的内容，精简了部分语言，力求为使用者提供更为详实、系统的学习资料，本书的部分案例和知识拓展资料可以通过二维码扫描学习。

本书由陶玉琼担任主编，朱振华、贾玮娜、蒙瑞珍担任副主编，其中陶玉琼负责提纲的编写、体例的设计以及初稿的审阅、统稿和定稿。各项目具体分工如下：陶玉琼负责项目 1、项目 3、项目 4、项目 6、项目 9，朱振华负责项目 5、项目 8，贾玮娜负责项目 2，蒙瑞珍负责项目 7。

本书编写组的成员都是多年从事专业教学工作的一线教师，具有丰富的专业知识和教学经验。本书既是集体智慧的结晶，也是专业教师对以往教学成果的总结与提炼。

由于近些年来电子商务发展迅速，新模式、新技术不断涌现，尽管我们力求为读者呈现最新的知识和数据，但是有些资料还是很难在第一时间获取并编写在书中。在本书的编写过程中，编者参考了大量国内外相关出版物及网站资料，在此一并向这些资料的作者表示诚挚的感谢。尽管本书经过多次修改，但还是有许多遗漏和不足之处，恳请读者批评指正，您的意见和建议请发送至：cjglxdzsw@ 126. com，以便我们再次修订时改正。

编　　者

目 录

项目1

电子商务认知

项目情景引入

小新是朝九晚五的上班族，由于工作比较忙，加班成了常态。她已经很久没有逛过街了，但这并不耽误她消费。在中午休息和晚上睡觉之前，她都会拿出手机逛逛淘宝、京东、唯品会、拼多多、小红书，把自己中意的商品加入购物车，当需要时或商家有优惠活动时，她都会赶紧下单，把喜爱的商品抢购回来。电话费、煤气费、电费、水费等都可以通过网上支付，如果加班不能回家吃饭，外卖送餐服务也能节省很多时间，如果有事出门，网约车也很方便。旅游度假的机票、酒店、景点门票也都可以在网上在线预订。

原先小区的传达室里多的是来往的书信，现在更多的是各类快递的包裹；原先大街上开着摩托车与电动车的快递人员并不多见，现如今满眼都是快递人员忙碌的身影；鲜花、热带水果、进口商品、海产品都已成为电商销售的热门商品。电子商务渗透到我们生活中的方方面面，改变着人们传统的消费方式、工作方式，电子商务使人们的生活更加便利。

项目学习目标

知识目标

1. 掌握电子商务的含义、特点
2. 掌握电子商务的分类
3. 理解电子商务框架的基本构成
4. 熟悉电子商务的参与者
5. 了解电子商务的发展历程及现状

能力目标

1. 能够利用互联网进行交易
2. 能够利用所学的知识分析电商发展的经典案例

素质目标

1. 利用互联网不断学习新知识、新技术，有一定创新意识
2. 具有电子商务行业敏感度，善于捕捉相关电子商务行业、企业的最新信息
3. 具有一定的团队合作精神，初步树立电子商务创业意识

核心知识点

电子商务的含义　电子商务分类　电子商务框架

任务1.1　认识电子商务

【任务描述】

程迪英是重庆某家庭农场的农场主，一天，他接到了这样一个电话："你好，我在QQ群里看到你的养殖场出栏的肉鸡，品相、价格都不错，目前存栏多少？我订了"。程迪英自从加入这个重庆土鸡养殖交流群，不仅和重庆各区县养殖场场主们交流了土鸡养殖的经验，还吸引了大批农副产品经销商的加入，从此打开销路，程迪英家的土鸡销售供不应求。程迪英是在一次养殖业交流会上得知这个销售渠道的，便主动加入学习取经，定期上传自家养殖场的土鸡图片，并实时报价。如今，电子商务已经走进了农家，更多的农户和农业龙头企业享受到了电子商务带来的便利和实惠。发展现代农业，大家越来越有信心。和同学讨论：什么是电子商务？利用电子商务还能做些什么？

【知识学习】

1.1.1　什么是电子商务

在互联网迅速发展的今天，电子商务已走进我们的日常生活，网上购物、网上订票、网上销售农产品、网上约车不再是什么新鲜的名词。

实例1　网上"淘宝"

淘宝网是著名的网上购物平台，在这里有各类服装、鞋帽、箱包、美妆、数码产品等销售，它以样式新颖、价格低廉受到众多消费者的青睐，淘宝网首页如图1-1所示。

实例2　网上订票

现在如果要出差或出去旅游，不必到火车站或航空售票处购票，可以直接登录12306网站、航空公司的网上订票系统、旅游电子商务平台进行订票。购票者足不出户就可在网上查询列车时刻表、到站信息、航班动态、在线选座位、在线改签，免去了奔波之苦，同时还能享受到更多的折扣。12306、携程网APP首页如图1-2、图1-3所示。

实例3　网上农产品交易

电商平台已经成为市场推广销售的主流方式，很多的农村创业者都尝试着用互联网来销售推广农产品。按照传统的农业销售模式，农产品从成熟收获到消费者手中，需要经过多个渠道运转，这其中的人工运输和储存都需要很多的费用，这样就导致了在整个流通过程中，

图 1－1　淘宝网首页

生产者并不会获得很多的收益，而消费者受地域限制也难以买到新鲜或价格便宜的农产品。通过互联网销售农产品，就可以实现买家与农户的直接接触，减少了中间商赚差价，降低了交易成本，也满足了市场的需求。图 1－4 为惠农网首页。

图 1－2　12306 首页

图 1－3　携程网 APP 首页

图1－4 惠农网首页

看过上面几个实例，很多人可能会认为电子商务就是消费者在互联网上的购物活动。其实不然，电子商务的业务领域并不仅限于此，它还包括其他类型的商务活动。那么，什么是电子商务呢?

1. 电子商务的定义

目前来讲，人们对电子商务还没有一个统一和规范的认识。不同的国家组织、政府、公司和学术团体从不同的角度给出了电子商务的定义。综合各方观点，本书认为电子商务是指交易当事人或参与人利用计算机技术和网络技术（主要是互联网）等现代信息技术所进行的各类商务活动，包括商品交易和服务交易等。

首先，电子商务是一种采用最先进信息技术的买卖方式。商品或服务的提供商把信息发布在电子商务平台上，需求方可以通过访问电子商务平台寻找商品和服务信息，一旦双方达成购销意愿，电子商务平台就会协助完成订单的生成、合同的签订及货款的支付等各个环节。这就为卖方以较高的价格卖出产品，买方以较低的价格购入商品提供了一条非常好的途径。

其次，电子商务实质上形成了一个虚拟的市场。它能够跨越时空，实时地为用户提供各类商品和服务的供应量、需求量、发展状况及买卖双方的详细情况，从而使买卖双方能够更方便地研究市场，更准确地了解市场和把握市场。

再次，对电子商务的理解，应从“现代信息技术”和“商务”两个方面考虑。一方面，“电子商务”概念所包括的“现代信息技术”应涵盖各种以电子技术为基础的通信方式；另一方面，对“商务”一词应作广义解释，使其包括由契约型或非契约型商务性质的关系所引起的种种事项。如果把“现代信息技术”看作一个子集，“商务”看作另一子集，电子商务所覆盖的范围应当是这两个子集所形成的交集，即“电子商务”标题之下可能广泛涉及的互联网、内部网和电子数据交换在贸易方面的各种用途，如图 1－5 所示，电子商务是"现代信息技术"和"商务"两个子集的交集。电子商务的本质是商务，而非技术。电子商务的价值核心是商务应用。

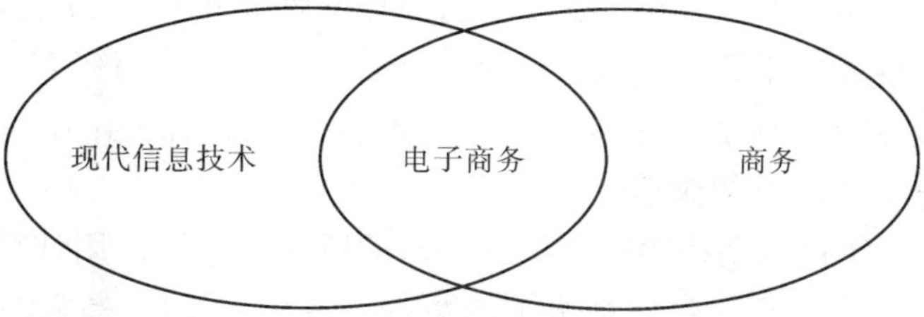

图 1－5　电子商务的定义

最后，电子商务不等于商务电子化。真正的电子商务绝不仅仅是企业前台的商务电子化，更重要的是包括后台在内的整个运作体系的全面信息化，以及企业整体经营流程的优化和重组。也就是说，建立在企业全面信息化基础上，通过电子手段对企业的生产、销售、库存、服务以及人力资源等环节实行全方位控制的电子商务才是真正意义上的电子商务。

2. 电子商务产生的背景

20 世纪 90 年代，互联网的出现将信息技术推向了一个新的高潮。与此同时，信息技术与社会商业的融合发展，导致了社会网络化、经济数字化、竞争全球化、贸易自由化的趋势不断加强。电子商务正是在这种背景下产生的，如图 1－6 所示。

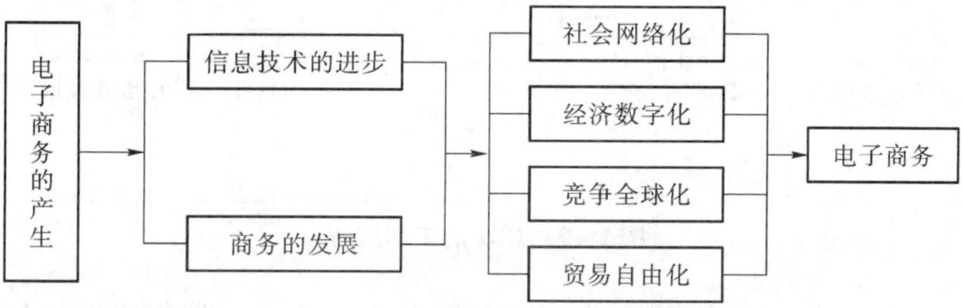

图 1－6　电子商务的产生

其实，并非计算机技术及网络技术产生之后才有电子商务。实际上，当电报刚出现的时候，人们就开始运用电子手段进行商务活动了，当买卖双方在贸易过程中的意见交换、贸易文件等开始以莫尔斯码形式在电线中传输时，就有了电子商务的萌芽。随着电话、传真、电视等电子工具的诞生，商务活动中可应用的电子工具进一步扩充。

由电报、电话、传真和电视带来的商业交易在过去的几十年间日益受到重视，由于它们各有其优缺点，所以人们在商务活动中互为补充地使用电报、电话、传真和电视。今天，电话、电视这些传统的电子工具仍然在商务活动中发挥着重要作用。

3. 电子商务发展的阶段

正如前面提到的，早在电报出现的时候，人们就开始运用电子支付手段进行商务活动了，而在西方发达国家流行了几十年的电话购物、电视购物都属于电子商务的最初表现形式。但真正意义上的电子商务研究和应用经历了两个重要的发展阶段，即开始于 20 世纪 60 年代末的基于 EDI（Electronic Data Interchange，电子数据交换）的电子商务和开始于 20 世纪90年代的基于互联网的电子商务。

（1）20世纪60—90年代：基于EDI的电子商务

从技术的角度来看，人类利用电子通信的方式进行贸易活动已有几十年的历史了。早在20世纪60年代，人们就开始了用电报报文发送商务文件的工作；20世纪70年代人们又普遍采用方便、快捷的传真机来替代电报，但是由于传真文件是通过纸张打印来传递和管理信息的，不能将信息直接转入到信息系统中，因此人们开始采用EDI作为企业间电子商务的应用技术，这也就是电子商务的雏形。

EDI于20世纪60年代末期在美国产生，当时的贸易商们在使用计算机处理各类商务文件的时候发现，由人工输入到一台计算机中的数据，其中的70%是来源于另一台计算机输出的文件，由于过多的人为因素，影响了数据的准确性和工作效率的提高，人们开始尝试在贸易伙伴之间的计算机上使数据能够自动交换，EDI应运而生。

EDI是指将商务或行政事务按照一个公认的标准，形成结构化的事务处理或信息数据格式，从计算机到计算机的数据传输方法。由于EDI大大减少了纸质票据，因此，人们也形象地称之为“无纸贸易”或“无纸交易”。作为一种早期的电子商务模式，EDI在互联网出现之前对全球经济贸易的发展产生了极大的促进作用。图1－7描述了EDI的工作流程。

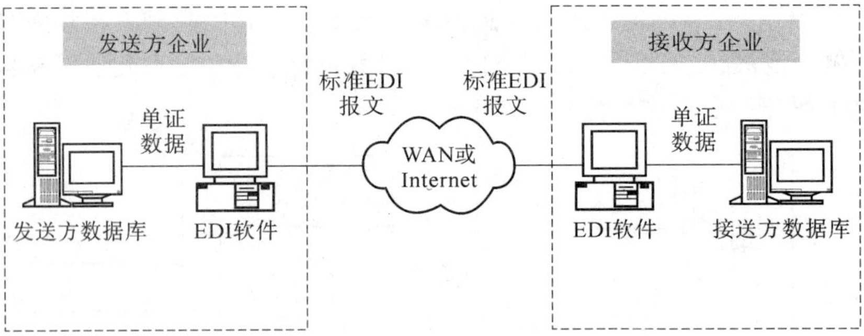

图1－7　EDI的工作流程

20世纪60—90年代，主要是基于增值网的EDI发展阶段。发展到20世纪90年代，各项技术都较为成熟，EDI增值网的服务安全可靠。但是EDI的实际发展和应用却存在着许多限制，从许多用户的观点来看，最基本的问题还是成本太高。实际上，EDI软件和网络通信的高成本只有少数大企业才有能力使用它，中小型企业都望而却步。即使对于大企业来说，成本因素也使他们不愿意再扩展规模。

另外，由于增值服务网络具有高成本和低速度的弊端，在专用的网络上提供EDI服务实际的工作性能也会受到影响，因为EDI的信息都依赖于调制解调器的速度和增值服务网络的批处理方式。同时传统EDI系统采用专用网络，再增加新的增值服务和功能也受到限制，不能为用户提供更好更全面的服务。因此，基于VAN（Value－Addle Network，增值网）的EDI只适用于大企业之间的商务信息交换，对于中小企业之间、企业与消费者之间进行的电子商务活动却不适用。

20世纪90年代，全球互联网开始进入商用并发展迅速。随着互联网的迅速普及，基于互联网的电子商务以更方便、更经济和更简单的特点，快速产生了庞大的用户群体，互联网电子商务模式也快速得到普及，并逐渐被越来越多的企业，尤其是中小企业所采用。这给传统 EDI 发展造成了巨大影响，一些大型企业纷纷向互联网转变，基于 Internet 的 EDI 技术迅速发展。一个典型的例子就是 2003 年，沃尔玛宣布与 IBM 合作，为全球采购和物流控制建立统一互联网标准平台，这意味着它从传统的 EDI 切换到更便宜的网络技术。

可以说，Internet 为 EDI 在企业的推广，特别是在中小企业的应用创造了很好的条件，大大降低了各行业商务信息交换的成本，电子商务的内容也比之前更广泛。基于 Internet 的 EDI 既适用于企业之间的电子商务活动，也适用于企业与消费者之间的电子商务活动。总之，互联网技术为 EDI 的发展和广泛应用带来了新的生机，成为 EDI 技术新的发展方向。

构成 EDI 系统的三个要素是 EDI 软件、硬件、通信网络及数据标准化。从技术上讲，EDI 包括硬件与软件两大部分。硬件主要是计算机网络，软件包括计算机软件和 EDI 标准。

EDI 软件主要有以下几种：

①转换软件。

转换软件可以帮助用户将原有计算机系统的文件，转换成翻译软件能够理解的平面文件，或是将从翻译软件接收来的平面文件，转换成原计算机系统中的文件。

②翻译软件。

将平面文件翻译成 EDI 标准格式，或将接收到的 EDI 标准格式翻译成平面文件。

③通信软件。

EDI 标准格式的文件外层加上通信信封，再送到 EDI 系统交换中心的邮箱，或由 EDI 系统交换中心内将接收到的文件取回。

EDI 软件中除了计算机软件外还包括 EDI 标准。美国国家标准协会曾制定了一个被称为 X12 的标准，用于美国国内。1987 年，联合国主持制定了一个有关行政、商业及交通运输的电子数据交换标准，即国际标准—UN/EDIFACT（UN/EDI For Administration Commerce and Transportation）。1997 年，X12 被吸收到 UN/EDIFACT，使国际用统一的标准进行电子数据交换成为现实。在互联网 EDI 模式出现后，一些国际组织也大力推动互联网环境下信息交换标准的开发和应用，建立的主要国际标准有 ehXML，UBL，RosettaNet 和 GS1 XML 等。

（2）20 世纪 90 年代至今：基于互联网的电子商务

由于使用 VAN 的费用很高，仅大型企业才会使用，因此限制了基于 EDI 的电子商务应用范围的扩大。20 世纪 90 年代中期后，互联网迅速走向普及化，逐步从大学、科研机构走向企业和百姓家庭，其功能也已从信息共享演变为一种大众化的信息传播工具。2018 年上半年，中国国内网络零售市场交易规模达 40 810 亿元，同比增长 30.1%，网络零售市场交易规模占据了社会消费品零售总额的 22%。

互联网电子商务发展如此迅速，主要是因为它比基于 EDI 的电子商务具有以下一些明显的优势：

①费用低廉：由于互联网是国际的开放性网络，使用费用很便宜，一般来说，其费用不到 VAN 的四分之一，这一优势使许多企业尤其是中小企业对其非常感兴趣。

②覆盖面广：互联网几乎遍及全球的各个角落，用户可以方便地与贸易伙伴传递商业信息和文件。

③使用更灵活：基于互联网的电子商务可以不受特殊数据交换协议的限制，任何商业文件或单证可以直接通过填写与现行的纸质单证格式一致的屏幕单证来完成，不需要再进行翻译，任何人都能看懂或直接使用。

1.1.2 电子商务的分类

1. 按照交易对象分类

按照交易对象分类，电子商务可以分为4种类型：

（1）企业与消费者之间的电子商务，即B2C（Business to Customer）电子商务

B2C是指企业和消费者的电子商务活动，由企业或商家主要通过互联网向消费者提供商品和服务。B是指商品和服务供应方，泛指企业，2（英文中读作two）则是to的谐音，C是指消费者。目前，在互联网上遍布各种类型的B2C网站，提供从服装鞋帽、图书音像、数码电器、家居日用品、母婴用品、美妆个护到家具建材、钟表珠宝、话费充值、购买机票等各种商品和服务。

B2C电子商务模式依据经营形式的不同，可以大致分为两大类，一类是自营式，一类是平台式。自营式B2C就是在网上建立一个商城，自己采购商品进行销售，以商品进销差价为主要的盈利模式，如京东商城、苏宁易购、当当网等。而平台式B2C则是在网上搭建交易平台，提供配套的开设店铺、商品搜索、订单管理、支付等服务吸引商家入驻，通过收取商家技术服务费为主要盈利模式，如同电商企业是线下的大商城，商家就是一个个入驻的经销商。目前，很多自营式B2C会开放自己的平台，吸引商家入驻，以达到迅速扩大商品品类，更好地向综合性平台发展的目的，并提升用户的活跃度和黏性。图1-8为当当网首页，图1-9为天猫商城首页。

图1-8　当当网首页

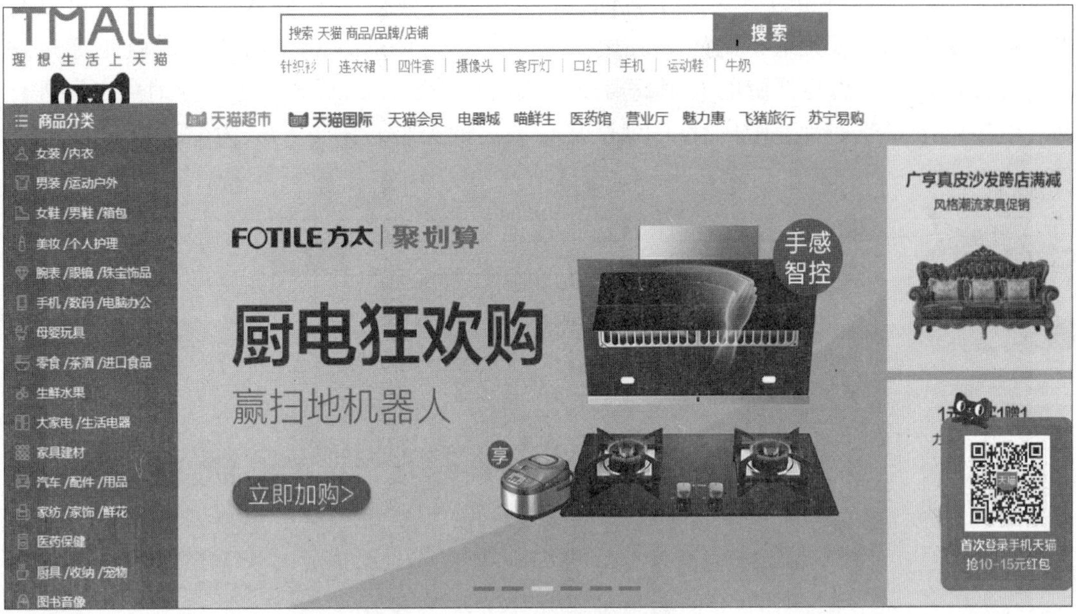

图1-9 天猫商城首页

（2）企业与企业之间的电子商务，即B2B（Business to Business）电子商务

目前，企业采用的B2B可以分为面向中间交易市场的水平B2B电子商务和面向制造业或商业的垂直B2B电子商务两种模式。水平B2B电子商务又可称为综合的电子交易网站，在这里买卖双方集中到一个市场上来进行信息交流、广告、采购、拍卖竞标等。如阿里巴巴、敦煌网、慧聪网都属于这种类型。之所以用“水平”这一概念，主要是指这种网站的行业范围广，很多的行业都可以在同一个网站上进行贸易活动。图1-10为阿里巴巴1688网站首页。

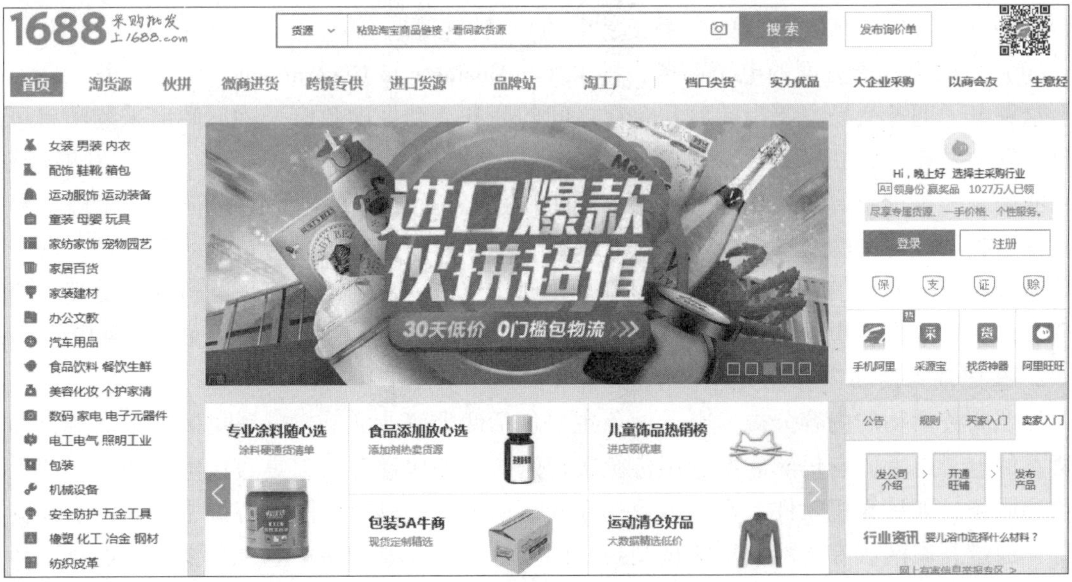

图1-10 阿里巴巴1688网站首页

垂直B2B电子商务可以分为两个方向，即上游和下游。生产商或商业零售商可以与上游供应商之间形成供货关系，比如Dell电脑公司与上游的芯片和主板制造商就是通过这种方式进行合作。生产商与下游的经销商可以形成销货关系，比如思科与其分销商之间进行的交易。欧冶电子商务平台、中国化工网等就属于这种类型。图1－11为欧冶电子商务平台首页。

图1－11　欧冶电子商务平台首页

（3）消费者之间的电子商务，即C2C（Customer to Customer）电子商务

在C2C电子商务平台上，卖方可以主动提供商品上网拍卖，而买方可以自行选择商品进行竞价。我国C2C交易主要还是全新商品的出售，并且是一口价居多，目前国内的C2C平台主要有淘宝、闲鱼（淘宝的二手交易市场）、转转等。

（4）企业与政府方面的电子商务，即B2G（Business to Government）电子商务

这种电子商务交易主要指政府和企业之间的商务活动，即政府采购。政府采购清单可以通过互联网发布进行招标，企业在网上竞标。在中国的《电子商务“十二五”发展规划》中，明确积极推进政府采购信息化建设，加快建设全国统一的电子化政府采购管理交易平台，探索利用政府采购交易平台实现政府采购管理和操作执行各个环节的协调联动，逐步实现政府采购业务交易信息共享和全流程电子化操作，进一步规范政府采购行为，提高政府采购资金的使用效率。中央及各地政府先后建立了政府采购电子商务平台，如图1－12所示。

2. 按照商务活动内容分类

按照商务活动的内容分类，电子商务主要包括两类商业活动：一是间接电子商务，即有形货物的电子订货，它仍然需要利用传统渠道送货，如快递等；二是直接电子商务，即无形货物和服务，如计算机软件、娱乐内容的在线订购、网上订票、网上咨询服务、网上证券交易等，通过互联网或专用网直接实现交易。间接电子商务要依靠一些外部要素，如物流系统的效率等。直接电子商务能使双方越过地理界线直接进行交易，充分挖掘全球市场的潜力。

图1－12　中央政府采购网首页

3. 按照使用网络类型分类

根据使用网络类型的不同，电子商务目前主要有三种形式：第一种形式是EDI商务；第二种形式是互联网商务；第三种形式是内联网（Intranet）商务。

（1）EDI商务

EDI是指将商务或行政事务按照一个公认的标准，形成结构化的事务处理或信息数据格式，从计算机到计算机的数据传输方法。EDI主要应用于企业与企业、企业与批发商、批发商与零售商之间的批发业务。相对于传统的订货和付款方式，EDI大大节约了时间和费用。相对于互联网，EDI较好地解决了安全保障问题。这是因为，使用者均有较可靠的信用保证，并有严格的登记手续和准入制度，加之多级权限的安全防范措施，从而实现了包括付款在内的全部交易工作信息化。

但是，由于EDI必须租用EDI网络上的专线，即通过购买增值网服务才能实现，费用较高；此外，需要有专业的EDI操作人员，并且需要贸易伙伴也使用EDI，因此阻碍了中小企业对EDI的使用。加之早期计算机昂贵，速度慢、商品软件少及许多应用程序需要自行开发，因此只有大公司才有能力使用EDI，这种状况使EDI虽然已经存在了多年，但至今仍未普及。

（2）互联网商务

互联网商务是国际现代商业的主要应用形式。它以计算机、通信、多媒体、数据库技术为基础，通过互联网络，在网上实现营销、购物服务。它突破了传统商业生产、批发、零售及进、销、存、调的流转程序与营销模式，真正实现了少投入、低成本、零库存、高效率，避免了商品的无效搬运，从而实现了社会资源的高效运转和最大节余。消费者可以不受时间、空间的限制，大范围比较，力求以最低的价格获得最为满意的商品和服务。

(3) 内联网商务

内联网是在互联网的基础上发展起来的企业内部网，它在原有的局域网上附加一些特定的软件，将局域网与互联网连接起来，从而形成企业内部的虚拟网络。内联网与互联网之间最主要的区别在于内联网内敏感的或享有访问权限的信息受到企业防火墙保护，它只允许有授权者介入内部网络，外部人员只有在许可条件下才可进入企业的内联网。内联网将大、中型企业分布在各地的分支机构及企业内部有关部门和各种信息通过网络予以连通，使企业各级管理人员能够通过网络读取自己所需的信息，利用在线业务的申请和注册代替纸张贸易和内部流通的形式，从而有效地降低了交易成本，提高了经营效益。EDI 商务、互联网商务和内联网商务的关系如图 1－13 所示。

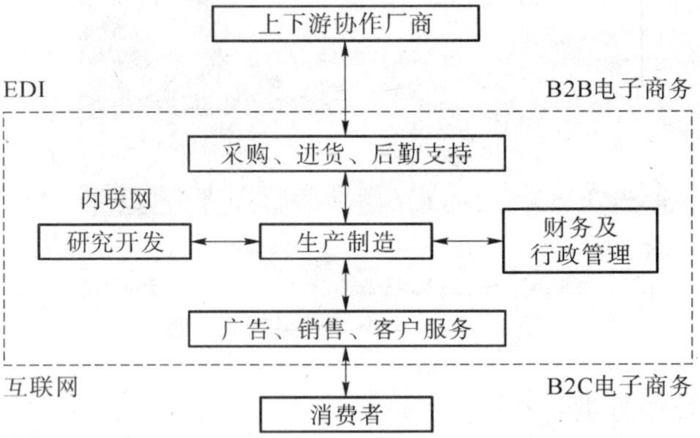

图 1－13　EDI 商务、互联网商务、内联网商务的关系

1.1.3　电子商务的一般框架和参与者

1. 电子商务的一般框架

企业的电子商务系统及各种模式电子商务平台建立的主要构成要素基本相同，这就是电子商务的一般框架，如图 1－14 所示。它可以帮助我们更好地理解电子商务环境下的系统结构。电子商务一般框架由四个层次和两个支柱构成。四个层次分别是：网络基础设施、商业信息发布、商业服务的基础设施、电子商务应用；两个支柱是政策、法律、隐私和技术标准及文件/安全网络协议。

(1) 网络基础设施

这个层次主要是电子商务的硬件基础设施，也是实现电子商务的最底层的基本设施。网络基础设施主要包括远程通信网、有线电视网、无线电通信网和互联网以及移动网络等。目前大部分的电子商务应用都基于互联网。

(2) 商业信息发布

网络基础设施提供了信息传输的线路，这使通过网络传递信息成为可能，在网络上可以传播文本、图片、声音、图像等形式多样的信息。目前，网上最流行的发布信息的方式是以 HTML（超文本标记语言）的形式将信息发布在互联网上，通过 HTML 可以将多媒体内容组织得易于检索和富于表现力。应用 Java 或 XML（可扩展标记语言）能更方便地使这些信息

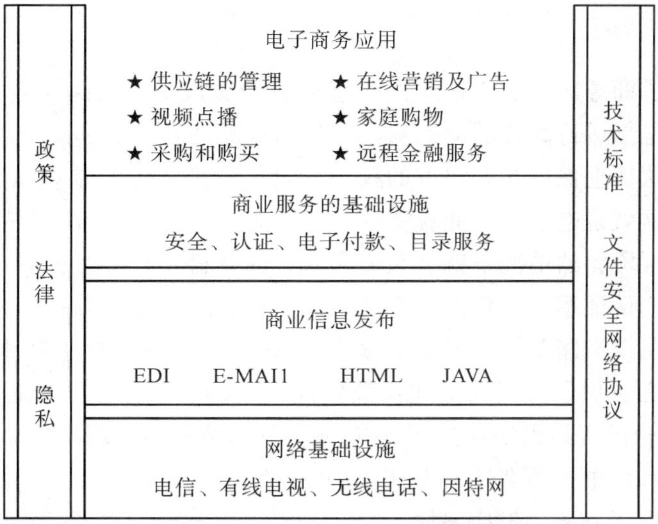

图1-14 电子商务的一般框架

的发布适用于各种网络、设备和操作系统。这样，企业可以利用网页、电子邮件等在互联网上发布各类商业信息，客户可借助网上的检索工具迅速地找到所需商品信息。

信息传送有非格式化的数据和格式化的数据两种通信方式：

①非格式化的数据，例如，使用传真和电子邮件传递消息，它的对象一般是人；②格式化数据，例如，EDI传递消息，它的对象是机器，不需要人来干预，可以全部自动化，比较适合于商贸活动中标准化程度较高的采购订单、发票、运输通知单等数据的传送。

HTTP（超文本传输协议）作为传递消息的一种工具，它以一种统一的界面在多种不同环境下显示非格式化的多媒体信息。每一个按该协议建立的文档都包含着可供用户进一步检索的超级链接，这种超级链接可以连接到文本文档，还可以连接到图形、图像、声音和影视画面等。目前，大部分的网民可以在各种终端和操作系统下通过HTTP统一资源定位器（URL）找到所需要的信息。

（3）商业服务的基础设施

这个层次主要是实现网上商务活动所需要的服务，它主要包括：商品目录及基本信息建立、电子支付、商业信息的安全传送、认证买卖双方的身份、订单管理等。

对电子商务来说，目前消息的传播要适合电子商务的交易要求，必须提供安全和认证机制来保证信息传递的可靠性、完整性不可抵赖性，且在有争议的时候能够提供适当证据。商务服务的关键问题就是安全的电子支付。目前，很多的技术如密码技术、数字证书、SET（安全电子交易）协议等都是为这个服务的，后面我们会专门讨论电子商务中的安全问题。

（4）电子商务应用

在上述基础上，我们可以一步一步地建设实际的电子商务应用，如网上购物、企业网上采购和销售、网络营销、网上银行、网上保险、网上证券、有偿信息服务等。

（5）政策、法律、隐私

①政策。

公共政策包括围绕电子商务的税收制度、信息的定价、信息访问的收费、信息传输成本等。

②法律。

法律维持着电子商务活动的正常运作，违规活动必须受到法律制裁。从法律角度考虑，电子商务安全认证是指进行商务活动的双方资料与产品的真实性和安全性。电子商务和传统商务一样，都要从法律上保证买卖双方的权益，电子商务双方必须以真实的身份进入市场、提供真实的信息，这就是电子商务的真实性。正因为是真实的资料和产品，电子商务双方在对方没有授权可公开资料的情况下就有义务为对方的资料和产品保密，这就是电子商务的安全性。电子商务安全认证系统的建设首先是电子商务法的制定。没有法律的保护，其他有关电子商务安全认证系统只能是空头支票。美国政府在其所颁布的《全球电子商务的政策框架》中，在法律方面也做了专门的论述；俄罗斯、德国、英国等国家也先后颁布了多项有关法规；1996 年联合国贸易组织通过了《电子商务示范法》；我国于 2005 年 4 月 1 日起实施的《中华人民共和国电子签名法》和于 2019 年 1 月 1 日实施的《中华人民共和国电子商务法》无疑将促进电子商务的健康发展。

③隐私问题。

电子商务交易过程中，企业的隐私一般为商品价格的隐私、货物进出渠道的隐私、商品促销手段的隐私等，个人的隐私一般为个人的姓名隐私、肖像隐私、性别隐私、身份隐私等。

随着电子商务的发展，商家不仅要抢夺已有的网上客户，还要挖掘潜在的客户，于是人们在网上的各种商务活动和个人信息都在不知不觉中被商家记录。个人隐私信息的安全得不到保障，这必然使用户对电子商务望而却步，阻碍电子商务的发展。因此，为保障网上的个人隐私权，促进电子商务的发展，商家有责任和义务保障消费者的各种隐私信息不被泄露。

（6）技术标准

技术标准是信息发布和传递的基础，是网络上信息一致性的保证，技术标准定义了用户接口、传输协议、信息发布标准、安全协议等技术细节。就整个网络环境来说，标准对于保证兼容性和通用性是十分重要的。目前在电子商务活动中主要有 EDI 标准，ebXML 标准，一些像 VISA、MasterCard 这样的国际信用卡组织已经同各界合作制定出用于电子商务安全支付的 SET 协议等。

2. 电子商务的参与者

电子商务的参与者主要包括企业、消费者、政府和中介机构。企业是电子商务的最主要的推动者和受益者，消费者作为经济活动的不可缺少的一环也必然要介入到电子商务的环境中，这里我们主要讨论电子商务所涉及的另外两个主要角色：政府和中介机构。

（1）政府

政府在电子商务中的作用可以大致归纳为规划者、管理者和应用者三个方面。

①电子商务的规划者。

政府应当发挥政策的宏观调控指导作用，从战略的高度重视电子商务对未来经济发展的重要推动作用。政府应该作为电子商务的规划者，制定电子商务发展的宏观战略和规划。

②电子商务的管理者。

电子商务作为一种新兴的交易手段和商业运作模式，它的成长不但取决于计算机和网络技术的发展和成熟，而且很大程度上取决于政府能否发挥好作为电子商务管理者的作用，营造一种有利于电子商务发展的环境。包括营造一个公正的法律环境、公平的竞争环境、完善的市场环境。例如，工商管理部门需对下属各类企业的经营活动进行管理，就必须要介入到电子商务的过程中。一方面，由于被管理对象已经开展电子商务交易，业务过程变成完全无纸化，管理部门无法像从前一样通过纸面单证来监督企业活动，必须加入到企业的现有贸易活动中，才能完成相关工作；另一方面，管理者加入电子商务可以更及时准确地获得企业信息，更严密地监督企业活动，并可采用相应的技术手段执法，从而加大执法力度，提高政府威信。政府应该牵头进行根 CA（Certification Authority，认证中心）的建立，以保证其权威性。

③电子商务的应用者。

政府要以身作则，带头应用电子商务，这不仅可以提高政府工作效率和服务质量．也可以通过政府对电子商务的应用改进和完善电子商务，建立企业和消费者个人对电子商务的信心，如政府通过网络进行政府采购。

（2）中介机构

电子商务环境中的中介机构是指为完成一笔交易，在买方和卖方之间起桥梁作用的各种经济代理机构。大致来说，中介机构可以分为五大类：第一类是为买卖交易双方提供交易平台的电子交易市场，它在电子商务中起着介绍、促成和组织者的角色；第二类是提供支付清算服务的金融机构；第三类是提供各种接入服务、网站建设与维护、信息查询等信息服务的服务商；第四类是提供物流服务服务商，如第三方物流公司、配送中心、物流代理企业等；第五类是提供认证服务的认证服务商。电子商务中主要的中介机构如表1－1所示。

表1－1　电子商务中主要的中介机构

中介类型	例　子
电子交易市场	淘宝、天猫、京东、阿里巴巴、敦煌网、慧聪网
金融中介	网上银行、第三方支付平台、银联、网联
信息服务商	互联网接入服务商：中国电信、中国联通 互联网平台服务商：中国万网 互联网内容提供商：百度、腾讯
物流服务商	EMS、顺丰速运、各类配送中心
认证服务商	中国金融认证中心

【任务实施】

1. 分组讨论，了解电子商务具体应用，并举例说明。

2. 通过知识的学习，你认为电子商务和传统商务相比有什么不同？它的优势和劣势是什么？完成表1－2。

表1－2　电子商务和传统商务对比

比较项目	交易前	交易中	支付货款	货物交付	优势	劣势
传统商务						
电子商务						
结论						

3. 与同学们分享你的网上交易体验。

【任务评价】

完成表1－3任务评价。

表1－3　任务评价

评定形式	自我评定（20%）	教师评定（80%）	任务总计（100%）
得分（100）			
总结			

【知识拓展】

什么是新零售

2016年10月，马云在云栖大会提出“新零售”概念。阿里的定义，新零售是依靠科技手段，对商品的生产、流通、销售进行升级改造，进而重塑业态结构和生态圈，将线上、线下与现代物流深度融合。随后，京东商城提出“无界零售”概念，提出零售业的三个本质：成本、效率、体验永远不变，变革的是底层零售的基础设施，会变得极其可塑化、智能化和协同化。

百度一下，新零售

2010年以前人们主要在购物中心、百货商场等实体门店进行消费，2010年后以天猫、淘宝、京东为代表的电商成了新的消费平台。网上购物既方便又便宜，躺在家里刷着手机就可以买买买，那为什么还会出现所谓的新零售呢？

首先，网购有几个缺点，比如网上买衣服，第一没法试穿，也就是我们所说的体验感不强；第二网上的产品虽然便宜，但品质无法保证；第三物流较慢，现如今是快节奏时代。

现在的消费者，既想要网络的便利和便宜的价格，又想要实体店的体验和服务，更想要有品质的产品。这种既注重品质也注重体验，既看重价格更看重价值的消费观念和消费需求，就是一直以来所说的“消费升级”。现如今，我们在网上买了什么、看了什么，以后就会推送类似的商品、新闻给你，这样的情况我们每一个人一定不陌生。这就是“大数据”“云计算”，可以精准地知道消费者什么时候需要什么，精准地把产品卖给消费者。

综上所述，以消费升级为大背景，人工智能、大数据、云计算带来的新技术，打通线上线下、高效物流，以及整个零售业产业链的创新，于是顺理成章形成了“新零售”。新零售的出现，肯定是有利于消费者的，更利于商家以及整个实体经济。随着“新零售”模式的逐步落地，线上和线下将从原来的相对独立、相互冲突逐渐转化为相互促进，彼此融合，电子商务的表现形式和商业路径，必然会发生根本性的改变。

当所有实体零售都具有明显的“电商”基因特征之时，传统意义上的电商将不复存在，而人们现在经常抱怨的，电子商务给实体经济带来的严重冲击，将成为历史。图 1－15 为传统零售和新零售的区别。

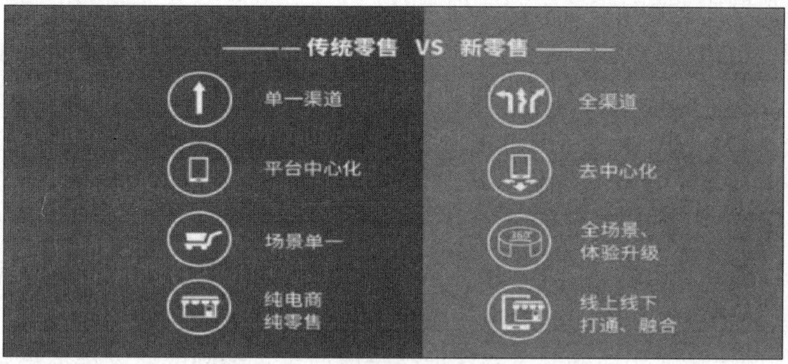

图 1－15　传统零售和新零售的区别

任务 1.2　电子商务的发展现状

【任务描述】

作为电子商务专业的学生，王明对专业充满憧憬，由于十分爱好网上交易，他亲身感受到了电子商务带给他的便利，他很想毕业后自己创业，所以在业余时间，他特别关注电子商务的发展动态。电子商务的发展前景如何呢？

【知识学习】

1.2.1　国外电子商务的发展

随着以互联网、云计算、物联网等为代表的信息技术的飞速发展，电子商务与实体经济深度融合，成为当前商务领域最前沿、最活跃、最具影响的热点之一。作为一种新的商业模式，电子商务对生产、消费以及人们的生活产生了深刻影响，成为信息化、网络化、市场化、国际化形势下重要的资源配置途径，引领经济社会不断向前发展。

1. 美国的电子商务发展现状

美国作为电子商务的起源地，目前依然是全球电子商务发展的领导者。2016 年以来，美国电子商务继续保持快速上升态势，并引领着世界电子商务发展的新趋势。

2016 年是美国电子商务在移动端继续取得重大突破的一年。美国通过智能手机和平板电脑实现的移动电子商务零售额持续迅猛增长。在智能手机屏幕越来越大、移动端购买体验越来越顺畅的前提下，越来越多的电子商务搜索和购买行为通过移动端得以实现。2016 年美国网络零售交易额达到 3 710 亿美元，比 2015 年增长 8.5%，占美国零售总额的比例约 8%。目前，美国 80% 的制造商拥有自己的网站，60% 的小企业、80% 的中型企业和 90% 的大型企业已经开展电子商务应用。2017 年是美国零售市场最强劲的一年，包括汽车和燃油在内的广泛零售销售总额达到5.076 万亿美元，较 2016 年（4.863 万亿美元）增长 4.4%。与 2016 年的增长率（2.9%）相比有显著改善。Costco.com、Wish.com、Walmart.com，是 2017 年发展速度最快的三大电商零售平台。在实体店关店大潮中，这些平台的发展态势异常醒目。2018 年美国电商的年销售额达到4 441 亿美元，电商企业利润因为机器人技术的崛起而提升，仓库里出现更多机器人在拣货，还有人工智能、区块链、自动驾驶等技术。最早流行网购的电子产品在整个美国电商产业收益的比例虽然依然以 20.6% 的比例排名第一，不过这个数字在2013—2018 年这5 年间，已经下降了2%，同一时期服装、鞋、饰品、家具等的比重则在不断提高，而在未来，一些非传统电商门类的产品有望成为电商行业增长的新热点。

美国幅员辽阔，购物中心一般建在市郊，往返一趟费时费力，网购则只需动动鼠标，然后等待送货上门。当然，网购的兴盛也有赖于美国发达的物流业的支撑。

美国商家的诚信是网购兴盛的重要保证。一般而言，美国的商家都会承诺，消费者可在购买后一定时间内无理由退货。消费者前去退货时，商家甚至问都不问就给退货。更让消费者感到贴心的是，网购寄来的包裹里往往附有退货包裹单，消费者如果对货物不满意，直接把单子贴上即可寄回。

2. 欧洲地区电子商务发展现状

由于受到英国脱欧、难民潮的冲击，欧洲各个国家在国内电子商务与跨境电子商务发展领域面临着不同的机遇和挑战。欧洲国家的电子商务起步虽然晚于美国，但发展态势很好，欧洲的各国际组织及各国政府都纷纷出台各项法规，以表示政府对电子商务的积极态度。

英国是欧洲最大的电子商务市场，互联网普及率达 93%，电子商务销售额占 GDP 比例达7.16%。

德国消费者的网购普及率相对较高。根据 eMarketer 的统计数据，2016 年有 81.1% 的德国消费者在网上购买过商品。尽管德国网民的电子商务参与率在西欧最高，但是德国消费者不太愿意在国外网站上购买商品。

根据 Médiamétrie 的互联网使用中心的调研数据，法国现有超过3 700 万网购者，65% 的在线购物者每月至少在网上购物一次，这意味着 2017 年的在线交易量增长了 20.5%，主要集中在时尚行业。虽然 2017 年每件订单的平均花费降至65.50 欧元，但订单本身不断增加，订单频率上升了 19%。

2014 年5 月，法国政府同阿里巴巴集团签署谅解备忘录，旨在通过政府的努力，进一步推广法国品牌，帮助中小企业通过阿里旗下的电商平台发展业务。此后，L'occitane（欧舒丹）、Lancome（兰蔻）、BuccoTherm（巴可森）、Villebois（薇娜贝丝）等一系列法国品牌进驻天猫。目前，法国商品在阿里电商平台上约有数百种品牌。

3. 其他国家和地区电子商务发展现状

作为最具商业发展机会的区域，亚洲电子商务发展一直受到业界人士的关注。一方面，像日本、新加坡、韩国、马来西亚等经济较为发达的国家和中国香港、中国台湾地区正在积极地向更广泛的领域引入电子商务，其重点是培养一个有需求的环境，以形成一个电子商务文化，包括制定一些新的法规。另一方面，一些经济尚欠发达国家，它们有更重要、更迫切的社会、经济问题亟待解决。通过联合国等国际性组织，这些国家也积极地参与信息技术交流，有的甚至还是电子商务的积极推行者。

就电商市场来说，日本以近900亿元的零售电商销售额在全球位居第四。数据显示，日本在亚太地区拥有最高比例的网购用户，日本有发达的物流体系和基础电信设施，约91%的人口使用互联网，所以它拥有大批潜在用户和极高的经济开发价值。相较于一般消费者对产品的低回报率，日本买家非常苛刻，趋向于在购买前做深入研究，要求更详细的产品信息。另外，日本客户有很高的用户体验要求。日本有三个较大的电商平台：分别是乐天日本、亚马逊日本站和雅虎日本。

根据俄联邦统计的一组数据，截止到2017年年末，俄罗斯近1.5亿人口，是欧洲人口最多的国家，而且俄罗斯的城镇化率特别高，截止到目前俄罗斯城市人口居多，占到74.4%，农村人口占25.6%。同时，俄罗斯是欧洲互联网用户最多的国家，有超过1亿的网民，2017年互联网普及率达到75.8%，是金砖五国中互联网普及率最高的国家。2017年，俄罗斯网购人数超过4 630万，网购使用率达到42.3%，占到总人口的1/3左右。

2010—2017年俄罗斯网络零售市场规模一直处于稳步提升阶段，2017年俄罗斯网络零售额达到152亿美元，比上年增长17.4%，增速放缓。2017年俄罗斯网络零售总额占俄罗斯零售市场总额（4 434.4亿美元）的3.4%，对比中国以及美国等国家的情况来看，俄罗斯的网络零售还有相当大的增长空间。

俄罗斯的物流和支付体系发展尚不完善。广域的地理分布使得电商订单的配送成本和时长都比较高，支付方面超过80%的电商实体货物交易需要货到付款，这些情况阻碍了俄罗斯电子商务的进一步扩张。随着配套基础设施如支付体系、物流体系的逐步完善，俄罗斯的电商市场还有很大的增长空间。

而在网络零售中较为火热的跨境电商零售在俄罗斯显示出非常强大的潜力，俄罗斯跨境电商零售市场规模增长迅速。2017年俄罗斯跨境电商进口实物销售额为59.1亿美元，比2016年增长37.4%，占网络零售总额的39%。俄罗斯轻工制造业较为薄弱，通过跨境电商平台，俄罗斯消费者可以购买到国外物美价廉的商品。跨境电商已经成为俄罗斯电子商务市场的主要增长驱动力量之一。

在俄罗斯经营的跨境电商企业中，中国企业表现突出。俄罗斯电子商务协会（AITC）与俄罗斯邮政举行的俄罗斯电商市场调查显示，2016年中国的电商网站占到俄罗斯跨境网络零售总额的52%，不但商品种类齐全、价格优惠，而且物流速度相对较快。

2017年印度网民达到4.3亿，同比增长15.2%，网民占人口总数的33.5%。印度已经是仅次于中国的全球第二大互联网市场。2017年印度网购用户数超过1.8亿，增加了近5 000万，同比增长率38.1%，网民的网购使用率达到42%；由此可以看出，印度13亿人口中有2/3还没接触互联网，在接入互联网的用户中，只有20%～30%的用户使用电商网站购物，这表明印度电商的增长空间还非常大。

过去十年间，由于互联网和移动终端的普及，印度电子商务实现了持续快速发展。2010年印度网络零售市场规模（B2C、C2C）仅为8.7亿美元，到2017年快速发展到约223.5亿美元，年增长率达到59%。

2017年，印度电商市场规模为385亿美元，网民月均消费达1.6万卢比（约合人民币

1 517元）。根据摩根士丹利报告，到2026年，印度电子商务市场规模将达到2 000亿美元，以此来作为推测依据的话，未来印度电子商务将会有非常大的发展空间。

印度电子商务发展的一个趋势是移动电商，越来越多的印度网民倾向于选择智能手机进行网络购物。目前，移动客户端所产生的电子商务订单数量已经超过50%。来自阿里巴巴全球速卖通的数据显示，印度跨境网购成交额的58.4%是通过智能手机等移动设备完成的，这一占比高于俄罗斯（51.8%）、南非（51.4%）和巴西（36.3%）。与其他金砖国家相比，印度电商发展更加依赖移动通信和移动终端的普及。

印度电子商务要取得长足发展，需要在物流基础设施、信息化建设、政策法规、在线支付、网络安全、人才培养等方面加大投入，给予政策支持和资金投入，从而解决电子商务配套支持体系滞后所带来的发展瓶颈。目前，中国和印度企业在电商销售、物流、支付等方面正在积极开展合作。例如，印度Paytm公司利用支付宝技术迅速扩张，两年内用户规模从3 000万人迅速增长到2.2亿人。

拉丁美洲是除亚太地区之外，发展最快的电商市场，而巴西则是拉丁美洲最大的电商市场。巴西人口超过2亿，互联网用户1.23亿，网民数排在全球第四位。巴西网购用户数达到4841万，网民的网购使用率达到39.3%。

近年来，巴西电子商务发展迅速，是国内增长最为活跃的领域之一。巴西政府相关部门制定和实施了一系列的积极支持政策，从最基础的电信网络设施建设到设立电子商务发展基金等，推动了电子商务的迅速发展。但近年来巴西受经济萎缩、货币贬值和通胀高的困扰，电商增速有所放缓。

2017年巴西网络零售额达到160.5亿美元，相比2016年增长9.5%。Euromonitor研究报告显示，巴西在拉丁美洲拥有最大的跨境电子商务消费市场，占到拉丁美洲总量的42%。根据Ebit数据，2016年巴西消费者在跨境电商平台上共支出24亿美元，比2015年增长了17%，有54%的巴西网购用户会从其他国家跨境电商平台购物。

南非是非洲最发达的国家之一，拥有5 500万人口，网民3 180万，网民渗透率达到58%，网民渗透率处于非洲领先水平。2017年，网购用户1 840万，仅次于尼日利亚，排在非洲第二位，网购使用率57.9%。

南非电商处于初级发展阶段，目前规模较小，但近年来有加速发展的趋势。2017年南非网络零售规模达27亿美元，较2016年同比增长15.3%。2017年南非跨境电商进口零售额约为8.9亿美元，比2016年增长30.9%。南非消费者海淘非常普遍，有43%的南非网购用户会从其他国家电商平台购物。在国外电商网站中，南非消费者最常在美国（24%），其次是中国（13%）和英国（12%）的电商网站购物。

1.2.2 中国电子商务的发展

1987年9月20日，中国的第一封电子邮件从北京发往德国，“越过长城，走向世界”揭开了中国使用互联网的序幕。

1. 中国电子商务发展的简要回顾

（1）1998年开始进入互联网电子商务发展阶段

1998年3月，中国第一笔互联网网上交易成功。1999年3月8848等B2C网站正式开通，网上购物进入实际应用阶段，与此同时，政府上网、企业上网、电子政务、网上纳税、网上教育、远程诊断等广义电子商务开始启动。

（2）2000—2002 年，中国电子商务进入了冰冻与调整阶段

在互联网泡沫破灭的大背景下，电子商务的发展也受到严重影响，创业者的信心经受了严峻的挑战，尤其是部分严重依靠外来投资“输血”，而自身尚未找到盈利模式具备“造血”功能的企业，经历了冰与火的严峻考验。于是，包括 8848、美商网、阿里巴巴在内的知名电子商务网站进入残酷的寒冬阶段，而依靠“会员 + 广告”模式的行业网站集群，则大都实现了集体盈利，安然度过了互联网最为艰难的“寒潮”时期。

2000 年 12 月，阿里巴巴在获高盛等 500 万天使投资的基础上，获日本软银等境外财团联合投资 2 500 万美元，由此奠定阿里巴巴电子商务王国的基础；2001 年年底，中国 75% 的第一代电子商务企业退出市场；2002 年 3 月，阿里巴巴宣布要为“赚一块钱而努力”，推出“诚信通”认证服务，“让有诚信的商人先富起来”。

（3）2003—2005 年，中国电子商务进入了复苏阶段

2003 年“非典”催化了网购市场的发展，中国电子商务市场开始复苏。从 2003 年开始，人们看到的是一个创新发展，充满生机和令人向往的市场，产生了很多新的模式，许多与电子商务相关的资本运作也在不断出现，大批垂直类的网站不断涌现。

2003 年 5 月，阿里巴巴集团投资 1 亿人民币成立淘宝网，进军 C2C 市场；2003 年 10 月，阿里巴巴推出“支付宝”，致力于为网络交易用户提供基于第三方担保的在线支付服务，正式进军电子支付领域；2004 年 8 月，全国人民代表大会表决通过了《中华人民共和国电子签名法》。

（4）2006—2007 年，中国电子商务进入了快速发展阶段

网络购物的生活方式逐渐被网民所接受，各类商务网站会员数迅速增加，众多中小企业从 B2B 电子商务中获得了更多的销售订单和商业机会，大部分 B2B 电子商务网站开始盈利。国内互联网环境逐渐改善，物流、支付、诚信问题得到进一步的解决，电子商务企业迅速成长。

2007 年 6 月 1 日，国家发改委、国务院信息化工作办公室联合发布中国首部电子商务发展规划——《电子商务发展“十一五”规划》，首次在国家政策层面确立了发展电子商务的战略和任务，这是中国第一个国家级的电子商务发展规划；2007 年 8 月，今日资本向京东商城投资 1 000 万美元，开启国内家电 3C 网购新时代。

（5）2008 年至今，中国电子商务进入了转型与升级阶段

全球金融危机使经济形势迅速恶化，中国众多中小企业举步维艰，外贸出口企业和出口导向型电子商务服务商受到较大影响。与此同时，电子商务在模式、产品、服务等方面的创新层出不穷。在扩大内需等政策的引导下，大量传统企业和资金进入电子商务领域，使电子商务世界变得异彩缤纷。

2008 年年末，国际金融危机产业链深度蔓延，部分严重依赖外贸中小企业生存的电子商务企业倒闭；2009 年 5 月 3 日，当当网宣布率先实现盈利，平均毛利率达 20%，成为国内首家实现全面盈利的网上购物企业；2009 年 11 月 11 日，淘宝商城（天猫）举办的“双十一”网购狂欢节的促销活动，从此以后“双十一”逐渐成为全民网购狂欢节；2012 年 1

月，淘宝商城宣布更改中文名为天猫，加强其平台的定位；2013年，互联网零售进入线上线下融合O2O新阶段。

2014年5月22日，京东正式登录纳斯达克，2014年6月17日，支付宝和天弘基金共同宣布，双方合作推出的“余额宝”正式在支付宝上线；2014年9月19日，阿里巴巴在纽约股市交所正式挂牌交易。此外，阿里巴巴、京东、苏宁、唯品会、聚美优品纷纷进军海淘，布局跨境物流。再加上不少民营企业和个人创业，跨境电商表现出进出口两旺的繁荣景象。

2015年3月5日，第十二届全国人民代表大会第三次会议上，李克强总理提出制订“互联网+”行动计划，推动移动互联网、云计算、大数据、物联网等与现代制造业结合，促进电子商务、工业互联网和互联网金融健康发展，引导互联网企业拓展国际市场；2015年，美团大众点评、携程去哪儿、滴滴快的、58与赶集等生活服务电商纷纷合并，还有BAT（百度、阿里、腾讯）对生活服务电商的投资，如百度投资糯米，阿里扶持口碑，我国生活服务电商出现垄断与寡头趋势。

2016年10月13日，在云栖大会上，阿里巴巴集团董事局主席马云认为，“电子商务”这个词很快会被淘汰，同时，他正式提出“新零售”概念，其称以后“纯电商”的日子会越来越难过，实体与电商的界限将越来越模糊，纯线上或纯线下都将被边缘化，线上线下融合才是未来发展之道。2017年4月10日，京东集团创始人刘强东表示，未来五年，京东将在全国开设超过一百万家京东便利店，其中一半在农村。

2017年4月12日，网易旗下原创生活类电商品牌网易严选宣布正式上线，成为国内首个ODM（Original Design Manufacturer）模式的电商品牌。

2018年7月26日晚间，“新电商第一股”拼多多正式登录纳斯达克市场，掀起了我国电商圈普遍的社交化趋势。

2018年8月31日，《中华人民共和国电子商务法》颁布，新电商法将于2019年1月1日开始实施，这是我国首部电子商务领域的综合性法律，标志着电子商务产业正式告别原先的野蛮生长，正式受到法律的规范和保护，可谓意义非凡。

中国的电子商务先后经历了开天辟地的创业潮、备受风投青睐的投资热、泡沫破灭的低迷期、摸爬滚打的发展期；从“非典”刺激下的B2C应势兴起，再到时下经济寒流中呈现反周期增长态势。回顾中国电子商务发展历程，似乎总在重复着“山重水复疑无路，柳暗花明又一村”的命运。盈利问题、趋同问题、诚信体系的建立、支付的安全性、物流环节的无缝衔接、成本结构优化、社区电子商务的结合趋势、移动电子商务的商机、跨境电商的快速发展等，在市场竞争日益加剧的时期，电子商务经过漫长洗礼，市场逐步成熟，行业竞争也将进入白热化阶段。

2. 中国电子商务发展现状

（1）中国互联网用户、网购规模近年来飞速增长

据中国互联网络信息中心（CNNIC）发布第43次《中国互联网络发展状况统计报告》，截至2018年12月，中国网民规模达8.29亿，互联网普及率为59.6%，如图1－16所示。其中，手机网民规模达8.17亿，网民中使用手机上网人群占比由2017年的97.5%提升至98.6%，手机是用户接入互联网的主要设备，如图1－17所示。

图1－16　中国网民和互联网普及率

图1－17　中国网民互联网接入设备使用情况

2018年，中国网络购物用户规模达到6.10亿，较2017年年底增长14.4%，占网民整体比例达73.6%。手机网络购物用户规模达5.92亿，较2017年年底增长17.1%，使用比例达72.5%。

（2）电子政务投入持续加大

中国电子政务自1993年开始建设以来，基本处于持续投入的状态。2018年3月，中共中央印发了《深化党和国家机构改革方案》，改革了多个机构设置。本次组织机构改革在原有部委基础上，新组建了9个国务院直属部门，以及国家监察委员会；同时新组建了国家市场监督管理总局等9个机构。该方案颁布后，中央和省市两级软件加计算机服务的总投资额将达到388.6亿元。此外，考虑到硬件和基础设施建设，按照中国IT基础设施投资软件远小于硬件的比例来看，整体市场规模将接近千亿级别。可见，在这一改革的推动下，中国政府信息化需求将大幅提高，将为电子政务行业的发展带来重大利好。

（3）电子商务发展迅速

中国电子商务研究中心数据显示，2018 年上半年我国国内网络零售市场交易规模达 4.08 万亿元，同比增长 30.1%。上半年中国社会消费品零售总额为 18 万亿元，网络零售市场交易规模占据了社会消费品零售总额的 22%。网络购物行业发展日益成熟，各家电商企业除了继续不断扩充品类、优化物流及售后服务外，也在积极发展跨境网购、下沉渠道发展农村电商。在综合电商格局已定的情况下，一些企业瞄准母婴、医疗、家装等垂直电商领域深耕，这些将成为网络购物市场发展新的促进点。

2018 年上半年 B2B 电商交易规模为 11.2 万亿元，相比 2017 上半年 9.8 万亿元，同比增长 14.2%。2018 年上半年国内主要 B2B 电商平台营收都实现了不同程度的增长，加之政策助力、中小企业开展电子商务的积极性提高，B2B 电商平台通过提供更多增值性的服务来实现营收增长。

3. 中国电子商务的发展趋势

（1）企业电子商务的深度将进一步拓展

企业电子商务将从网上商店和门户的初级形态，过渡到将企业的核心业务流程、客户关系管理等都延伸到 Internet 上，使产品和服务更贴近用户需求。互动、实时成为企业信息交流的共同特点，网络成为企业资源计划、客户关系管理及供应链管理的中枢神经。企业将创建、形成新的价值链，把新老上下游利益相关者联合起来，形成更高效的战略联盟，共同谋求更大的利益。

（2）电子商务网站将会出现兼并热潮

目前中国为数不少的网站属于重复建设之列，定位相同或相近，业务内容趋同。由于资源有限，最终胜出的只是名列前茅的网站。那些处于领先地位的电子商务企业在资源、品牌、客户规模等诸方面具有很大的优势，但与国外著名电子商务企业相比还有很大差距。这些具备良好基础和发展前景的网站要发展，必然采取互补性收购策略，结成战略联盟。由于个性化、专业化是电子商务发展的两大趋势，而且每个网站在资源方面总是有限的，客户的需求又是全方位的，所以不同类型的网站以战略联盟的形式进行相互协作将成为必然趋势。

（3）社交电商成为新的发展点

社交电商是社交媒体和电子商务的一个“汇合点”，消费者在做出购买决策的过程中，社交媒体发挥了很大的作用，它可以改善整体用户体验。通过在社交媒体平台发布可直接购买商品的文章，并且附上购买链接（或按键）。毫无疑问，社交电商将会成为品牌有效利用社交媒体、并将用户参与度转化为直接业务的最佳选择。

（4）跨境电商拉动贸易增长

中国正在通过“一带一路”建设项目推动全球经济发展，跨境电商将在新形势下发挥重要作用。从大的环境来看，政府部门推进跨境电商的政策强势特征非常明显，主基调是大力扶持与推广。特别是“一带一路”和“供给侧改革”思路的提出，跨境电子商务成为一个重要抓手，整个中国的制造业产业将在跨境电商的带领下跟随“一带一路”

走向全球。

跨境电商的产品供应链生态体系将逐步趋于完善。拥有世界级的电子、3C、服装、鞋帽、家私、眼镜、珠宝、智能设备等中国加工制造产业链在跨境电商的引领下将真正实现“买全球、卖全球”。跨境电商将进一步拉动贸易增长，促进国内产业结构优化升级，充分对接国外优质需求，将更多物美价廉的商品输出到国外。跨境电商也将通过构建“网上丝绸之路”，扶持优质跨境电商企业、推动新时期外贸发展和国际合作。

（5）IT新技术将在电子商务产业中发挥越来越重要的作用

未来几年，云计算、大数据、物联网、人工智能、虚拟现实等新技术将在电子商务发展中发挥越来越重要的作用。

云计算将为更大交易量的网络购物节和日常网络交易提供稳定的技术支撑，云服务和大数据将在海关通关、自贸区和跨境电子商务综合实验区中大规模应用，以提高通关效率，实现“一次申报、一次查验、一次放行”，大幅度提高国际贸易便利化水平。

大数据的应用，为系统分析用户消费行为，提升电子商务网站精准营销的水平提供有力的保证，新的数字营销将完成从“消费者洞察”到“需求精准定向”到“线上线下整合”再到“效果精确衡量”乃至“大数据反馈”的闭环。电子商务从依靠流量的门户营销时代到搜索营销时代，已经进入到大数据营销时代，个性化营销作为电子商务产业链向上下游延伸提供了很好的条件。

人工智能大潮已经来袭，这一领域的商业巨头布局完毕。阿里巴巴已经推出涵盖语音识别、图像识别、情感分析等技术的机器人和无人商店，京东的无人送货机、人工智能成为电子商务企业新一轮的发展机遇。

虚拟现实技术（VR技术）的发展更深刻地改变了人们认知世界的方式，成为电子商务提供场景重视的重要解决方案。虚拟现实技术正在向游戏、视频、零售、教育、医疗、旅游领域延伸，各类电商企业将继续加快这一领域的资本投入、产品创新和市场推广。

【任务实施】

1. 利用网络及相关资料进行分析，了解近期新涌现的电子商务平台的基本情况，完成表1－4。

表1－4　电子商务平台的基本情况比较

公司名称	成立时间	经营范围	服务特色

2. 调研你所在地区电子商务的发展现状，内容包括是否有专门从事电子商务交易的平台、企业应用电子商务的状况、消费者通过网络获得商品和服务的情况等，和同学们分享调

研结果。

【任务评价】

完成表1－5任务评价。

表1－5　任务评价

评定形式	自我评定（20%）	教师评定（80%）	任务总计（100%）
得分（100）			
总结			

【知识拓展】

电子商务领军人物

马云，浙江杭州人，1988年从杭州师范学院（现杭州师范大学）英语专业毕业，此后任教于杭州电子工业大学（现杭州电子科技大学）。1995年4月创办“中国黄页”网站。1999年3月，马云开设了通过电子商务连接全球中小企业的阿里巴巴网站。同年9月，在香港成功注册法人，出任首席执行官。马云是《福布斯》杂志创办50多年来成为封面人物的首位大陆企业家，曾获选为“未来全球领袖”。2013年5月10日，马云正式卸任阿里巴巴CEO。2013年5月28日，卸任仅18天的马云，和阿里巴巴、银泰集团、富春集团以及申通、圆通、中通、韵达、顺丰等快递公司共同宣布，正式启动“中国智能骨干网”项目，合资公司名为“菜鸟网络”，由他担任董事长。计划首期投资1 000亿元，第二期继续投入2 000亿元。在未来5～8年内打造一张遍布全国的超大规模物流基础设施网络，调动起现有机场、港口、公路的运输潜力，让全国任何一个地区做到24小时内送货必达。2018年9月10日，阿里巴巴正式发公告，马云将在一年后年正式卸任，将由现任CEO张勇接手。他明确表示，自己退休之后，将会回归教育，回到最初的承诺：“我可能会重新走上讲台，做回老师。”

百度一下，马云

刘强东，江苏省宿迁市宿豫区人，网名“老刘”。1998年6月18日，在中关村创办京东公司，代理销售光磁产品，并担任总经理。2004年初涉足电子商务领域，创办“京东多媒体网”（京东商城的前身），并出任CEO，现为京东商城的CEO。刘强东毕业于中国人民大学社会学系，尽管大学期间学的是文科专业，但酷爱编程的他将所有课余时间用在了学习编程上。为了学习计算机，刘强东可以说是不辞辛劳。经常骑车两个多小时奔波于学校与北京西郊的一家军事研究单位，有时候，刘强东为了多学习一点知识，晚上他就在机房的地上睡觉，次日清晨6点左右再回学校。

百度一下，刘强东

自2004年初正式涉足电子商务领域以来，刘强东带领着京东一直保持高速成长，连续七年增长率均超过200%。刘强东带领的京东商城已拥有遍及全国超过6 000万注册用户，近万家供应商，在线销售家电、数码通信产品、电脑、家居百货、服装服饰、母婴、图书、食品等12大类数万个品牌百万种优质商品，2010年成为国内首家销售额超过人民币百亿的网络零售企业。刘强东2011年获得华人经济领袖大奖，2011年12月12日，获得第十二届中国经济年度人物，2016年，获中国社会责任杰出人物奖。

王树彤，1968年出生于北京，1991年毕业于北京邮电大学电子工程学院。没有海外留学背景，也没有很高的文凭，但这并不妨碍她精彩而辉煌的职业生涯。她曾是清华大学软件开发和研究中心的教师；在微软任市场服务部经理和事业发展部经理时，她是微软最年轻的中国区高管；在思科任市场营销部经理时，作为高管中唯一的女性，她管理着“思科亚洲最佳团队”；在卓越网当CEO时，她领导卓越网成为中国最大的网上音像店。

在微软面试时，王树彤即兴创作的一首古词使面试官连连叫绝，她也顺利地进入了微软。在外企的工作经历让王树彤的视野和思维方式发生了很大变化。王树彤回忆：“在微软和思科，我切身感受到西方的管理精髓。在我看来，东方感性，西方理性，东方人靠市场判断，西方人更多地凭数据说话。”

2004年，王树彤创办了电子商务网站敦煌网，并将自己的目标锁定在“全球贸易的B2B平台”上。在王树彤看来，做职业经理人和自己创业的最大不同是，为别人打工不用考虑生存问题，而创业则要随时留心市场的风吹草动，以防意外出局。强烈的危机感让身处高位的王树彤仍然保持着学生心态，总是在不断吸收各方面的知识。“我需要学习的东西之多是空前的，我需要解决的问题的难度已经远远超过了我的知识储备厚度。”

父母眼中女儿最大的优点是“认真”；同事认为她很“职业”；朋友说得最多的是她的“坚韧”。2011年4月，王树彤获选为“中国商界十大女领军人物”奖；2018年4月，2018年度商界木兰榜单发布，王树彤排名第4位。

【项目总结】

本项目通过“认识电子商务”和“电子商务的发展与应用”任务的实施，学习了电子商务的定义、分类、基本框架、电子商务的应用等基本知识。掌握电子商务的基础知识，了解电子商务的发展历程和现状，是学习和运用电子商务的基础和前提。

【课后习题】

一、填空题

1. 电子商务是指交易当事人或参与人利用计算机技术和网络技术等________所进行的各类________。

2. 电子商务的发展经历了________和________两个阶段。

3. 按照交易对象分类，电子商务可分为________、________、________和________四种类型。

4. ________被人们形象地称为“无纸贸易”或“无纸交易”。

5. 根据使用网络类型的不同，电子商务目前主要有________、________、________三种形式。

6. 电子商务一般框架由四个层次和两个支柱构成，其中四个层次是________、____________、____________和____________，两个支柱是____________和____________。

7. 电子商务的主要参与者是________、________、________和________。

二、单项选择题

1. 企业与企业之间的电子商务模式简称为(　　)。
A. B2C　　B. C2C　　C. B2B　　D. B2G
2. 软件、电影、(　　)等可以在线传播。
A. 食品　　B. 鲜花　　C. 饰品　　D. 数据库
3. 下面对电子商务的表述不正确的是(　　)。
A. 电子商务是一种采用最先进信息技术的买卖方式
B. 电子商务不等于商务电子化
C. 电子商务具有普遍性、方便性等特点
D. 电子商务的发展经历了内联网电子商务和互联网电子商务两个阶段
4. 电子商务的参与者主要包括企业、政府、消费者和(　　)。
A. 厂家　　B. 中介机构　　C. 网络中心　　D. 公证部门
5. 电子商务的一般框架处于最底层的是(　　)。
A. 电子商务应用　　B. 商业服务的基础设施
C. 商业信息发布　　D. 网络基础设施
6. 以下属于企业对消费者电子商务模式的是(　　)。
A. 小明登录当当网上书店买书　　B. 某服装加工厂在1688采购原材料
C. 工商局网上办理企业注册申请　　D. 小明在“转转”上出售自己的电脑
7. 政府利用互联网进行政府采购，属于电子商务中的(　　)模式。
A. B2C　　B. C2C　　C. B2B　　D. B2G
8. 下面交易活动属于间接电子商务的是(　　)。
A. 在当当网购买电子书　　B. 在百度文库下载收费的文章
C. 购买腾讯视频的会员服务　　D. 在淘宝网购买运动鞋

三、判断题

1. 互联网出现以后，电子商务才产生。(　　)
2. 在京东商城上购买图书属于直接电子商务。(　　)
3. 中国的电子商务已经发展到了高级阶段。(　　)

四、思考题

1. 电子商务的优势体现在哪些方面？
2. 电子商务能够完全替代传统商务吗？
3. 电子商务的一般框架有哪些部分组成？

【拓展学习】

课后访问下列网站，并关注这些网站的公众微信平台，了解更多关于电子商务的最新资讯。

1. 艾瑞网（www. iresearch. cn）
2. 中国电子商务研究中心（b2b. toocle. com）
3. 亿邦动力（www. ebrun. com）
4. 派代网（www. paidai. com）
5. 易观智库（www. enfodesk. com）

项目 2

电子商务技术基础

项目情景引入

2018 年天猫“双 11”数据再次刷新了纪录，首次突破 2 000 亿元，达到 2 135 亿元，这比 2017 年增长了 26.93%。此外，天猫“双 11”的每个记录都刷新了历史纪录，从第 100 亿交易额诞生时间到 10 亿个包裹的出现，以及超过亿元销量的品牌达到 237 个等。11 月 12 日凌晨，来自支付宝的数据显示，2018 年天猫“双 11”，通过生物信息完成支付的占比高达 60.3%，创造了新的纪录，相当于每 10 笔支付就有 6 笔是通过指纹、人脸等完成，标志着密码正在退出历史舞台，中国的生物支付时代已经来临。这一系列的数字，考验的是阿里巴巴背后强大的信息技术支持能力。

从成本的角度考虑，采购非常多的信息技术资源为了一年只有一次的“双 11”活动肯定是不经济的。阿里巴巴采用的是“公有云 + 混合云”的组合模式，快速把资源调度过来，迅速投入应对用户的海量访问。等峰值过后，再快速把资源释放，这便是云计算的显著优势与本质：对于用户来说随时可得，尽可能突破距离、地域、规则的限制，来争取人们最珍贵的东西——时间。云计算技术就是在不断优化资源调度，不断让用户的时间节省下来。云平台的本质是调度系统连接网络，让云技术可以流转起来。

项目学习目标

知识目标

1. 掌握计算机网络的分类
2. 了解计算机网络的系统组成
3. 掌握网站开发的过程
4. 了解前端开发技术和后端开发技术的区别

能力目标

1. 能够用所学知识完成计算机网络的判断
2. 熟悉几种新技术的应用

素质目标

1. 利用互联网不断学习新知识、新技术，有一定创新意识
2. 具有良好的实际操作能力

核心知识点

计算机网络的分类　IP 地址　网站搭建步骤　微信小程序

任务 2.1　计算机网络技术

【任务描述】

5G 时代加速来临，人工智能嵌入日常生活，政务新媒迈向“社群化”，知识付费迎产业爆发期，自媒体行业洗牌在即，“直播 +”开启行业下半场，网联登场规范互联网金融，互联网慈善进入监管元年。

2018 年互联网给生活带来的变化：

1. 大数据

2018 年，大数据进一步从城市管理的“高级参谋”化身日常生活的“贴心管家”。集个人医疗信息的电子健康档案，随用随取便于异地会诊。把公共服务的网点位置搬上数据，按图索骥即可便捷到达。通过分析学生学习数据并灵活调整教学计划，因材施教将更加精准。用户浏览习惯的数据化，会继续提升社交网络、新闻推送、广告营销的个性化和智能化水平。

2. 媒体

2018 年，无人机航拍、VR/AR、人工智能等技术的融入，会继续更新新闻产品的表现形态。大数据手段的合理应用，会产生精准的用户画像，新闻信息的生产、分发更加智能。媒体产品的交互性越来越强，新闻不再只是单纯提供资讯，更会在特定的场景下被逐渐赋予新的功能。

3. 智联网

从互联网到物联网，从物联网到智联网，人工智能正在飞速发展的道路上。2018 年，随着人工智能研发和应用的深入，智能音箱、智能机器人、无人驾驶汽车等“黑科技”产品已崭露头角，并以更自然、更实用的方式融入生活。

不仅如此，随着 5G、物联网等技术的飞速发展，不同场景下的智能产品将串联成“智联网”，产生“1 + 1 > 2”的效果。比如，智能音箱除了可以播放新闻和音乐，还能成为智能家居“指挥部”，用户只需对智能音箱发号施令，不用伸手、不出房间，就能遥控位于家中各处的窗帘、电灯、空调或热水器。

4. 共享行业

2017 年，共享单车、共享旅馆、共享办公室等项目，不只在国内发展顺利，还在海外

“攻城略地”。共享充电宝热潮兴起，半年就有多家公司退出，数月间酷骑单车等6家单车企业“阵亡”，共享雨伞、共享马扎、共享篮球等概念型项目更是迅速匿迹。据不完全统计，2017年已有26家投身共享经济的企业倒闭或终止服务。

2018年，中国共享经济市场趋于理性，2017年涌现的一些较好的发展模式，已进入收获期。住房领域，共享住宅在深圳兴起，通过提供在线短租服务，盘活大量闲置房产资源。制造业领域，国家智能铸造产业创新中心推出“行业共享工业云”，提供企业云信息化系统解决方案。医疗领域，北京地区30家试点医院启动电子病历共享调阅工作……共享市场方兴未艾，迎来更多机遇。

5. 智能手机

2018年，各种新技术、新应用加速从创新构想向商业应用迈进，人们拥抱更便捷的新生活，尽享“万物互联”红利。导航时，行车路线选择更智能、更畅通。网购中，个性化推荐更准确地“猜”出你的需求。想去旅游，可以得到一份量身定做的攻略。在线学习，可以享受私人定制的学习计划。智能家居、在线医疗等，加速发展，解决了更多生活痛点。

6. 人工智能

2018年人工智能公司不论大小，PK的不再是技术本身，而是技术应用到不同场景的能力，大公司要推动AI落地到各行各业，小公司则要找到刚需让AI有市场，有人买单。AI创业公司融资时最重要的不再是介绍团队有多少牛人、技术、有多少成果，而是商业化成果和潜力。

智能音箱将在中国普及，自L2－L3自动驾驶会成为更多汽车出厂配置，图像和语音类应用将无处不在，各行各业都会应用AI，AI也将进一步改变我们的生活，上演“机器换人”。

以上这些变化大家应该都不陌生，这些变化都离不开计算机网络，那么什么是计算机网络，大家知道吗？

【知识学习】

电子商务必须有一个交易平台，而网络就给电子商务提供了这样一个平台。电子商务需要大量的商务信息，除了从市场上直接搜集信息外，在日后的发展过程中从网络中获得的信息占绝大部分。目前互联网应用更加成熟，网上生活将成为人们生活的主导，而电子商务将发挥更大的作用。

2.1.1 计算机网络的产生与发展

计算机网络出现的历史不长，但发展很快，经历了一个从简单到复杂的演变过程。世界上第一台电子计算机ENIAC在美国诞生时，计算机与通信并没有什么关系。当时的计算机数量极少，而且价格十分昂贵，用户只能到计算机房才能使用计算机，这显然是很不方便的。1954年终端器诞生后，人们才逐渐把终端与计算机连接起来。几十年来，计算机网络的发展经历了3个主要阶段：以单机为中心的通信系统、多个计算机互联的通信网络及国际标准化的计算机网络。

1. 以单机为中心的通信系统

以单机为中心的通信系统称为第一代计算机网络。这样的系统中除了一台中心计算机，其余终端不具备自主处理能力。这里的单机指一个系统中只有一台主机，也称面向终端的计算机网络。20世纪60年代初，美国航空公司与IBM公司联合研制的预订飞机票系统，由一个主机和两千多个终端组成，是一个典型的面向终端的计算机网络。

2. 多个计算机互联的通信网络

20世纪60年代末出现了多个计算机互联的计算机网络，这种网络将分散在不同地点的计算机经通信线路互联。主机之间没有主从关系，网络中的多个用户可以共享计算机网络中的硬件资源，故这种计算机网络也称共享系统资源的计算机网络。第二代计算机网络的典型代表是20世纪60年代原美国高等研究计划署的网络ARPANET（Advanced Research Project Agency Network）。以单机为中心的通信系统的特点是网络上用户只能共享一台主机中的软件、硬件资源，而多个计算机互联的计算机网络上的用户可以共享多个资源子网上的所有软件、硬件资源。

3. 国际标准化的计算机网络

国际标准化的计算机网络属于第三代计算机网络，它具有统一的网络体系结构，遵循国际标准化协议。标准化的目的是使不同计算机及计算机网络能方便地互联起来。

20世纪70年代后期，人们认识到第二代计算机网络存在明显的不足，主要表现在：各个厂商各自开发自己的产品，产品之间不能通用；各个厂商各自制定自己的标准，不同的标准之间转换非常困难。这显然阻碍了计算机网络的普及和发展。1980年，国际标准组织ISO公布了开放系统互联参考模型（OSI/RM），成为世界上网络体系的公共标准。遵循此标准可以很容易地实现网络互联。

2.1.2 计算机网络的分类与拓扑结构

计算机网络的分类标准很多，按拓扑结构分，有星型、总线型、环型等；按使用范围分，有公共网和专用网；按传输技术分，有广播式、点到点式网络；按交换方式分，有报文交换与分组交换等。事实上，这些分类标准都只能给出网络某方面的特征，不能确切地反映网络技术的本质。目前比较公认的能反映网络技术本质的分类方法是按计算机网络的分布距离分类。因为在距离、速度、技术细节三大因素中，距离影响速度，速度影响技术细节。

1. 计算机网络的分类

计算机网络按分布距离可分为局域网、城域网和广域网。

（1）局域网

局域网作用范围小，分布在一个房间、一个建筑物或一个企事业单位。地理范围在10 m～1 km，传输速率在10 Mb/s以上。目前常见局域网的速率有10 Mb/s、100 Mb/s。局域网技术成熟、发展快，是计算机网络中最活跃的领域之一。

（2）城域网

城域网作用范围为一个城市。地理范围为5～10 km，传输速率在10 Mb/s以上。

（3）广域网

广域网作用的范围很大，可以是一个地区、一个省、一个国家及跨国集团，地理范围一般在100 km以上，传输速率较低（<0.1 Mb/s）。

2. 计算机网络的拓扑结构

计算机网络的拓扑结构是指网络结点和通信线路组成的几何排列，亦称网络物理结构图。

（1）总线型

在一条单线上连接着所有工作站和其他共享设备（文件服务器、打印机等），如图2－1所示。总线型网络的特点是：结构简单、非常便于扩充、价格相对较低、安装使用方便。但是一旦总线的某一点出现接触不良或断开，整个网络将陷于瘫痪。实际安装时要特别处理好总线的各个接头。

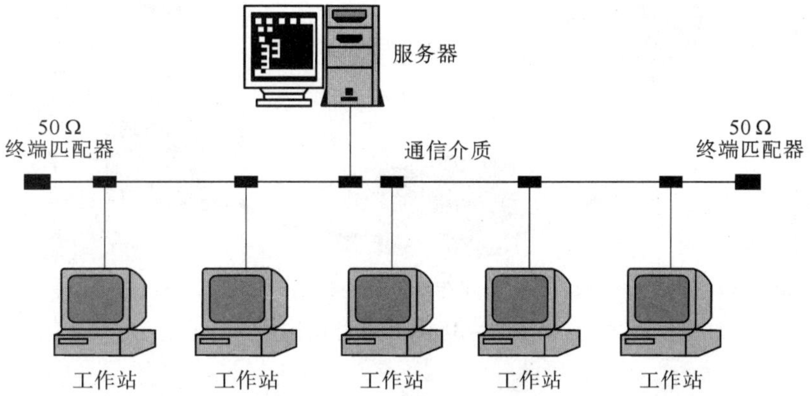

图2－1　总线型拓扑结构

（2）星型

以中央结点为中心与各结点连接，如图2－2所示。星型网络的特点是：系统稳定性好，故障率低。由于任何两个结点间通信都要经过中央结点，故中央结点出故障时，整个网络会瘫痪。

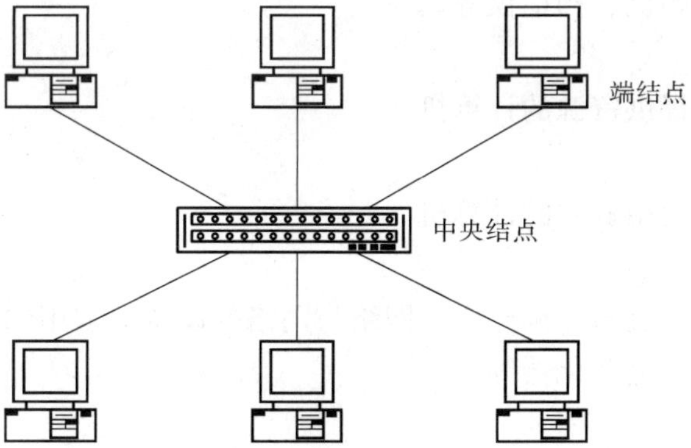

图2－2　星型拓扑结构

在服务器/工作站的局域网模式中，中央结点是服务器，存放共享资源。在文件服务器与工作站之间有集线器，集线器的作用为多路复用。目前，大多数局域网采用星型结构。

（3）环型

工作站、共享设备（服务器、打印机等）通过通信线路将设备构成一个闭合的环，如图2－3所示。环型网络的特点是：信息在网络中沿固定方向流动，两个结点间有唯一的通路，可靠性高。由于整个网络构成闭合环，故网络扩充起来不太方便。环型网是局域网常采用的拓扑结构之一。

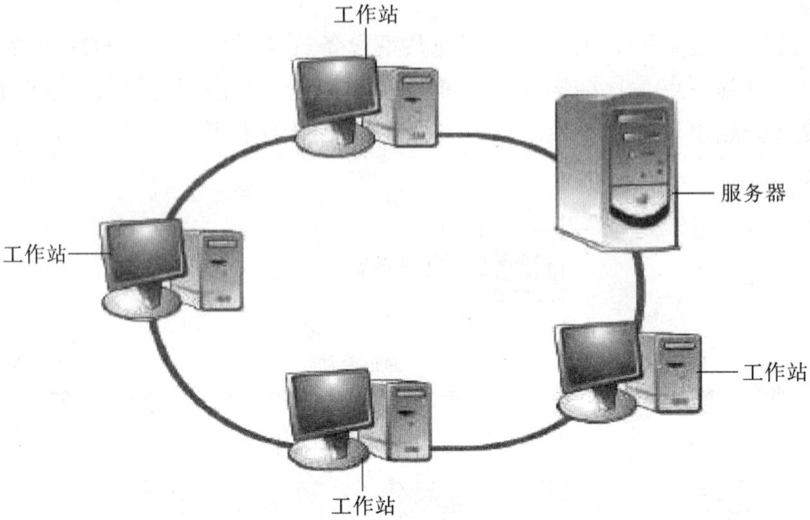

图 2-3　环型拓扑结构

2.1.3　计算机网络的基本组成

计算机网络主要由资源、服务器、工作站、网络设备、网络协议、网络操作系统等组成。

1. 资源

资源是指被服务器提供到网络上，供工作站使用的硬件、软件、数据库等。资源可以是一个文件、文件夹、打印机、扫描仪等。

2. 服务器

服务器是在网络上提供资源的计算机。

3. 工作站

工作站是在网络上使用资源的计算机。

4. 网络设备

网络设备是连接计算机与传输介质、网络与网络的设备。常用的设备有路由器、网络适配器、交换机、网桥、光电转化器等。

5. 网络协议

网络协议是网络中为数据交换而建立的规则。常用的协议有 TCP/IP 协议，IPX/SPX 协议等。

6. 网络操作系统

计算机网络操作系统是网络用户和计算机网络的接口。网络用户通过网络操作系统请求网络服务。网络操作系统的任务就是支持局域网络的通信及资源共享，它承担着整个网络范围内的资源管理，支持各用户间的通信。常用的网络操作系统有 Windows NT、Net - Ware、UNIX 等。

2.1.4　局域网

局域网是指将小范围的有限的通信设备互联在一起的通信网。决定局域网特性的主要技术要素有网络拓扑、传输介质与介质访问控制方法。局域网技术成熟，网络结构简单、经济，功能强且灵活性大，应用广泛。

IEEE 802（局域网标准化委员会）对局域网的定义为：“局域网是一个数据通信系统，其传输范围在中等地理区域，使用中等或高等的传输速率，可以连接大量独立设备，在物理信道上互相通信”。

局域网的基本特点有三个。

①连接范围较小。一般距离在几百米到几十千米。如：公司、校园、厂区或一个建筑物等。

②传输速率高。它的传输速率范围为10～155 Mb/s。目前，数据传输速率高达1 000 mb/s的高速局域网正在发展之中。

③误码率低。误码率低至10^{-8}～10^{-11}。

2.1.5　互联网

互联网是一个把分布于世界各地的不同结构的计算机网络用各种传输介质互相连接起来的网络。因此，有人称之为网络的网络，中文译名为互联网、因特网、国际互联网等。

20世纪60年代末期，由于冷战的需要，美国军事当局开始研究计算机系统的安全性和可靠性。为了保证数据通信安全，采用可变的通信线路，一旦某一条线路遭到攻击和损坏，信息可沿另一条线路传输，使得整个网络仍然能正常运行。1969年9月2日，原美国国防部高级计划研究局ARPA（Advanced Research Projects Agency）启动了ARPA网络，对上述设想进行实验。最初只有4个接口信息处理器（Interface Message Processor，IMP），这4个接口信息处理器分别在洛杉矶的加利福尼亚大学、巴巴拉的加利福尼亚分校、斯坦福大学和盐湖城的犹他大学，由这4个学院派研究员来完成这项实验。实验采用一种较新的，叫作“包交换”（Packet－Switching）的技术。“包交换”技术的关键是：将需要传送的信息分割成一段段较短的信息单位，每段信息加上必要的呼叫控制信号和差错控制信息，按一定的格式排列，这称一个“报文分组”，也叫一个“包”。在网络中，“包”作为一个整体进行交换，各个“包”之间不发生任何联系，可以断续地传送，也可以经由不同的路径传送。“包”到达目的地后，再将它们按原来的顺序装配起来，从而实现分组交换通信。ARPANET是互联网的雏形。互联网采用TCP/IP协议，TCP/IP协议是一种无连接的端到端的通信协议，简单实用。原则上任何计算机只要遵守TCP/IP协议都能接入互联网。

20世纪80年代初期，ARPANET派生出两个网络：一个纯军事用网络MALNET，另一个是以6个超级计算机中心为基础，依靠TCP/IP协议建立的美国国家科学基金会网络NSF-NET（National Science Foundation Network）。该网络上的成员可以互相通信，它主要为科研及教育机构服务。1990年，ARPANET解体，NSFNET完全取代ARPANET成为互联网。

1992年互联网协会成立，这是一个用户自发形成的组织，以制定互联网相关标准和推广互联网为目标。该协会把互联网定义为“组织松散，独立国际合作的互联网络”，“通过自主遵守协议和过程，支持主机对主机的通信”。

互联网在短短的几年内从一个科研、教育应用的计算机网络系统，演变为全面商业化的全球信息网，其发展速度之快、应用面之广都是前所未有的。

互联网在我国的发展速度是比较快的，按时间可分为两个阶段，第一阶段（1987—1993年），当时有科研单位尝试与互联网电子邮件转发系统的连接。中国学术网（China Academic Network，CANET）的国际互联网项目于1986年启动，1987年9月，自北京向德国卡尔斯鲁厄发出了中国第一封电子邮件，拉开了互联网进入中国的序幕。1990年，中国研究网络（China Research Network，CRNET）建成，CRNET的国际电子邮件通过欧洲转发。同年，中国国家计算机网建成。该网包括中国科学院网络、清华大学校园网、北京大学校园网。1993年3月2日，中国科学院高能物理研究所开通一条64 Kb/s数据专线连通美国斯坦福大学，这是我国第一条互联网专线，标志我国正式接入互联网。

第二阶段（1994年至今），1994年4月中科院高能所登记域名www. ihep. aC. cn，并建立了中国第一个Web和Gopher服务器，于是，我国第一个互联网的结点建成。同年，互联网协会确定我国顶级域名为“. cn”。

互联网的主要功能由文件传输FTP，远程登录Telnet，万维网www，电子邮件E-mail等。

2. 1. 6　接入互联网的方法

目前，国内常见的接入方式有以下几种。

1. PSTN

PSTN即公共交换电话网，这是最容易实施的方法，费用低廉。只要一条可以连接互联网服务提供商的电话线和一个账号就可以。但缺点是传输速度慢，线路可靠性差。

2. ISDN

ISDN即综合业务数字网，俗称“一线通”。它除了可以用来打电话，还可以提供诸如可视电话、数据通信、会议电视等多种业务，目前在我国迅速普及，价格大幅下降，有的地方甚至是免初装费用。有两个信道128 kb/s的速率、快速的连接以及比较可靠的线路。

3. ADSL

ADSL即非对称数字用户环路，是一种新的数据传输方式。它因为上行和下行带宽不对称，因此称为非对称数字用户线环路。它可以在普通的电话铜缆上提供1. 5 ~ 8 Mb/s的下行和10 ~ 64 Kb/s的上行传输，可进行视频会议和影视节目传输。不足之处为：用户距离电信的交换机房的线路距离不能超过4 ~ 6 km，限制了它的应用范围。

4. DDN专线

DDN即数字数据网，也称为专线上网方式，这种方式适合对带宽要求比较高的应用，如企业网站。它的特点也是传输速率比较高，范围从64 Kb/s ~ 8 Mb/s。但是，由于整个链路被企业独占，所以费用很高，因此中小企业较少选择。这种线路优点很多：有固定的IP地址、可靠的线路运行、永久的连接等，但是性能价格比太低。

5. 卫星接入

国内一些互联网服务提供商开展了卫星接入互联网的业务。适合处于偏远地方又需要较高带宽的用户。卫星用户一般需要安装一个小口径终端，包括天线和其他接入设备，下行数据的传输速率一般为 1 Mb/s 左右，上行通过 PSTN 或者 ISDN 接入互联网服务提供商。这种接入方式终端设备和通信费用都比较低。

6. 光纤接入

在一些城市，开始兴建高速城域网，主干网速率较高，并且推广宽带接入。光纤可以铺设到用户的路边或者大楼，可以以 100 Mb/s 以上的速率接入，条件是光纤必须接到大楼或住宅区。

7. 无线接入

由于铺设光线的费用很高，对于需要宽带接入的用户，一些城市提供无线接入。用户通过高频天线和互联网服务提供商连接，距离在 10 km 左右，带宽为 2 ~ 11 Mb/s，费用低廉，但是受地形和距离的限制，适合城市里距离互联网服务提供商不远的用户，性能价格比很高。

8. Cable Modem 接入

Cable Modem 即电缆调制解调器，目前，我国有线电视遍布全国，很多的城市提供 Cable Modem 接入互联网方式，速率可以达到 10 Mb/s 以上，但是 Cable Modem 的工作方式是共享带宽的，所以有可能在某个时间段出现速率下降的情况。

9. 电力线网络

电力线通过接入网络设备提供互联网服务。有两种常用的电力线接入方式：一是直接通过 USB 接口适配器和电力线以及电脑连接；二是通过电力线→电力线以太网适配器→Cable/DSL 路由器→Cable/DSL Modem/PC，目前最高速度可达 500 Mb/s。目前的问题是接入网络设备较贵，未正式推广。

2.1.7 IP 地址

IP 地址是一种标识符，用于标识系统中的某个对象的位置，即地址指明对象在哪里。在互联网中，每一台主机必须有一个 IP 地址，而这个 IP 地址在整个网络中必须是唯一的。互联网上计算机的 IP 地址有两种表示形式：IP 地址和域名。

每个 IP 地址由网络地址（NETID）和主机地址（HOSTID）两部分组成。网络地址的长度决定整个网间能包含多少个网络，主机地址的长度决定每个网络能容纳多少台主机。每个 IP 地址由 32 个二进制位构成，分 4 组，每组 8 个二进制位。实际表示中，每组以十进制数字 0 ~ 255 表示，每个组间以“.”隔开，称为点分十进制编址，例如：

202. 44. 102. 13

102. 33. 2. 3

19. 29. 50. 1

我们常用的 IP 地址有 A 类、B 类和 C 类地址，所以有的资料上称 IP 地址有三类。它的二进制位分布如图 2 – 4 所示。从图中可以看出，A、B、C 类地址的区别之处在于第一组二进制位。

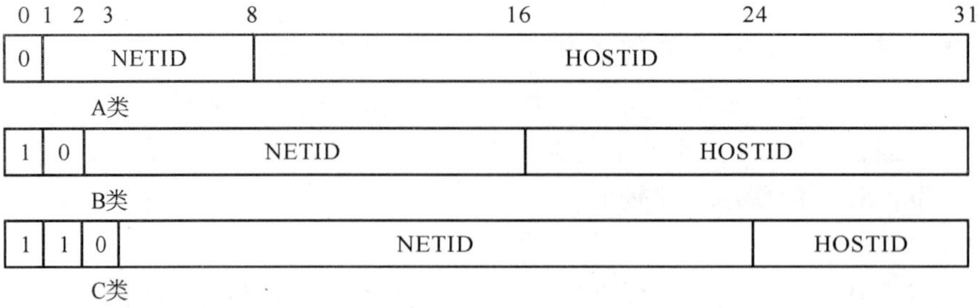

图2－4　二进制位分布

A类地址第一组数字的首位一定是0。IP地址规定第一组数字不能为0，第一组数字中不能使用127（十进制）。故A类地址的范围是1～126（00000001～01111110），所以全世界范围内只有126个A类网络。在A类网络中，每个网络能容纳16 777 214台主机。

B类地址的范围是128～191（10000000～10111111），即第一组数字的第一位一定为1，第二位一定是0。每个B类网络能容纳的主机数量是65 534台。

C类地址第一组数字的第一位一定为1，第二位一定为1，第三位一定为0，所以C类地址的范围是192～223（11000000～11011111），每个C类网络所能容纳的主机数为254台。

使用点分十进制编址很容易识别IP地址属于哪一类IP地址，方法是查看第一组数字。例如，193. 141. 15. 163是一个C类地址，184. 12. 15. 6是一个B类地址，23. 34. 23. 1是一个A类地址。

2.1.8　域名

域名就是用人性化的名字表示主机地址，这比用数字式的IP地址表示主机地址更容易记忆。

在互联网上所有的主机都有一个“名字—地址”及“地址—名字”的映射，完成这一映射的系统叫做域名系统（Domain Name System，DNS）。完成映射的过程叫地址解析，完成“名字—地址”映射的过程叫正向解析，完成“地址—名字”的映射过程叫反向解析。域名系统对名字结构做了定义：名字从左到右结构，而表示的范围从小到大，这与IP地址表示的顺序正好相反。一个域名由若干部分组成，各部分用“.”分隔，最后一部分是一级域名，也称顶级域名。例如www. imnu. edu. cn中，“www”表示万维网服务器；“. imnu”表示内蒙古师范大学；“. edu”表示教育机构；“. cn”表示中国。

【知识拓展】

企业内部网和企业外联网

1. 企业内联网

1.1　企业内部网简介

内联网（Intranet）是企业运用互联网技术组建专为内部提供服务的计算机网络。技术上，内联网和互联网采用了相同的技术，都是基于客户机/服务器的模式。所以，在内联网上处理文件、图表、内部请求的方式与互联网是一样的。如同把互联网搬到了企业内部似的，简单方便。但从互联网到内联网进行访问需要授权。

内联网由服务器、客户机、物理网和防火墙组成，使用互联网的协议。内联网除了能提供互联网的基本服务外，根据企业内部的具体需求还要增添一些功能：例如数据库的处理、MIS（管理信息系统）、CAD（计算机辅助设计）、CAM（计算机辅助制造）的应用。

企业无论大小，内部会有许多不同的专业机构，各机构的大量信息通过内联网连接起来，让整体的业务流程能够融通所有的信息，更能够让各部门共享资源。

1.2 企业内联网的优势

目前，大多数企业已经看到了内联网的潜力，积极建网。而已有内联网的企业早已使用内联网发布信息，或使已有的数据库与服务器相连，提供更快捷的查询服务，而收发电子邮件更加快了信息交流的效率。内联网有以下优势：

（1）内联网组建技术成熟、周期短

内联网是在互联网的成熟技术上发展起来的，无须占用很多的系统资源。如果企业已有与互联网相连的局域网，就已经满足建内联网的要求，而且建设周期短，开发工作量小。

（2）内联网上的信息发布迅速、成本低

传统的信息传播的主要方式是开会或发放纸质文件，而这种方式通常耗时且昂贵。尤其是在企业内部经常要处理大量的、多变的政策手册，面向市场的不得不变得生产信息、技术报告，以及流动的人力资源状况、员工培训的资料。内联网是传输企业内各种信息的最佳手段，它可以在线发布上述信息，即时更改，在第一时间畅通综合信息，再结合 E－mail 的功能，不仅可节约大量的纸张，重要的是可为企业节约成本。

（3）内联网上的管理操作进一步简化、易创新

在内联网上，联机事务处理对复杂业务的管理更容易。企业的高层决策者可以采用多种先进的管理方法，进行体制创新，管理创新，而决策、体制的贯通借助于内部的网络进行快速的反馈，而联机分析处理检验决策的可行性、科学性，也确保决策的有效执行。

（4）内联网使用简单、更安全

由于内联网与外部网可以无缝连接，操作完全相同。在客户端，对平台无特殊要求，只要安装浏览器即可，任何人几乎不需要什么培训就可以查询信息。内联网是一组软、硬结合的集合，能够像互联网一样扩展成开放的环境，它辅助人们进行生产、开发并进行信息的利用。

2. 企业外联网

2.1 企业外联网简介

外联网（Extranet）是对互联网的扩展和外延，是使用互联网/内联网技术使企业与其客户和其他企业合作来完成其共同的目标的合作网络。外联网的基本思想是让企业的合作商共享企业信息，充分交流，更好的保持协作关系。

一个著名的例子是 DHL 快递公司，一直以来顾客跟踪他们包裹的办法是拨通 DHL 的免费电话，通知接线员自己包裹的号码，待接线员输入包裹号码后，跟踪信息就会显示在接线员的控制台上。然后，由接线员告知顾客包裹的状态。而有关包裹的所有信息都属于 DHL 的内部信息。后来，DHL 免费向所有提出要求的人提供包裹跟踪软件。软件安装在客户端，

顾客拨叫DHL的计算机才可查询自己包裹的状态。随着互联网的普及，DHL已不再使用该软件，而在其网站上提供包裹跟踪服务，顾客键入自己的账号和空运单据号，就能在线跟踪包裹信息。这些信息都能存在DHL的外联网中。这个外联网是为提高DHL的服务效率而扩展了的内联网。

外联网也可以被看成是相互合作的企业的内联网的连接，其中的各企业可以加入互联网中去方便地查询它想知道的信息和数据。同时外联网隔离了外部的非法访问，保护外联网内部各企业数据的安全性。外联网给企业带来的好处有：各种信息汇聚，提高生产效率，降低生产费用，实现了跨地区、跨国别的各种形式的合作，最终为客户提供更有效的服务。

2.2 外联网连接方式

外联网的形式多种多样，可以是公共网络、安全专用网络或虚拟专用网络。

（1）公共网络

如果一个组织的内联网络允许公众通过任何公共网络访问他的信息，或合作企业同意用公共网络连接他们的内联网，这就形成了公共网络外联网。但这种结构中有安全隐患，因为公共网络上没有任何安全保护措施。要保证合作企业之间的安全，每个企业在把它的信息送到公共网络前，必须为这些信息提供安全保护。内联网一般用防火墙来检查来自互联网的信息，当然，防火墙并不绝对安全。如此一来，公共网络外联网就很少采用，因为安全问题没有得到很好的解决。

（2）安全专用网络

任何要合作的企业之间的连接采用两两专线连通，这种专线是专用电话线，而且是永久连通，比起公共网络，它的最大优点是安全。因为只有已被连接的两个企业是合法的，其他任何人都不能进入该网络。专用网络的缺点也在于此，专线昂贵，成本太高。合作的企业越多，所需的专线就越多，付出的成本也越大。

（3）虚拟专用网络（VPN）

这是一种不同于前两种的特殊网络。它采用了名为“IP通道”或“数据封装”的系统，这是互联网上的专用通道，可保证数据在合作的企业的外联网上安全传输。由于该系统能严格控制数据，VPN也就成了安全的保护。VPN就像高速公路上的一条单独密封的公共汽车通道，公共汽车通道外的车辆看不到通道内的乘客。利用这种VPN专用通道，跨地区、跨国界的员工都可以向外联网上的企业发送信息，甚至是敏感的财务信息也不例外。外联网合作伙伴之间的这种专用网络发展得很快，而且成本也很低。如果企业和其贸易伙伴建立更为密切的联系，完全可以用VPN建立连接。VPN不需要专线，除各公司的内联网外，只需互联网就可以建立一种临时的逻辑连接，一旦通信结束，连接就断开了，这就是虚拟专用网的由来。

3. 互联网/内联网/外联网三者之间的关系

互联网是开放的网络，内联网是封闭的网络，外联网是受控的网络。互联网强调各组织网站的连接，内联网强调企业内部各部门的连接，外联网强调企业之间的连接。三者的比较如表2-1所示。

表2－1　互联网/内联网/外联网的比较

项目	互联网	内联网	外联网
产生时间	最早	其次	较晚
操作权限	无	最严	次之
提供内容	静态页面为主	动态数据为主	动态数据为主
联网范围	全世界	企业内部	企业之间
服务对象	任何人	企业内部员工	企业内部、合作商及顾客
安全控制	没有	防火墙	半开放的防火墙

【任务实施】

1. 查阅相关资料，了解互联网在我国发展的历程及标志性事件。

2. 互联网的应用有哪些？在日常的生活中互联网给我们提供哪些服务？与同学们进行讨论。

【任务评价】

完成表2－2任务评价。

表2－2　任务评价

评定形式	自我评定（20%）	教师评定（80%）	任务总计（100%）
得分（100）			
总结			

任务2.2　网站开发技术

【任务描述】

目前，国内外电子商务应用技术发展迅速，电子商务的发展迫切需要大量懂得一定电子商务理论基础和电子商务系统设计、开发方面知识的应用型人才。

电子商务网站需要更专业的规划与设计，才能获得更好的浏览效果，图2－5所示为淘宝店铺界面设计效果。优良的设计对于计算机、汽车、家具、服装等几乎所有商品的销售与推广都有着举足轻重的作用，这一点已获得现代企业和设计界的认可。那么建立一个电子商务网站需要哪些步骤呢？

图2-5 淘宝店铺界面设计效果

【知识学习】

2.2.1 网站的搭建

通常情况下，建立一个网站可以分为10步骤：申请域名（域名备案）；申请空间；定位网站；分析网站功能和需求（网站策划）；网站风格设计；网站代码制作；测试网站；上传网站；完善资料；网站维护。

1. 域名

目前存在免费与商用两种域名申请策略，简介如下：

（1）免费域名申请。以花生壳 https：//www. oray. com/为例，申请流程如下：

①注册该网站，成为会员。

②注册成功后，赠送一个免费的域名。

（2）商用域名申请。以新网为例，申请流程如下：

①首先登录域名网站，查询域名是否被占用。

②如果没被占用，点击注册域名，接着填写域名和会员信息，然后同意协议，点击“下一步”进入信息确认阶段，确认信息。

③支付域名费用。

2. 空间

申请空间可以通过申请虚拟空间和进行服务器托管来实现。虚拟空间由供应商提供服务器和程序运行环境，自己只要维护代码即可。它的优点是方便，但也有不安全、可控性差的缺点，一般对安全性要求不高、功能相对简单、访问量不大的个人网站或企业小网站采用。服务器托管是指自己购买服务器或租用服务器，自己搭建服务器环境，并委托服务商进行管理。这种形式的优点是安全、可控性强。一般稍大一些的网站都采用服务器托管。

2.2.2　网站前端开发技术

互联网进入 Web2.0 时代以后，随着 PC 桌面上的 Web 应用大量涌现，网站的前端开发从此发展起来。网页的形式也不再仅仅限于文字和图片，而是增加了各种交互方式和媒体因素，并把网站界面更加友好地呈现给用户，这些都是基于前端开发技术。下面介绍几种网站前端开发的关键技术。

1. HTML

HTML（Hyper Text Mark－up Language）即超文本标记语言，是目前网络上应用最为广泛的语言，也是构成网页文档的主要语言。设计 HTML 语言的目的是把存放在一台计算机中的文本或图形与另一台计算机中的文本或图形方便地联系在一起，形成有机的整体，让人们不用考虑具体信息是在当前计算机上还是在网络的其他计算机上。只需使用鼠标在某一文档中点击一个图标，Internet 就会马上转到与此图标相关的内容上去，而这些信息可能存放在网络的另一台计算机中。

HTML 文档的制作并不复杂，且功能强大，支持将文字、图形、动画、声音等不同数据格式的文件连接起来，这也是 WWW 广泛应用的原因之一。

2. CSS

HTML 标签原本被设计为用于定义文档内容。通过使用 <h1> <p> <table> 这样的标签，HTML 的初衷是表达“这是标题”“这是段落”“这是表格”之类的信息。文档布局则由浏览器来完成，而不使用任何的格式化标签。然而，由于新的 HTML 标签和属性（如字体标签和颜色属性）不断地被添加到 HTML 规范中，创建文档内容清晰地独立于文档表现层的网页变得越来越困难。

为了解决这个问题，万维网联盟（W3C）推出了 CSS（Cascading Style Sheets），即层叠样式表，用于有效地对页面的布局、字体、颜色、背景和其他效果实现更加精确的控制。只要对相应的代码做一些简单的修改，就可以改变同一页面的不同部分，或者页数不同的网页的外观和格式。

CSS 具有以下特点：

（1）几乎在所有的浏览器上都可以使用；

（2）使页面的字体变得更漂亮，更容易编排，使页面赏心悦目；

（3）可以轻松地控制页面的布局；

（4）可以将许多网页的风格和格式同时更新，而不用再一页一页地更新。

可以将站点上所有的网页风格都使用一个 CSS 文件进行控制，只要修改这个 CSS 文件中相应的行，那么整个站点的所有页面都会随之发生变动。

3. JavaScript 与 jQuery

（1）JavaScript。JavaScript 是 Internet 上最流行的脚本语言（脚本语言是一种轻量级的编程语言），并且可在所有主要的浏览器中运行，如 Internet Explorer、Mozilla、Firefox、

Netscape 和 Opera。

JavaScript 是被设计用来向 HTML 页面添加交互行为的一种脚本语言。它通常被直接嵌入 HTML 页面，是一种解释性语言，也就是说，代码执行不进行预编译。JavaScript 短小精悍，又是在客户机上执行的，大大提高了网页的浏览速度和交互能力，使网页包含更多活跃的元素和更加精彩的内容。

很多人看到 Java 和 JavaScript 都有“Java”四个字母，就以为它们是同一样东西，其实它们是完全不同的两种东西。Java 在客户端运行的应用程序叫作 Java Applet，是嵌在网页中，而又有自己独立的运行窗口的小程序。Java Applet 是预先编译好的、一个 Applet 文件（.class），用 Notepad 打开阅读，根本不能理解。Java Applet 的功能很强大，可以访问 HTTP、FTP 等协议，甚至可以在计算机上传播病毒。相比之下，JavaScript 的能力就比较小了。

JavaScript 是一种“脚本（Script）”，它直接把代码写到 HTML 文档中，浏览器读取的时候才进行编译、执行，所以能查看 HTML 源文件就能查看 JavaScript 源代码。

（2）jQuery。随着浏览器种类的推陈出新，JavaScript 的兼容性受到了挑战。由于对前台设计效果的要求越来越高，于是 JavaScript 语言本身的设计能力变得捉襟见肘。2006 年，美国人约翰・莱西格（John Resig）创建了 JavaScript 的另一个框架，就是 jQuery。与 JavaScnpt 相比，jQuery 更简洁，浏览器的兼容性更强，语法更灵活，对 XPath 的支持更强大，一个 $ 符就可以遍历文档中的各级元素。

jQuery 功能强大，在客户端开发中，它主要帮助用户方便、快速地完成以下任务：

①选择页面元素。如果不使用 jQuery，直接使用 JavaScript 遍历 DOM（Document Object Model，文档对象模型）树，以及查找 HTML 文档结构中的某个元素，必须编写很多行代码。

jQuery 则提供了可靠而富有效率的选择器，只需要一个简单的选择器字符串，即可准确获取需要检查或操纵的文档元素。

②动态更改页面样式。使用 JavaScript 控制 CSS 受限于不同浏览器的兼容性处理，而 jQuery 可以弥补这一不足。它提供了跨浏览器的标准解决方案，而且即使在页面已经呈现之后，jQuery 仍然能够改变文档中某个部分的类或者个别样式属性。

③动态更改页面内容。jQuery 能改变文档的内容，使用少量的代码，即可改变网页内容，对 HTML 文档的整个结构都能重写或者扩展，使用起来远比 JavaScript 直接控制便捷。

④控制响应事件。jQuery 提供了丰富的页面事件，这些事件使用简单、易用、易记，不需要考虑浏览器兼容性问题。但是，如果使用 JavaScript 直接控制用户行为，需要考虑的问题就很多，既要考虑 HTML 文档结构与事件处理函数的合成，还要考虑浏览器的不一致性。

⑤提供基本网页特效。jQuery 内置了一批淡入、擦除、移动之类的效果，以及制作新效果的工具包，用户只需要简单地调用动画函数，就可以快速设计出高级动画效果。如果直接使用 JavaScript 实现，需要考虑 CSS 动态控制，还要顾虑浏览器解析差异，模拟的动画效果或许很生硬，或许很粗糙等。

⑥快速实现通信。jQuery 对 Ajax 技术的支持很缜密，它通过消除这一过程中测览器特定的复杂性，使用户得以专注于服务器端的功能设计。

⑦扩展 JavaScript 内核。jQuery 提供了对 JavaScript 核心功能的扩展，如迭代和数组操作

等，增加了对客户端、数据存储及 JavaScript 扩展的支持。

2.2.3 网站后端开发技术

网站后端开发技术也称网站后台技术或者动态网站技术。例如，网站要提供用户的注册、登录、验证或者购物结算等，这些都要用代码逻辑来实现。又如，需要一个后台来往网页中添加一些消息、新闻、通知等。这些技能不需要网站浏览者掌握，而需要网站开发者或拥有者来管理，需要网站后台技术来实现的。常见的网站后端开发语言有 ASP、.NET、JSP、PHP 等。同时，网站后台技术还包括数据库相关技术，如 MYSQL、SQL Server 等。数据库是用来存储后台数据的。下面简单介绍几种后端开发语言。

1. ASP

ASP（ Active Server Pages）被称为动态服务器端网页。ASP 程序是以 asp 作为扩展名的，通过在标准的 HTML 网页中嵌入和使用 ASP 内建对象和可安装的 Activex 组件，结合 Vbscript（或 Javascript）脚本编程，建立动态和交互的 Web 页面。ASP 文件与 HTML 作为扩展名的网页文件一样，也是纯文本文件，因此用户可以用任何一种标准的编辑器来编写。

ASP 程序只能在 Web 服务器端运行，当客户端浏览器（IE）向服务器端请求调用 ASP 文件时，就启动了 ASP。Web 服务器通过 HTTP 响应了该请求后，调用 ASP 引擎，解释被请求调用的文件，对文件中包含的脚本进行处理，动态地把执行结果生成一个 HTML 页面返回 Web 服务器端，与页面中非脚本的 HTML 合成一个完整的 HTML 页面发送到客户端浏览器。

由于 ASP 脚本是在服务器端被执行的，程序代码较为安全。另外，在服务器端执行也减轻了网络传输的负担，便于交互。

2. PHP

PHP（ Hypertext Preprocessor）即超文本预处理语言。PHP 是一种 HTML 内嵌式语言，与微软的 ASP 颇有几分相似，都是一种在服务器端执行的嵌入 HTML 文档的脚本语言，语言的风格又类似 C 语言，被很多网站广泛运用。尤其值得称道的是，PHP 是一个开源软件，可免费下载使用。

PHP 将程序嵌入 HTML 文档中去执行，执行效率比完全生成 HTML 标记的 CGI 要高很多；与同样是嵌入 HTML 文档的脚本语言 JavaScript 相比，PHP 在服务器端执行，充分利用了服务器的性能；PHP 执行引擎还会将用户经常访问的 PHP 程序驻留在内存中，其他用户再次访问这个程序时不需要重新编译程序，只要直接执行内存中的代码就可以了，这也是 PHP 高效率的体现。PHP 具有非常强大的功能，所有 CGI 或者 JavaScript 的功能，PHP 都能实现，而且支持几乎所有主流的数据库以及操作系统。

而在 Internet 上，它也支持了相当多的通信协议，包括了与电子邮件相关的 IMAP（Internet Mail Access Protocol，Internet 邮件访问协议）、POP3（Post Office Protocol - Version3 邮局协议版本 3）；目录协议 LDAP 及其他网络的相关函数。除此之外，用 PHP 写出来的 Web 后端 CGI 程序，可以很轻易地移植到不同的操作系统上。例如，先以 Linux 架的网站在系统负荷过高时，可以快速地将整个系统移到 SUN 工作站上，不用重新编译 CGI 程序。面对快速发展的 Internet，这是长期规划的最好选择。

3. Java

Java 语言是美国 SUN 公司于 1995 年推出的面向对象的程序设计语言，随着 Internet 的迅猛发展，Java 逐渐成为非常重要的 Intern 编程语言。Java 具有简单性、面向对象、分布式、健壮性、安全性、平台独立与可移植性、多线程、动态性等特点。Java 可以编写桌面应用程序、Web 应用程序、分布式系统和嵌入式系统应用程序等。

Java 技术的核心是 Java 虚拟机。Java 虚拟机属于 Java 体系结构的一部分，该体系结构支持了 Java 技术的三个特性：平台无关性、安全性和网络移动性。

4. .NET

.NET 是微软推出的新一代基于互联网平台的软件开发构想，是微软面向 XML Web Services 的平台。XML Web Services 允许应用程序通过 Internet 进行通信和共享数据，而不管所采用的是哪种操作系统、设备或编程语言。人们将能够控制何种信息、在何时、以何种方式传递给自己。

.NET 是一项革命性的技术框架，它的核心技术包括分布式计算、XML、组件技术、即时编译技术等。分布式计算是网络的本质；组件技术是软件技术多年来的发展成果，它使程序设计员从大量的 API（ Application Programming Interface，应用程序编程接口）中解放出来，以采用面向对象和面向组件的技术来解决软件问题；即时编译技术使应用程序在运行时，还能够根据主机的硬件和软件环境进行代码优化，并简化代码发放的过程。

.NET 框架能够包含多个程序设计语言，如 C + +、Java、C#等，同时该框架对 SQL Server 数据库也有很好的支持。因此，相对于其他任何平台而言，该平台能够从多个层次对软件开发人员进行全方面的平台支持。经过了十多年的发展，目前 .NET 框架是当前计算机软件技术的主流框架之一，通过应用 .NET 框架可以使程序开发者节省大量的时间，在短时间内设计出庞大的软件系统。通过 .NET 框架可以设计的应用程序主要包括窗体应用程序和 Web 应用程序，其框架架构如图 2－6 所示。

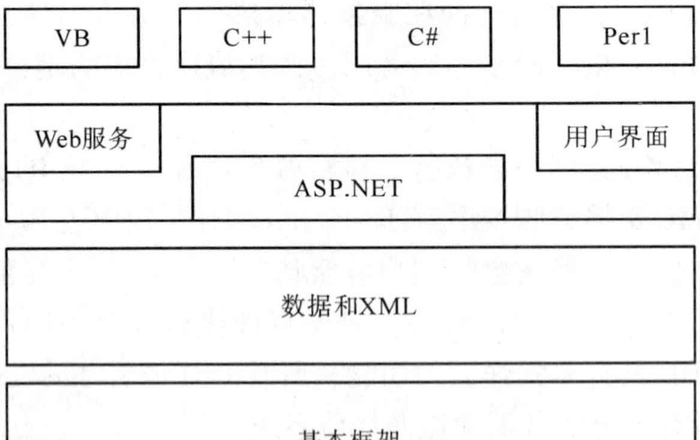

图 2－6 .NET 框架架构

因为开发人员使用多种工具和技术，而每一种工具和技术都支持不同的功能和类型，这就形成了确保语言互用性较为困难的历史根源。但．NET Framework 通过微软中间语言（MSL）、公共类型系统（CTS）和公共语言规范（CLS）等技术提供了跨语言机制，使开发者采用何种语言成了个人喜好问题。开发者可以使用其他任何支持．NET 语言开发的组件，当然这些组件必须符合 CLS。

对各语言的厂商来说，开发支持．NET 的语言版本来获得．NET Framework 的强大功能及方便地使用其他语言编写的组件，对推广他们的语言、占有市场有很大的益处。而其中的关键就是开发出支持．NET 的编译器。目前微软推出 VB. NET、C#、VC + +. NET 和 Jscript. NET 是．NET 平台上最通用的语言，其他厂商也推出了 20 多种常用语言的．NET 版本，如 COBOL、Eiffel、Component Pascal、Fortran、Perl、Python、SmallScript、Standard ML 等。Borland 公司也于 2002 年 8 月 6 日推出 Delphi7 Studio 来全面支持微软公司．NET 平台应用的开发。

【知识拓展】

Web 开发者不得不知的技术趋势分析

作为一个 Web 开发者，无论是做前端还是后端，都应该时刻保持着对技术的敏感性。技术的流行需要一定时间的沉淀，有哪些 Web 相关的技术可能成为 Web 开发的新宠呢？下面列举业界经过实践并且被普遍看好或者大公司推荐使用的技术。

1. Progressive Web Apps（PWAs）

Progressive Web Apps 可以让你做到在访问网址的时候就像是在访问本地 APP 一样的体验。这项技术最初是 Google 在 2015 年提出来的，Progressive Web Apps 结合了 Web 和本地 APP 的优点于一身。在 PWA Rocks 里可以看到 Progressive Web Apps 界面是什么样子，如图 2－7 所示。

图 2－7　Progressive Web Apps 界面

Progressive Web Apps 最大的一个优点在于它的可靠性。在后台增加了 Service Workers，能够做到快速载入、离线或者在网络环境极差时使用、同步更新等。之所以称为 Progressive，是因为它能够在包括但不局限于的 PC 桌面、移动端、平板电脑或者是将来的任何新设备的设备上响应式运行。因为后台的 Service Worker 能够拦截网络请求，保证 Progressive Web Apps 的传输协议是 HTTPS 方式，这样就能够保证应用的安全性。

阿里巴巴是世界上最大的在线 B2B 公司之一，为超过 200 个国家进行服务。在网站的开发上，用户体验会作为最重要的考虑。阿里巴巴网站要同时关注于“移动端 Web”和“移动端 App”的开发，以满足客户移动端体验的需求。但是，它意识到这样做并不是最大限度提高用户体验度的最好方法，Web 和 APP 开发需要投入二倍的资源，而仅仅是为了满足移动端同一个需求。同时，Web 必须在网络的基础上，不能离线使用；App 开发周期长，需要用户频繁更新。所以，阿里巴巴网站也选择了 PWAs，该网站有约 76% 已经转换为了 PWAs。如果有兴趣赶快体验一下阿里巴巴 PWAs 吧，在手机 Chrome 中，输入阿里巴巴官网，支持商家推送提醒，应用自定义启动界面等，真的就是在浏览器中有本地 APP 一样的体验。

2. 单页 Web 应用（Single－Page WebSites）

目前，越来越多的网站开始致力于浏览的简洁和速度，我们也会看到越来越多的单页 Web 应用。所谓的单页 Web 应用是指：网站仅仅包含一个 Html 页面和一个长长的滚动条。来看一个单页 Web 应用“神奇的交互式简历”，如图 2－8 所示。

单页 Web 应用具有很多优势：所有的内容展示在一个 Web 页面上，当用户线性浏览网站时，你能够控制网站信息流。有了这样的控制权，当滚动条滚动时，你可以带领用户完成一次旅行。同时，这样可以让访客统一入口的方式参与进来，你可以讲一个故事、论证一个观点或者模拟一次经历。

单页 Web 应用追求简洁和高效，支持移动端，用户界面友好，转换起来也相当方便。但是，它并不适合电子商务应用。

3. 静态网站生成器（Static Site Generators）

现在来说，内容管理系统（content management System）领域是动态网站的天下。然而，互联网刚刚出现的第一个站点是静态的。现在，在静态网站生成器的帮助下，静态网站又回来的，这是一种混合式的 Web 开发方式。Jekyll 是目前最流行的静态网站生成器之一，界面如图 2－9 所示。

静态网站生成器或者静态网站引擎把动态的内容和数据作为输入，输出可部署静态的文件（HTML，CSS，JavaScript）。不涉及服务器端语言和数据库。这样的静态站点速度更快、更加可靠、更便宜甚至免费并且很好部署和版本管理。由于网站没有服务器端语言和数据库的参与，因此网站也更加安全。

Jekyll、Hugo、GitBook 和 Pelican 是现在比较流行的静态博客生成器。你也可以访问 StaticGen，发现更多的开源静态网站生成器。

4. Motion UI

你可能在一些比较前卫的网站或者 APP 上已经看过了如背景动画、页面转换动画、滚动条滚动动画或者动画表格等效果，这些复杂动画的背后就是 Motion UI。先看一个炫酷的

图 2－8　神奇的交互式简历

图 2－9　Jekyll 界面

效果实例 Business Card App design by Tubik，如图 2－10 所示。

Motion UI 最初是 2014 年 12 月 Zurb 基金会 APP 发布时附带的一个为了创造灵活的 css 切换和动画效果的依赖包。2016 年，Zurb 团队又增加了一些新的特性，作为一个独立的库正式发布。最新版的 Motion UI Css 样式能够兼容所有的 JS，实现了将动画与 Web 无缝整合。

将 Motion UI 的元素加入你的站点当中，能够大大提高用户的参与度和使用率。访问 UI Movement，这个站点帮助你学习使用 Motion UI。

图 2－10　炫酷的效果实例 Business Card App design by Tubik

【任务实施】

1. 免费域名的申请及注册

①打开永信网络（http：//Sgyxzxw. cn）、时尚城名（http：//www. cn. vc）等免费域名注册网站。

②利用网站提供的免费城名注册服务，设计一个域名，并查询该城名是否已经被注册。

③若该域名还未被注册，则填写域名注册信息及注册资料，尝试注册该域名。

【任务评价】

完成表 2－3 任务评价。

表 2－3　任务评价

评定形式	自我评定（20%）	教师评定（80%）	任务总计（100%）
得分（100）			
总结			

任务2.3 移动互联网开发技术

【任务描述】

海底捞火锅——每日微信预订金额100万元

作为国内最具口碑的餐饮连锁服务机构，海底捞是较早试水O2O营销的餐饮连锁服务企业之一。凭借在微博、点评网站等互联网平台上的口碑，海底捞迅速聚集了大量的忠实粉丝。加强客户关系管理一直是海底捞的追求，特别是在移动互联网时代，新技术手段层出不穷，对海底捞的经营者而言，如何选择更好的管理方式是他们首要思考的问题。

首先，每次你想吃海底捞火锅时，只要一打开海底捞火锅的微信公众号，就会收到一条关于发送图片可以在海底捞门店等位区现场免费制作打印美图照片的信息，这是不是瞬间就吸引了你？其次，海底捞的自助服务项目全，客户通过微信可实现预订座位、送餐上门服务，甚至可以去商城选购底料，你想要点外卖就简单地输入送货信息，然后坐等美食上门。当然，其设计的菜品看着就让人食欲大增。最后，海底捞提供的线上优质服务还能使客户享受“微信价”，贴心又实惠怎么能没有吸引力？据悉，海底捞每日通过微信的预订金额高达100万元。

海底捞建立公众平台的主要目的并不是为了提高订餐量，而是更加关注客户在用餐过程中的感受。海底捞公众平台已成为客户了解海底捞的入口，让客户享受更轻松的美食消费体验。海底捞的这些业务都离不开移动互联网技术，那么移动互联网应用开发技术包括那些呢？

【知识学习】

在我国互联网的发展过程中，PC互联网已日趋饱和，随着宽带无线接入技术和移动终端技术的飞速发展，人们迫切希望能够随时随地乃至在移动过程中都能方便地从互联网获取信息和服务，移动互联网应运而生并迅猛发展。

移动互联网能让用户在移动中通过移动设备随时、随地访问Internet，获取信息，开展商务、娱乐等各种网络活动。移动互联网因其高便携性、应用方便和隐私性等特点，越来越受网民的欢迎。现在，移动互联网的流量发展趋势跟10年前的互联网基本上如出一辙。在未来很长时间内，移动互联网还将继续保持强势的追赶态势。无论是手机和还是平板电脑都不同于PC，这些设备屏幕较小、运行能力差，这是移动商务技术开发中需要考虑的主要差别。

移动互联网时代的技术热点除了Web2.0和Web3.0之外，还出现了一些有关网页设计技术的新的名词术语，如HTML5、响应式网页设计、基于用户体验的移动互联网网页、四大移动平台（iOS、Android、Windows Phone、Symbian）、混合型应用（Hybrid App，如掌上百度和淘宝客户端Android版）等。有关HTML5的新观点也相继出现，如“HTML5将改变移动互联网”“HTML5将成为今后社交游戏开发应用的重要技术平台”，以及“新的设计技术HTML5与CSS3结合制作网页播放器”等。所有这些新术语、新观念、新技术的出现，都反映出移动互联网时代，网页设计技术在不断地改变和提高。

2.3.1 移动网页开发技术

随着智能移动设备的普及，移动互联网在生活中的重要性越来越凸显，为了适应快速发展的 Web 技术以及不断提出的 Web 应用需要，HTML5 应运而生。HTML5 技术的多种新特性和跨平台特点迎合了移动平台多样性的需要，使用 HTML5 技术将使快速开发各种移动互联网应用成为可能，从而更好地促进移动互联网的发展和移动应用的推陈出新。

HTML5 实际上是指一系列用于开发网络应用的最新技术的集合，它包括 HTML、CSS3、JavaScript 及一系列全新的 API。HTML5 技术希望能够减少浏览器对插件，如 Adobe Flash Microsoft Silverlight、Oracle JavaFX 等的依赖。并提供更多的能有效增强网络应用的标准集。HTML5 手机应用的最大优势就是可以在网页上直接调试和修改。

在移动设备上开发 HTML5 应用只有两种方法，要不就是全部使用 HTML5 的语法，要不就是仅使用 JavaScript 引擎。纯 HTML5 手机应用运行缓慢并且错漏百出，但优化后的效果会好转。JavaScript 引擎的构建方法让制作手机网页游戏成为可能。

2.3.2 Android 应用开发技术

Android 是一款以 Linux 为基础的开放源代码的操作系统，主要使用于便携设备，是由谷歌与开放手机联盟（Open Handsel Alliance）共同提供的软件平台，有望为全球手机市场带来革命性的变化。2011 年第一季度，Android 在全球的市场份额首次超过 Symbian（塞班）系统，跃居全球第一。2014 年第二季度，Android 占据全球智能手机操作系统市场 85% 的份额。随着 Android 手机的普及，Android 应用软件的需求势必越来越大，这将是一个潜力巨大的市场，吸引着广大的软件开发厂商和开发者投身其中。

Android 平台本身被誉为“第一个完整、开放和免费的移动平台”。

（1）完整。在开发 Android 平台的时候，设计者进行了全面的考虑。他们从一个安全的操作系统开始，在上面建立一个健壮的软件框架，从而允许在上面开发丰富的应用。

（2）开放。Android 平台通过开源许可协议来提供。开发人员开发应用时，可以获得前所未有的访问设备功能的权限。

（3）免费。Android 应用可以免费开发，在该平台上开发不需要许可费用。没有加入开发成员的费用，没有测试费用，也不需要签名或认证费用。Android 程序可以通过多种方法来分发和商业化。分发自己的应用是免费的，也有免费发布应用以供下载的应用商店。但是在 Google Play 商店上架则需要注册和一次性支付一笔 25 美元的费用。

2.3.3 iOS 应用开发技术

iOS 是由苹果公司开发的移动操作系统。苹果公司最早于 2007 年 1 月 9 日的 Macworld 大会上公布这个系统，最初是设计给 iPhone 使用的，后来陆续套用到 iPod touch、iPad 及 Apple TV 等产品上。iOS 与苹果的 Mac OS X 操作系统一样，属于类 UNIX 的商业操作系统。原本这个系统名为 iPhone OS，因为 iPad、iPhone、iPod touch 都使用 iPhone OS，所以 2010 苹果全球开发者大会（Apple Worldwide Developers Conference，WWDC）上宣布改名为 iOS。

与 Android 及 Windows Phone 不同，iOS 不支持非苹果硬件的设备。

App Store 是苹果公司为 iOS 设备创建和维护的数字化 App 发布平台，允许用户从 iTunes Store 浏览和下载一些由 iOS SDK 开发的 App。根据应用发布的不同情况，用户可以付费或者免费下载。应用程序可直接下载并安装到 iOS 设备，也可通过 iTunes 下载到 PC 中再安装。所有在 App Store 中出售的应用在成功发布之前，必须通过苹果公司的审核，以确保符合 SDK 中的条款。在未“越狱”的状态中，iOS 设备只能从 App Store 中获取应用程序。

iPhone 的 iOS 的开发需要用到控件。开发者在 iOS 平台会遇到界面和交互如何展现的问题，控件解决了这个问题。这使得 iPhone 的用户界面相对于老式手机更加友好灵活，并便于用户使用。

【知识拓展】

微信小程序

微信小程序（简称小程序）是一个基于去中心化而存在的平台，它没有聚合的入口，多种进入方式。

微信小程序

①在微信中的“发现”界面，可以找到小程序的入口，如图 2－11 所示。

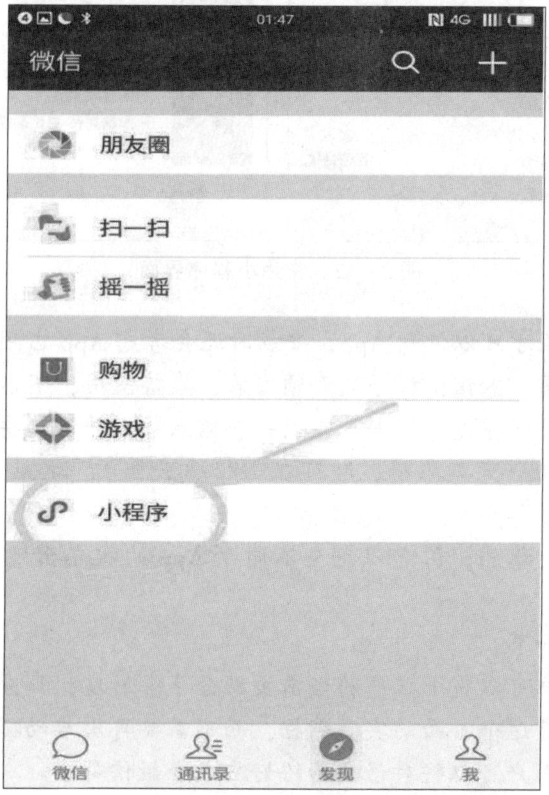

图 2－11　微信小程序入口

②在微信主界面下拉，会看到用过的微信小程序。

③给好友或者在群里分享小程序。

小程序的界面和使用方法和App类似，图2－12所示是几个已发布的常用小程序界面。

图2－12　常用小程序界面

用户需要下载、安装才可以使用App，安装时还会考虑App占用多大存储空间，哪些程序应该卸载掉以释放空间。微信小程序则无须安装，直接使用，不占用存储空间。用户在使用微信小程序后，可以用完即走。例如，我们去餐馆点菜，并不需要去下载这个餐馆的应用程序，只需要在餐馆扫描一下二维码，即可在小程序里点菜，之后并不需要去卸载应用程序，直接关闭小程序即可。

微信小程序看起来是程序，但它以完全不同于App的状态出现，具有更灵活的应用组织形态。

小程序提供的功能如下。

①分享页功能。用户可以将小程序的当前页面分享给好友，如分享北京到上海的火车票列表页面，用户打开时是这个页面的实时数据，而不需要再次启动微信小程序。

②分享对话功能。用户可以将对话分享给好友或者微信群。

③线下扫码进入微信小程序功能。该功能提示用户附近有哪些微信小程序可以使用，扫描二维码就可以使用微信小程序。

④挂起状态功能。例如，用户使用微信小程序时可以先接电话，接完电话后可以继续使

用微信小程序进行相关操作。

⑤消息通知功能。商户可以发送消息给接受过服务的用户，用户同时可以使用微信小程序的客服功能联系商户。

⑥实时音视频录制播放功能。通过此功能可以随时随地进行直播或者录播。

⑦硬件连接功能。通过使用 NFC 功能，可以把手机当成公交卡、门禁卡等使用，通过 Wi－Fi 连接功能可以进行 Wi－Fi 连接。

⑧小游戏功能。利用微信小程序制作的“跳一跳”小游戏，让游戏大门从此打开，让用户知道小程序也可以制作游戏。

⑨公众号关联功能。微信小程序可与公众号进行关联，公众号可关联不同主体的 3 个小程序，关联同一主体的 10 个小程序。

⑩搜索查找功能。用户可以根据关键字或品牌名称查找小程序。

⑪识别二维码功能。用户长按识别小程序码可以进入小程序。

【任务实施】

上网了解移动互联网技术的发展趋势。

【任务评价】

完成表 2－4 任务评价。

表 2－4　任务评价

评定形式	自我评定（20%）	教师评定（80%）	任务总计（100%）
得分（100）			
总结			

任务 2.4　电子商务新技术趋势

【任务描述】

每天有数以万计的交易在淘宝上进行，与此同时相应的交易时间、商品价格、购买数量都会被记录。更重要的是，这些信息可以与买方和卖方的年龄、性别、地址、甚至兴趣爱好等个人特征信息相匹配。各大中小城市的百货大楼做不到这一点，大大小小的超市做不到这一点，而互联网时代的电商可以做到。

作为国内首个运行在公安内网上的省级交通大数据云平台，贵州公安交警云平台由省公安厅交警总队采用以阿里云为主的云计算技术搭建，可为公共服务、交通管理、警务实战提供云计算和大数据支持，有交通管理“最强大脑”之称。现在，云平台的建立使机器智能识别成为可能，通过对车辆图片进行结构化处理并与原有真实车辆图片进行对比，车辆分析智能云平台能瞬间辨别路面上的一辆车是不是假牌或套牌。

戴上 VR 设备、打开 BUY +，消费者躺在自家沙发上，就能一秒钟“穿越”到世界各地的商场集市，自由逛街挑选了。BUY + 还利用了三维动作捕捉技术捕捉消费者的动作，并触发虚拟环境的反馈，实现虚拟现实中的互动。比如，利用带有动作捕捉的 VR 设备，你眼前的香蕉、书籍在 BUY + 中可以化身为衣帽、雨伞、架子鼓，让消费者有一种“身临其境”的体验感。

以上这些案例都是依靠什么技术实现的呢？

【知识学习】

2.4.1 大数据技术

当代英国大数据专家维克托·迈尔舍恩伯格（Victor Mayer – Schonberger）和肯尼思·库克耶（Kenneth Cukier）编写的《大数据时代》一书中指出：“大数据是由数量巨大、结构复杂、类型众多构成的复合性数据集合，具有数据海量、数据多样、输入和处理速度快和总价值高的特性，是‘取之不尽，用之不竭’的新型环保能源。”

大数据技术

大数据及其相关技术的出现得益于现代信息社会，“但归根结底其发展的核心动力源于人类测量、记录和分析世界的渴望”。概括来说，大数据技术是建立在计算机网络背景下以数据挖掘为基础，对海量数据进行处理、分析、分享的技术。“互联网公司因具有获取大量数据的先天条件，同时具有利用数据创造价值的利益驱动力，所以自然地成为大数据技术的率先实践者及领先使用者。”

大数据的核心作用是预测，是运用海量数据来预测事情发生的可能性，这种预测是建立在海量数据和相关关系基础之上的。传统社会科学的统计分析是在较少量化数据的基础上展开的，人们热衷于探寻事物之间的因果关系，但因果关系本质上是或然关系，并非逻辑上的必然关系，因此，传统的量化分析对因果关系的探求具有先天的不准确性。然而，在大数据时代，海量的数据使人们可以轻松了解事物之间的相关关系，通过相关关系来找出可能相关的事物，从而预测事件。并且与因果关系相比，分析相关关系的研究耗资更少，更加省时。因此，建立在相关关系分析基础上的预测功能是大数据的核心作用，而预测的最终目的在于把控自然界及人类行为的规律。

大数据的特点通常被业界归结为四个“V”：Volume（数据量大）、Variety（数据类型多样）、Velocity（速度快）和 Value（单位数据价值低）。大数据的第一个特点便是数据量大。身处信息爆炸的时代，数据每天都在飞速增长，过去人们常用 KB、MB 来描述数据量，现在已经升级为 GB、TB 甚至 PB。预计 2020 年，中国生产的数据总量将会超过 8.5ZB。大数据的第二个特点是数据类型多样。按照不同的分类标准，可以将大数据分为不同类别：按照数据结构的不同，可以分为结构化数据和非结构化数据两大类；按照是否可再生，分为可再生数据和不可再生数据；按照是否为隐私，可分为隐私数据和非隐私数据等。大数据的第三个特点是速度快，主要是指数据的生成和处理速度快，这对处理数据的硬件性能要求很高。大数据的第四个特点是单位数据价值低，主要是指单个数据或小数据集的价值不高，数据的价值与数据量成正比。

除了上述四个特点之外，大数据还具有 Reuse（重复利用性）的特点。重复利用性是指大数据可以多次被使用，同样的数据可以为不同的目的而重复使用，并且数据的价值不会随着被使用的次数而减少。可以说，大数据的价值主要是通过数据的重复利用来实现的。

大数据时代的到来撼动了世界的方方面面，从商业、科技、医疗卫生到政府、教育及社会的各个领域。大数据技术和应用一方面给社会、经济和科技的发展带来了重要机遇，另一方面也对数据获取、存储、传输、计算以及应用提出了全新挑战。开展大数据技术与应用研究，是时代发展的必然要求，具有无可估量的社会经济价值和巨大的科学意义。

2.4.2　云计算技术

随着信息和通信技术的快速发展，计算模式从最初把任务集中交付给大型处理机模式，发展到后来的基于网络的分布式任务处理模式，再到按需处理的云计算模式。最初的单个处理机模式处理能力有限，需要等待，效率低下。后来，随着网络技术的不断发展，按照高负载配置的服务器集群，在遇到低负载的时候，会产生资源的浪费和闲置，导致用户的运行维护成本高。而云计算把网络上的服务资源虚拟化、整个服务资源的调度、管理、维护等工作由专门人员负责，用户不必关心“云”内部的实现。因此，云计算实质上是给用户提供像传统的电力、水、煤气一样的按需计算服务，它是一种新的有效的计算使用范式，如图2－13所示。

云计算技术

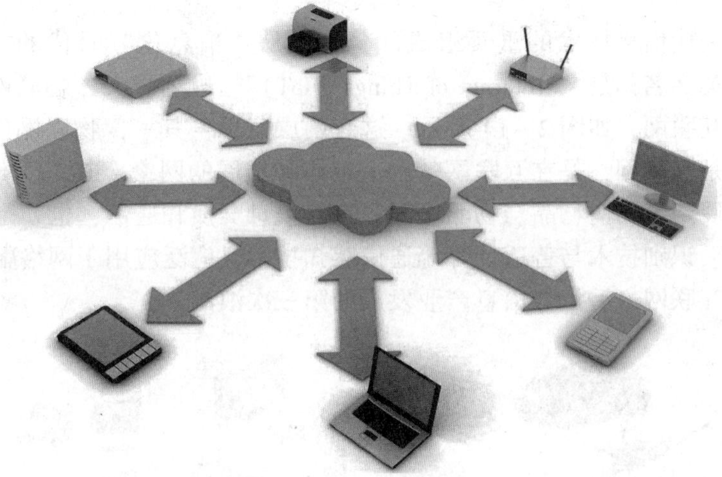

图2－13　云计算示意图

云计算由网格计算发展而来，云端由大量集群使用虚拟机的方式，通过高速网络互连，组成大型的虚拟资源池（Virtualized Resource Pool）。终端用户采用即付即用的方式通过 Internet 向云端购买服务。这些虚拟资源可自主管理和配置用数据冗余的方式保证虚拟资源的高可用性，并具有分布式存储和计算、高扩展性、高可用性、用户友好性等特征。

云计算既描述了一种新兴的共享基础设施的方法，又描述了建立在这种基础设施之上的应用和扩展服务。云计算与传统信息技术有巨大的差异，其特点体现如下：

①虚拟化（Virtualization）。云计算的计算、存储和网络资源均是虚拟化的，不是固定的有形实体。

②面向服务（Service－oriented）。云计算提供一个庞大的资源池，资源以服务的形式通过网络来访问，软件、基础设施和平台均被视为服务。

③弹性（Elastic）。云环境应用请求的资源是动态伸缩和变化的，这取决于用户的QoS（Quality of Service，服务质量）需求。

④动态和分布式（Dynamic and Distributed）。尽管云资源是虚拟化的，但云可以提供高性能和可靠的云服务，资源本身的灵活性使其可以根据消费者的需求随时进行动态的调整。

⑤共享（规模经济）（Shared Economy of Scale）。云作为共享的基础设施，其资源根据应用需求在多用户间动态分配，这种共享模式也被称为“多租户”模式。一般情况下，用户对物理资源没有直接访问权，也不确定共享资源具体的地理位置。

⑥面向市场（Market－oriented）。云计算中，用户以即付即用的方式对服务付费，定价机制的变化取决于应用的QoS期望。

⑦自治（Autonomic）。为了提供高可靠性的服务，云计算使用多副本数据、节点同构互换等自治行为防止服务失效或性能下降。

云计算利用虚拟化技术将资源池化，采用何种资源提供策略对这些大规模动态的资源进行组织和管理，实现资源提供的高效灵活和按需分配，对云计算具有重要意义。目前，各大型IT厂商都根据各自的基础设施架构对云资源提供展开研究和设计。

2.4.3 物联网技术

物联网技术

物联网是新一代信息技术的重要组成部分，也是“信息化”时代的重要发展阶段。其英文名称是“Internet of Things（IoT）”。顾名思义，物联网就是物物相连的互联网，如图2－14所示。这有两层意思：其一，物联网的核心和基础仍然是互联网，是在互联网基础上延伸和扩展的网络；其二，其用户端延伸和扩展到了任何物品与物品之间，进行信息交换和通信，也就是物物相息。物联网通过智能感知、识别技术与普适计算等通信感知技术，广泛应用于网络融合中，也因此被称为继计算机、互联网之后世界信息产业发展的第三次浪潮。

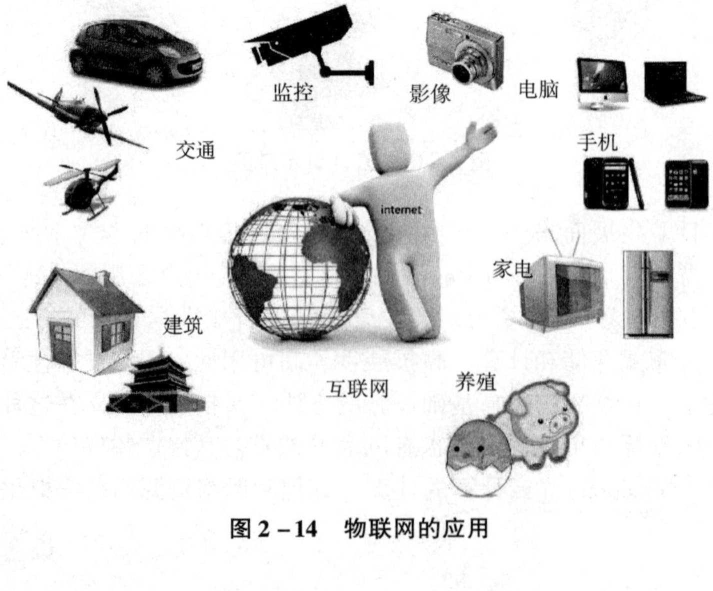

图2－14 物联网的应用

物联网技术是通过射频识别（RFID）、红外感应器、全球定位系统、激光扫描器等信息传感设备，按约定的协议，将物品与互联网相连接、进行信息交换和通信，以实现智能化识别、定位、追踪、监控和管理的一种网络技术。物联网应用中有三项关键技术：

①传感器技术。到目前为止，绝大部分计算机处理的都是数字信号。对于“物”的信息，就需要传感器把模拟信号转换成数字信号，计算机才能处理。

②RFID 技术。RFID 技术是融合了无线射频技术和嵌入式技术为一体的综合技术，RFID 在自动识别、物品物流管理领域有着广阔的应用前景。

③嵌入式系统技术。这是综合计算机软硬件、传感器技术、集成电路技术、电子应用技术为一体的复杂技术。经过几十年的演变，以嵌入式系统为特征的智能终端产品随处可见：小到人们身边的 MP3，大到航天航空的卫星系统。嵌入式系统正在改变着人们的生活，推动着工业生产以及国防工业的发展。如果把物联网用人体做一个简单比喻，传感器相当于人的眼睛、鼻子、皮肤等感官，网络就是神经系统用来传递信息，嵌入式系统则是人的大脑，在接收到信息后要进行分类处理。这个例子很形象地描述了传感器、嵌入式系统在物联网中的位置与作用。

目前，物联网可以归结为两种基本应用模式：

①对象的智能标签。通过 NFC、二维码、RFID 等技术标识特定的对象，用于区分对象个体，例如在生活中人们使用的各种智能卡，条码标签的基本用途就是获得对象的识别信息；此外，通过智能标签还可以获得对象物品所包含的扩展信息，例如智能卡上的余额、二维码中所包含的网址和名称等。

②对象的智能控制。物联网基于云计算平台和智能网络，可以依据传感器网络获取的数据进行决策，改变对象的行为进行控制和反馈。例如，根据光线的强弱调整路灯的亮度，根据车辆的流量自动调整红绿灯间隔等。

2.4.4　虚拟现实技术

虚拟现实（Virtual Reality，VR）技术是一种综合计算机图形技术、多媒体技术、传感器技术、人机交互技术、网络技术、立体显示技术及仿真技术等多种科学技术综合发展起来的计算机领域的最新技术。它是能制造出逼真的人工模拟环境，并能有效地模拟人在自然环境中的各种感知系统行为的高级的人机交互技术。虚拟环境通常是由计算机生成并控制的，使用户身临其境地感知虚拟环境中的物体，通过虚拟现实的三维设备与物体接触，从而真正地实现人机交互。可以说，人处在虚拟环境之中跟现实环境感知是没有差别的，如图 2－15 所示。目前，其所涉及的研究应用领域包括军事、医学、心理学、教育、科研、商业、影视、娱乐、制造业、工程训练等。虚拟现实已经被人们公认为是 21 世纪重要的发展学科以及影响人们生活的重要技术之一。

虚拟现实技术

虚拟现实技术的体验感总结起来大概包括以下几点：

①沉浸感（Immersion）。计算机生成的虚拟世界给人一种身临其境的感觉。

②交互性（Interaction）。人能够以很自然的方式跟虚拟世界中的对象进行交互操作或者交流，着重强调使用手势、体势等身体动作（主要是通过头盔、数据手套、数据衣等来采集信号）和自然语言等自然方式的交流。

图2-15　虚拟现实技术

③构想（Imagination）。虚拟环境可使用户沉浸其中并且获取新的知识，提高感性和理性认识，从而使用户深化概念和萌发新意。可以说，虚拟现实可以启发人的创造性思维。

实现虚拟现实的关键技术主要包括：动态环境建模技术，包括实际环境三维数据获取方法、非接触式视觉建模技术等；实时、限时三维动画技术，即实时三维图形生成技术；立体显示和传感技术，包括头盔式三维立体显示器、数据手套、力觉和触觉传感器技术；快速、高精度的三维跟踪技术；系统集成技术，包括数据转换技术、语音识别与合成技术等。

【知识拓展】

影响电商行业的五大最新技术趋势

1. 语音搜索及其影响

拥有良好的网站排名一直是电商企业的首要任务。毕竟，较高的排名将为电商带来更多的流量，并将反过来增加卖家的销售机会。

而如今，语音搜索日渐深入人们的生活，从回答简单的问题到购物都可以用语音搜索，如果人们不再在网上进行搜索会发生什么呢？如果人们只需告诉Alexa要买的产品，就可以订购，那人们还会在网上搜索吗？

这是否意味着有机搜索将失去效用？而且，为了给付费广告腾出空间，listing刊登空间不断减少，也不利于电商的搜索引擎优化。或许，未来电商将不得不专注优化语音搜索，而不是搜索引擎优化。

2. 聊天机器人将改变商务会话

买家不仅希望快速拿到产品，还希望感受个性化的购物体验，而聊天机器人可以提供这种体验。现在越来越多的公司开始试验聊天机器人，例如Facebook Messenger，用户可以在Facebook Messenger聊天机器人的帮助下订购鲜花。

你可能会认为聊天机器人无法企及，但ChatFuel这类工具正在帮助中小企业无须编码也能创建聊天机器人。也许在未来，聊天机器人将是电商工具箱里的“必需品”。

3. 使用机器人处理产品和订单

亚马逊一直在使用机器人，但机器人能力有限，主要负责将产品运送给亚马逊员工，由他们人工挑拣产品放进装运箱中。这些机器人目前为止还不擅长识别和抓取产品。

一个名叫Righthand的公司正在研发能够识别并抓取产品的机器人。过去的机器人每小时只能处理100个产品，且错误率为18%，而新研发的机器人每小时可以完成500个订单。

机器人不需要休息、睡觉，不需要公司花费精力鼓励安抚，它们将使这个行业产生什么改变？许多员工可能会发现机器人将对他们的工作产生威胁，但公司仍需要人工监督所有的订单，保证运作的顺畅。

4. 虚拟Dash按钮

亚马逊最近发布了线上版本Dash按钮，类似于亚马逊之前发布的实体Dash按钮，这些虚拟按钮允许客户自动订购常用产品。这是亚马逊简化用户购物流程的另一努力。

作为一个小企业主，你可以按照亚马逊的做法来，为你的客户提供个性化的数字面板，方便他们找到自己平时购买或收藏的产品。任何能够帮助客户更快、更轻松购买的行为，都将优化你的客户体验。

5. 线上线下结合追踪客户购买

如果你除了电商商店以外，还拥有实体店，那么你会发现一些很有趣的数据。人工智能和数据追踪工具，将使你更进一步的了解消费者是如何在线上线下转换的。有人点击你的广告时，你不仅能够知道他们是否在线上购物，而且还能够跟踪他们的线下购买。

Placed首席执行官，选址优化专家David Shim指出，92%的零售交易是在线下完成的，企业只获得了约8%的线上交易。了解消费者的购物行为将有助于你做出更明智、更有针对性的广告决策。毕竟，电商销售受到客户的喜好和行为的高度影响，他们是产品需求的制造者。

【任务实施】

了解大数据技术、物联网技术、云计算技术和虚拟现实技术的技术特点，找出大数据技术、物联网技术、云计算技术和虚拟现实技术在电子商务平台的应用，并深入分析其应用特点。

【任务评价】

完成表2-5任务评价。

表2-5 任务评价

评定形式	自我评定（20%）	教师评定（80%）	任务总计（100%）
得分（100）			
总结			

【项目总结】

本项目通过“计算机网络技术”“网站开发技术”“移动互联网开发技术”“电子商务新技术新趋势”任务的实施，对计算机网络的发展、分类、网站前端开发及后端开发技术的特点、电子商务的未来新技术发展趋势等知识进行了介绍。掌握这些知识对于今后电子商务工作的开展会起到很重要的作用。

【课后习题】

一、单项择题

1. Internet 上的每台正式计算机用户都有一个独有的(　　)。

A. E - mail　　B. 协议　　C. TCP/IP　　D. IP 地址

2. WWW 服务是 Internet 上最方便与最受欢迎的(　　)。

A. 数据计算方法　　B. 计费方式　　C. 信息服务类型　　D. 数据库类型

3. 以下 IP 地址表示方法，正确的是(　　)

A. 2102021982　　B. 202. 256. 160. 9

C. 192. 168. 100　　D. 255. 255. 255. 0

4. 在主机域名中，顶级域名可以代表国家。代表“中国”的顶级域名是(　　)。

A. CHINA　　B. ZHONGGUO　　C. cn　　D. zg

5. CSS 的功能不包括(　　)。

A. 使页面的字体变得更漂亮　　B. 轻松地控制页面的布局

C. 同时更新多网页风格格式　　D. 提高数据处理速度

6. 下列不是手机操作系统的是(　　)。

A. Android　　B. Window Mobile

C. Apple iphone ios　　D. Windows Vista

7. XML 的主要用途是(　　)。

A. 提高页面的美观程度　　B. 提高页面的访问速度

C. 规范化数据存储　　D. 提高页面的维护效率

二、判断题

1. Internet 是当今世界上规模最大、信息资源最丰富、开放的、由数万个网络及上百万台计算机相互连接而成的计算机网络。(　　)

2. 在 TCP/IP 网络中，每一台主机必须有一个 IP 地址。(　　)

3. HTML 语言是构成网页文档的主要语言。(　　)

4. HTML 网页的开发需要由专门的软件支持。(　　)

5. CSS 用于读取数据库中的信息。(　　)

6. Javascript 是 Java 语言在网页中的应用。(　　)

7. PHP 是在服务器端执行的嵌入 HTML 文档的脚本语言。(　　)

三、思考题

1. Internet 提供的服务有哪些?

2. IP 地址的结构是怎样的？IP 地址可以分为哪几种？
3. 什么是域名？顶级域名有哪几种？
4. 什么是 HTML 标签？HTML 标签的作用是什么？
5. CSS 起到什么作用？
6. PHP 语言的特点包括什么？
7. HTML5 有什么特性？
8. 在移动网页开发中应用的三大技术是什么？
9. 大数据的特点及关键技术有哪些？
10. 什么是云计算？
11. 什么是物联网和物联网技术？物联网技术的应用有哪些？
12. 虚拟现实技术的特点是什么？发展方向有哪些？

【拓展学习】

课后访问下列网站，了解更多关于电子商务技术的最新资讯。

1. 电商在线（http://www.imaijia.com/）
2. 51CTO（http://www.51cto.com/）
3. 中国国际电子商务网（http://www.eC.com.cn/）
4. CIO 时代网（http://www.ciotimes.com/）

项目3

电子商务交易模式应用

项目情景引入

京东商城自2004年年初涉足电子商务领域以来，一直保持高速成长，京东商城已完成全品类覆盖，手机数码、家用电器等优势品类年交易额突破千亿大关，京东已成为中国领先的线上零售商，京东时尚已成为国内外顶级服饰品牌开拓中国市场最值得信赖的首选合作伙伴。京东居家生活是中国品质居家生活首选平台，合作商家突破50 000家。2016年京东商城积极布局生鲜业务，致力于成为中国消费者安全放心的品质生鲜首选电商平台，拥有国内领先的生鲜电商冷链宅配平台，冷链配送覆盖全国300多个城市。未来五年京东将打造百万家线下创新型智慧门店——京东便利店。

2017年，京东集团市场交易额接近1.3万亿元。2018年7月，京东第三次入榜《财富》全球500强，位列第181位，在全球仅次于亚马逊和Alphabet，位列互联网企业第三。京东商城首页如图3-1所示。

请问：京东商城是电子商务中的哪种模式？什么是B2B、B2C和C2C模式？它们各自有什么特点？

项目学习目标

知识目标

1. 理解B2C模式的含义和类型
2. 熟悉B2C模式交易流程
3. 理解C2C交易平台的作用
4. 熟悉C2C模式交易流程
5. 了解C2C模式卖家开店的流程
6. 理解B2B模式的含义和类型
7. 了解B2B模式交易流程

图3-1　京东商城首页

技能目标

熟练在B2C、C2C平台进行交易

素质目标

1. 利用互联网不断学习新知识、新技术，有一定创新意识
2. 具有电子商务行业敏感度，善于捕捉相关电子商务行业、企业的最新信息
3. 具有一定的团队合作精神，初步树立电子商务创业意识

核心知识点

B2C模式的类型　C2C平台的作用

任务3.1　B2C交易模式应用

【任务描述】

刘广是大一的学生，过几天就是他小外甥的生日了，刘广打算买几本图画书作为礼物送给小外甥。但刘广在当地的书店发现，图画书的价格都较贵，而且折扣很小，种类也比较少。刘广想通过网上来买书，但又不知哪些网站有图书销售，另外他又不熟悉购物流程。你可以给刘广推荐几个网站吗？他又该如何快速完成购物呢？

【知识学习】

3.1.1　B2C交易模式概述

1. B2C交易模式的概念

B2C是指企业通过互联网为消费者提供商品或服务的电子商务模式，是中国最早产生的电子商务模式，以1999年8848网上商城正式运营为标志。目前在互联网上有很多种类型的B2C网站，提供从图书音像、服装鞋帽、运动户外到手机数码、汽车用品、家具建材、订购机票、话费充值等各种商品和服务。消费者可以在网上选购商品或服务，并在网上支付，这种方式节省了消费者和企业双方的时间，消费者还可以获得价格上的实惠，有更多选择商品的机会，生产型企业也可以通过这种销售方式直接面对消费者。

经过十几年的快速发展，B2C模式在电子商务领域占据了重要地位。2018年上半年（中国）网络零售B2C市场交易份额如图3-2所示。

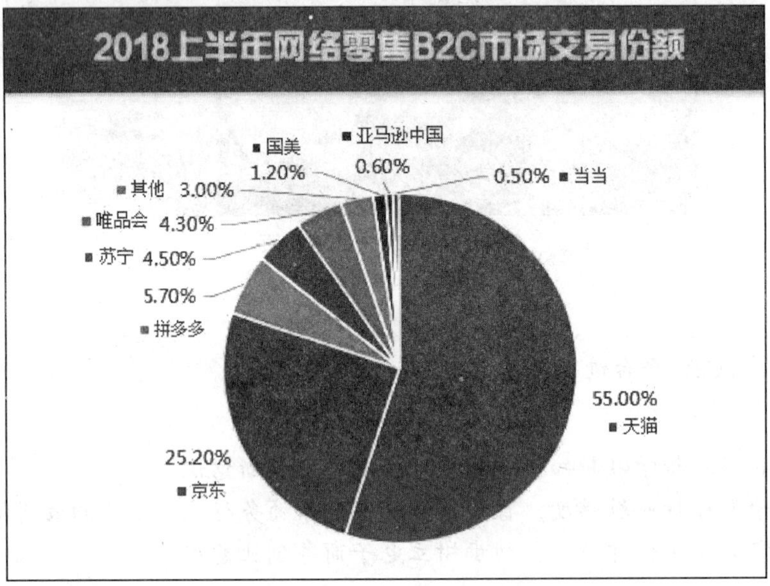

图3-2　2018年上半年（中国）网络零售B2C市场交易份额

2. B2C交易模式的优势

B2C模式的出现，对传统商家产生了巨大的影响，为商家和消费者带来了双赢。

（1）降低了商家的经营成本

商家通过互联网为消费者提供商品和服务，利用虚拟店铺代替实体门店，节省了租金成本。对于产品的制造商来讲，网上直销和借助于中介服务的销售方式，大大减少了传统商品流通渠道，降低交易成本；此外，对于传统的销售商来说，这种新型的销售方式可以很便利地扩展其销售渠道，而不像传统方式那样为了扩展产品的销售范围，需要企业和商家投入大量资金来拓展分销渠道，这就意味着更多的分销商加入，无形中产品的价格就会上升。在电子商务条件下，由于中间环节的减少和销售范围的扩大，一方面降低了产品价格，另一方面使商家或厂家的销售额大幅提高，竞争力也不断增强。许多使用技术上的问题，消费者可以通过互联网获取在线的技术支持，这样可以减少技术服务人员的数量和出差费用，经营成本也会降低。

（2）商家可以获得更广阔的销售市场

商家借助于B2C平台可以克服传统零售活动中地域和时间的限制，扩大销售市场，让更多的消费者可以了解到商品和服务的信息。由于互联网具有全球性，这也为商家建立国际分销渠道和销售商品提供了平台。

（3）提升商家的品牌价值

商家借助于B2C平台，可以向众多消费者宣传自己的品牌，进行商品宣传和广告促销，能够使消费者迅速了解商家的经营理念，并树立良好的品牌形象。

（4）消费者获得实惠

消费者之所以愿意网购，除了可以有更多的商品可供选择，很大的一个原因是价格上的优惠。同样的商品，网上销售的价格往往会低于实体店的价格，很多消费者正是基于这一原因而选择网购。B2C这种销售模式，能够让消费者足不出户就可以以实惠的价格购买到自己中意的商品和服务。

3.1.2　B2C交易模式的基本流程

B2C交易模式的一般购物流程大致可以分为用户注册/登录、选购商品、支付结算、物流配送等几个过程。下面以当当网为例进行说明。

1. 用户注册/登录

如果用户已经拥有平台账号，可以直接登录。如果是第一次在平台购物，用户需要先注册，用户可以点击相应的链接，进入注册页面，并按要求填写注册信息，如图3－3所示。如果想要快速登录，也可使用合作网站如QQ、微信、微博等账号登录。另外，也可以在选购好商品后去结算时再进行注册或登录。

图3－3　填写注册信息

2. 选购商品

用户注册/登录以后，就可以利用平台提供的多种搜索方式（如站内搜索引擎和商品分类目录）选购商品。对于购买目标明确的用户，直接在站内搜索对话框中输入商品的关键词，相关符合条件的商品信息都会被显示出来，这些信息主要包括商品的图片、名称、价格等，如果消费者想了解该商品的详细信息，可以点击商品图片或名称进行查看，有意购买的话可以选择商品的具体型号、数量后放入购物车继续购物。选购结束后，就可以到购物车中去进行结算。如果是第一次在平台购物，需要填写详细的送货地址、送货方式、联系电话、支付方式等信息，提交订单后就完成了选购商品的过程。如图 3－4～图 3－8 所示。

图 3－4 登录网站选购商品

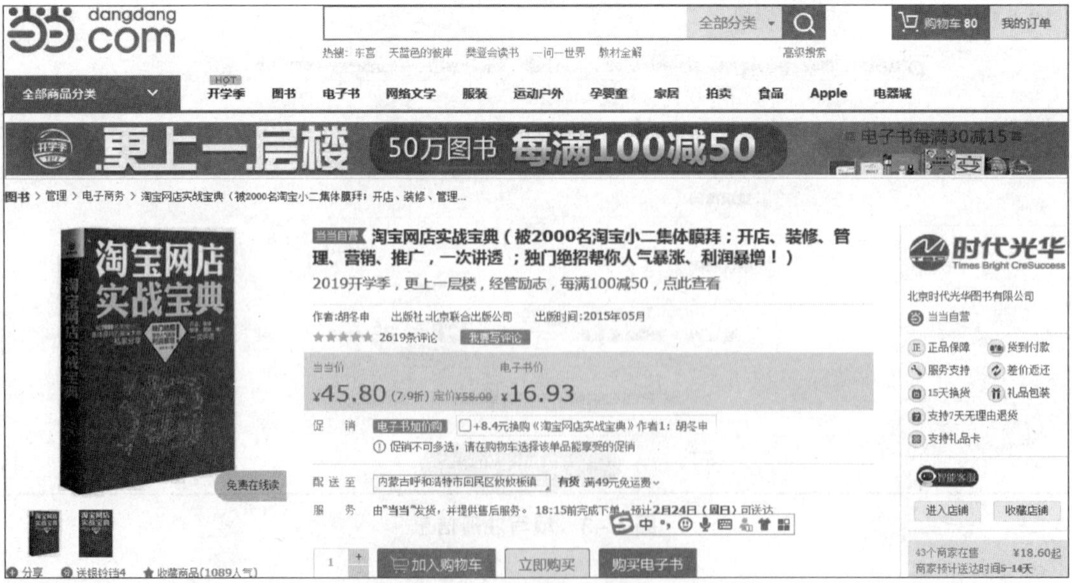

图 3－5 查看商品信息

图3－6　把商品加入购物车并结算

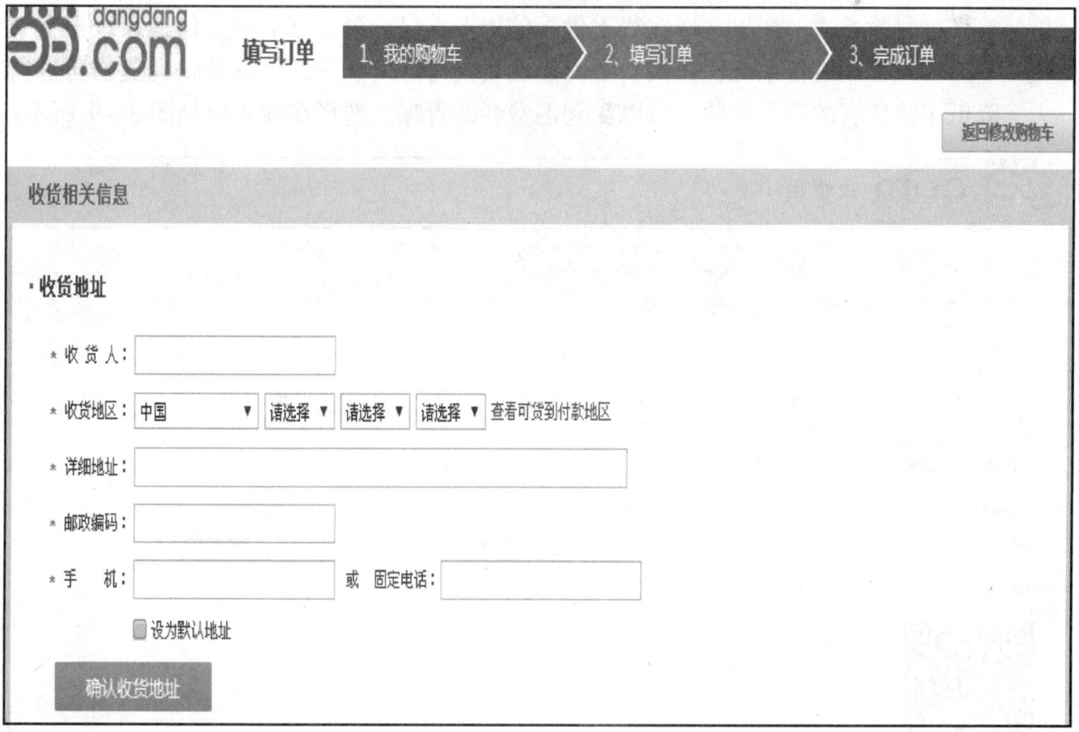

图3－7　填写订单信息

图 3－8　查看订单信息并提交

3. 支付货款

在 B2C 模式中，消费者可以选择在线支付、货到付款、邮局汇款、信用卡支付、第三方平台支付等多种付款方式。如果选择在线支付、信用卡支付、第三方平台支付，系统会在消费者提交订单后转入在线支付系统，让消费者直接在线支付。由于货到付款是收到货物再进行支付，大大降低了消费者的购买风险，所以受到消费者的青睐。选择在线支付如图 3－9 所示。

图 3－9　选择在线支付

4. 物流配送

消费者在提交订单时可以选择货物的配送方式，一般来讲主要有第三方快递配送、商家配送、消费者自提等几种方式。商品送达消费者手中后，B2C 平台还会邀请消费者进行购物评价。

此外，消费者还可以利用订单管理系统，对生成的订单进行管理和查询，在规定的时间内进行订单合并和撤销，并跟踪订单的执行情况，如图 3 – 10 所示。

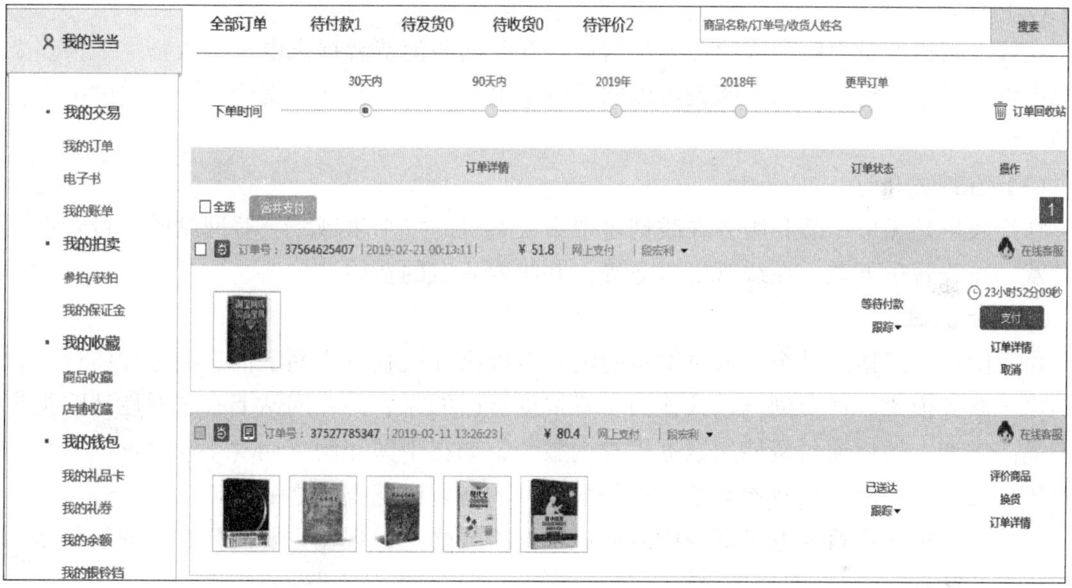

图 3 – 10　查询订单情况

3.1.3　B2C 交易模式的基本类型

B2C 电子商务模式基本上等同于网上商店或在线零售商店。这是人们最熟悉的一种商务类型，以至于很多人片面地认为 B2C 电子商务就是网上商店，就只有这一种模式。实际上，在 B2C 电子商务发展过程中，由于商务活动的复杂性，B2C 电子商务模式多种多样，下面就介绍几种常见的 B2C 电子商务模式。

1. 网上商店

消费者通过网上商店购买商品是电子商务的典型应用之一。通过网上商店，消费者可以浏览、选购自己喜欢的商品，安全地完成网上支付，享受安全便捷的购物方式。对于企业来说，不仅可以通过网络将商品销售出去，还可以减少店面和销售人员的开销，甚至实现零库存销售。

网上商店模式是在互联网上销售有形商品，而商品的交割仍然通过物流来完成，而不能够通过网络来实现。目前网上交易热销的实物产品主要有：纸质图书、电子书、数码产品、服装鞋帽、母婴用品、化妆品等。

2. 网上订阅

网上订阅模式指的是企业通过互联网向消费者提供无形产品和服务，消费者需要按固定期限支付费用，在此期间内消费产品或服务的电子商务模式。网上订阅模式主要销售电子书和报刊杂志、音乐和有声读物收听、影视作品收看等。网上订阅模式主要包括以下几种服务形式：

（1）在线服务

在线服务是指在线经营商通过每月向消费者收取固定的费用而提供各种形式的在线信息服务。例如，樊登读书会，开通会员服务后，就可以在线听书和看书。

（2）在线出版

在线出版指的是出版商或第三方平台通过互联网向消费者提供电子出版物。如很多杂志社都提供电子版读物，当当云阅读可以购买电子书籍阅读、起点中文网刊登原创的网络文学作品等。

（3）在线娱乐

在线娱乐是无形产品和服务在线销售中令人瞩目的一个领域。一些网站向消费者提供在线游戏、在线音乐下载、在线观影服务等，并收取一定的费用。

3. 付费浏览

付费浏览模式指的是企业通过网页向消费者提供计次收费性网上信息浏览和信息下载服务的电子商务模式。付费浏览模式让消费者根据自己的需要，在网站上有选择性地购买想要的产品。例如，用户通付费使用数据库查询服务，如在中国知网（www. cnki. net）下载论文资料等。又如，一次性付费参与游戏也是很流行的付费浏览方式之一。

付费浏览模式是目前电子商务中发展最快的模式之一，现在主要需要解决的问题是知识产权保护的问题。

4. 广告支持

广告支持模式是指在线服务商免费向消费者或用户提供信息在线服务，而营业活动主要靠广告收入来支持。例如，像百度、搜狗等主要提供在线搜索服务的网站，广告收入是主要的收入来源之一。信息搜索对于互联网用户来说是最基础的服务，用户通过搜索可以在信息浩瀚的互联网上找到需要的信息，企业也最愿意在信息搜索网站上设置广告，特别是通过付费方式在网上设置旗帜广告，有兴趣的用户通过击点“旗帜”就可直接到达企业的网址。

由于广告支持模式要求企业的商务活动主要靠广告收入来维持，该企业网站能否吸引大量的广告就成为是否能成功的关键。能否吸引网上广告又主要靠网站的知名度，而知名度又要看该网站被访问的次数。可见为访问者提供丰富的信息是吸引广告的主要因素。

5. 网上赠予模式

网上赠予模式是指企业借助于互联网全球广泛性的优势，向互联网上的用户赠送软件产品，扩大知名度和市场份额。简单来说就是“先试用、再付费”，在新软件测试阶段或推广初期，消费者可以在线下载免费使用，后期当该软件进入正式发布期或在市场中有一定的知名度后，需要支付费用后才能使用。

由于所赠送的是无形的计算机软件产品，用户是通过互联网自行下载，因此企业所投入的成本很低。这样一来，如果软件的确具有实用价值，那么是很容易让消费者接受的。适合采用网上赠予模式的企业主要有两类：软件公司与出版商。如360杀毒软件依靠免费试用迅速占领了市场。

【任务实施】

1. 选择一家B2C平台完成注册用户、浏览商品、下订单的流程，并与同学交流如何能快速找到所需要的商品或服务。

2. 登录当当网、亚马逊中国、京东商城，以“电子商务”为关键词，在图书分类中搜索，比较哪家网站搜索到的结果多。

【任务评价】

完成表3－1任务评价。

表3－1　任务评价

评定形式	自我评定（20%）	教师评定（80%）	任务总计（100%）
得分（100）			
总结			

【知识拓展】

O2O模式

O2O即Online to Offline，是指将线下的商务机会与互联网结合，让互联网成为线下交易的平台，消费者线上预订线下消费。O2O通过打折、提供信息、服务预订等方式，把线下商店的消息推送给互联网用户，从而将他们转换为自己的线下客户，这就特别适合必须到店消费的商品和服务，比如餐饮、健身、看电影和演出、美容美发、旅游、出行服务等。

通过O2O模式，将线下商品及服务进行展示，并提供在线支付“预约消费”，这对于消费者来说，不仅拓宽了选择的余地，还可以通过线上对比选择更令人期待的服务，以及依照消费者的区域性享受商家提供的更适合的服务。但如果没有线上展示，也许消费者会很难知晓商家信息，更不用提消费了。另外，目前正在运用O2O摸索前行的商家，也常会使用比线下支付更为优惠的手段吸引客户进行在线支付，这也为消费者节约了不少的支出。

虽然O2O模式也是在线支付，但不同的是，通过B2C购买的商品是被快递至消费者手中，而O2O则是消费者在线上购买商品与服务后，需要去线下享受服务。这是支付模式和为店主创造客流量的一种结合，对消费者来说，也是一种新的“发现”机制。O2O模式的示意图如图3－11所示。

网络零售业成功的关键

网络零售指的是个人通过互联网购买商品或享受服务。购买者可浏览网上商品的目录，比较、选择满意的商品或服务，通过互联网下订单，通过网上付款或离线付款，卖方处理订单，提供商品和服务，完成整个网上购物过程。

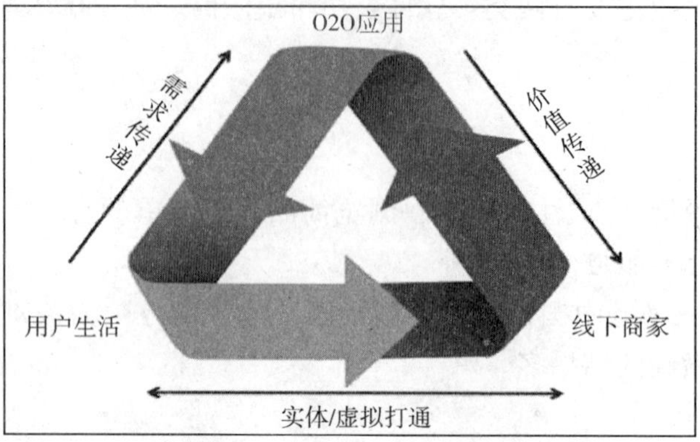

图3-11　O2O模式的示意图

网络零售的成功不是一朝一夕的事，全球每天都会诞生网络零售商店，但坚持下来的却不多，能盈利的公司更是很少。总结成功的网络零售商的经验，就不难发现他们的共性。

1. 树立品牌

知名的品牌是成功的关键，互联网上的每个角落都有著名的品牌，这些品牌占据了大多数市场份额，如亚马逊、淘宝等。网络用户一旦习惯网上购物，那么网络品牌的认知就很重要。

2. 降低成本

网络零售没有传统店铺的开销，如购置货架、装潢、雇用员工，但在网络上需要建站、维护和更新，但这笔费用相对来讲要小得多。而且，网上商店工作方式比较灵活，工作效率高。

3. 减少库存

以亚马逊为例，虽然有400多万种图书，但存货风险要低很多，这和传统的零售商截然不同。互联网提供方便的信息交流通道，对存货的要求降低了很多，不仅减少了成本，也加快了周转率。

4. 正确定价

目前网络上商品的定价方法还没有一个统一的规律，其策略依然是使用营销中的高价策略、低价策略、等价策略。低价策略的零售商宣称自己的产品价格最低，如亚马逊商品的价格比普通商店的商品低30%。低价策略在短时间内能帮助企业扩大知名度，吸引消费者，但在短期内盈利是很困难的。如淘宝网的卖家为了在同类商品中能够获得比较好的销量，会采用比较低的价格。采取高价策略的零售商往往依靠提供高附加值的服务，如个人定制化服务、专家推荐购买方案等，如美国一家杂货、药品网络零售商，为顾客提供营养配方的采购方案。

5. 提供定制化营销

网络零售的优势之一就是能够提供一对一的服务，充分了解顾客的个人化的需求，提供量身定做的产品和服务，使消费者满意。

任务3.2　C2C交易模式应用

【任务描述】

淘宝里的“店小二”、网络公司的营销人员、奔驰在大街小巷的送餐员、淘女郎、网红……在中国，你所能见到的许多职场人员，都可能与电子商务有关。在北京市朝阳区，有一家名为“盒马鲜生”的超市常常人满为患。这家以“线上电商 + 线下门店”为主要经营模式的“新零售”超市，设有店长、厨师及拣货员、柜台服务、配送等岗位。据悉，一家“盒马鲜生”门店带动的就业岗位约为300多个，按照目前全国46家门店测算，“盒马鲜生”一共提供了上万个就业岗位。若加上上游的生产制造、快递物流等相关就业人数，这个数字将更为庞大。截至2017年年底，电子商务直接从业人员和间接带动就业人员达4 250万人，同比增长13%。

苏宁近年来开展农村电商培训超20万人次，带动回乡创业就业青年超过1万人，为1 500多万农民提供了相关服务。从2009年开始，淘宝网也加强了对学生卖家的倾向政策。淘宝网创办的淘宝大学，在不断的探索与实践中逐步形成在线培训、现场授课和培训认证三位一体的教学模式。现有资深卖家讲师百余名，培训网络遍布全国30个城市，合作高校百余所。阿里巴巴也在农村培养了近3万个“村小二”，他们在农村互联网的应用中发挥了不少作用。作为大学生的你是否尝试过淘宝购物呢？是否想多了解一些淘宝创业的知识呢？

【知识学习】

3.2.1　C2C交易模式概述

1. C2C交易模式的概念

C2C是消费者与消费者通过互联网进行交易的一种电子商务模式，如个人网上商店、个人二手商品出售等形式。最早的C2C平台eBay 1995年在美国上线运营。1999年，C2C电子商务模式进入中国，邵亦波在上海创立易趣，开创了国内C2C的先河。此后，2003年5月，阿里巴巴投资4.5亿成立淘宝网。从2003年至今，淘宝网作为中国电子商务不可或缺的参与者，从一家创业型公司变成现在的行业老大。淘宝网从一个简单的交易平台变成了一个非常大的生态环境。因为它不止有卖家，实际上在后面还有很多的服务商，如广告商和快递服务企业，其中快递行业每天的包裹有一半是由淘宝网产生的，这也极大地促进了电子商务行业和其他相关行业的发展。

2. C2C交易平台的作用

在C2C模式中，电子交易平台供应商扮演着举足轻重的作用。

首先，在C2C平台上聚集了众多的买家和卖家。网络的范围如此广阔，如果没有一个知名的、受买卖双方信任的供应商提供平台，将买卖双方聚集在一起，那么双方单靠在网络上漫无目的的搜索是很难发现彼此的，并且也会失去很多的机会。

其次，电子交易平台提供商往往还扮演监督和管理的职责，负责对买卖双方的诚信进行监督和管理，负责对交易行为进行监控，最大限度地避免欺诈等行为的发生，保障买卖双方的权益。

再次，电子交易平台提供商还能够为买卖双方提供技术支持服务。包括帮助卖方建立个人店铺，发布产品信息，订单管理及商品、服务的推广等；帮助买方比较和选择商品以及在线支付等。正是由于有了这样的技术支持，C2C 的模式才能够在短时间内迅速为广大普通用户所接受。

最后，C2C 平台还能够为买卖双方提供保险、借贷等金融类服务，更好地为买卖双方服务。如在淘宝开店的卖家可以申请加入退货运费险（卖家）、在浙江网商银行申请网商贷款。

因此，在 C2C 模式中，电子交易平台提供商是至关重要的一个角色，它直接影响着这种商务模式存在的前提和基础。人们在讨论 C2C 电子商务模式的时候，总会从商品买卖的角度分析该模式存在的合理性和发展潜力，但是往往忽略了电子交易平台供应商的地位和作用。可以说，单纯从 C2C 模式本身来说，买卖双方只要能够进行交易，就有盈利的可能，该模式也就能够继续存在和发展；但是，这个前提是必须保证电子交易平台供应商实现盈利，否则这个模式就会失去存在发展的基础。

3.2.2 C2C 模式的基本流程

下面以淘宝网为例说明 C2C 模式的交易流程。在淘宝网上，买卖双方交易的流程大致如图 3－12 所示。

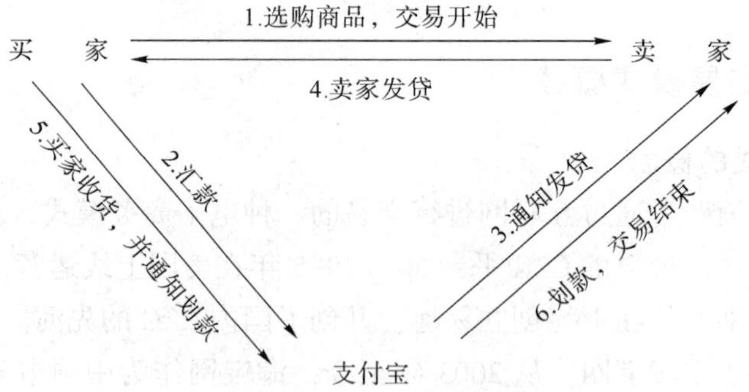

图 3－12 淘宝网交易流程

在淘宝进行购物需要完成的步骤有获得账号、挑选宝贝、拍下宝贝、支付货款、收货和评价等五个步骤。

第一步：获得账号

①登录淘宝网（www. taobao. com），点击免费注册，获得淘宝账号。如图 3－13 所示。

②填写账户名称密码等信息后，需要填写手机号码绑定账户来获得验证码。如图 3－14 所示。

图3－13　淘宝网注册页面

图3－14　淘宝网注册填写验证码页面

验证码填写正确后，还要设置登录密码和会员名，会员名一旦设置成功是无法修改的。注册成功后手机号码可以作为登录名，用于登录淘宝、天猫、支付宝、一淘、聚划算等网站。如图3－15所示。

图3－15　淘宝网设置登录名和密码页面

③账号信息填写完成后，要通过绑定银行卡来设置支付方式，银行卡绑定成功后，就开通了快捷支付，可以开始购物了。如图3－16所示。

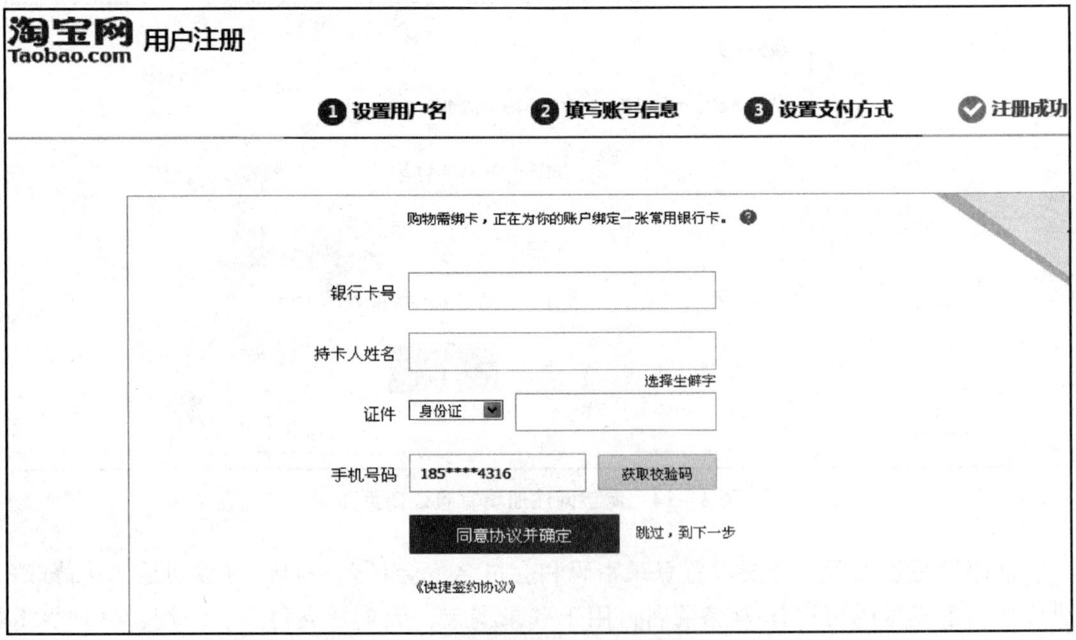

图3－16　淘宝网设置支付方式页面

④支付方式设置完成后，淘宝账号注册成功。如图3－17所示 。

图3－17　淘宝网注册成功页面

第二步：挑选宝贝。可以利用关键词搜索或者按目录搜索，如图3－18所示。

图3－18　选择商品页面

第三步：选择商品的款式和大小，拍下宝贝，提交订单。如图3－19、图3－20所示。

图3－19　淘宝网商品详情页面

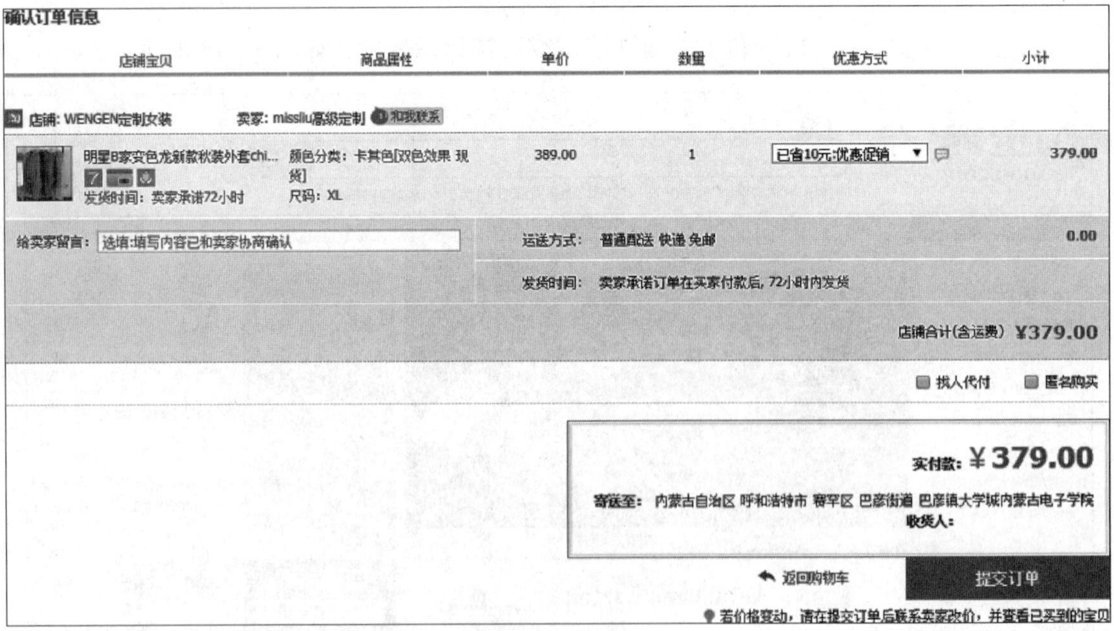

图3－20　淘宝网提交订单页面

第四步：支付货款。第一次购物时需要选择支付方式、添加银行卡信息，如图3－21所示。

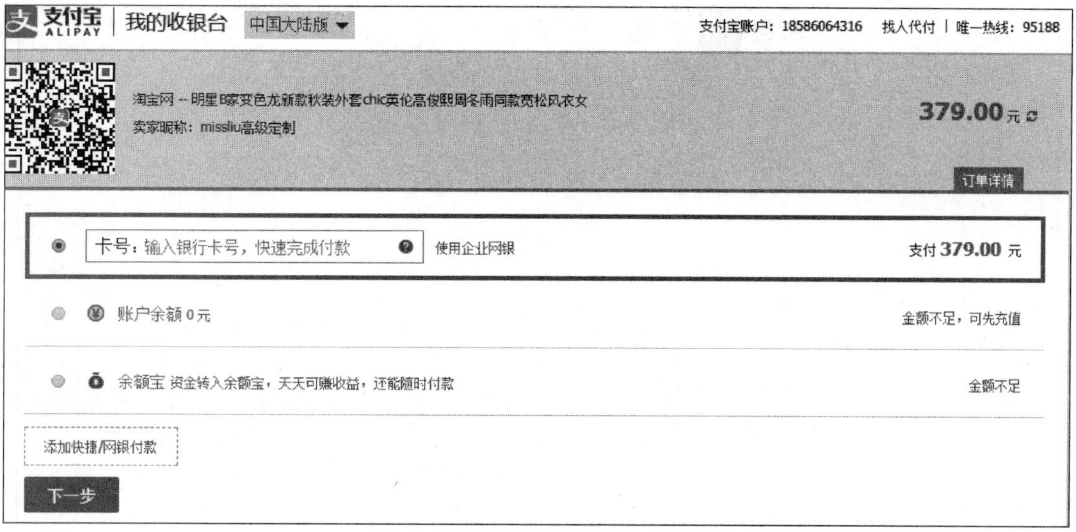

图3－21 淘宝网支付货款页面

第五步：收货和评价。商品收到后要确认收货，此时要输入支付宝的支付密码，同时对商品进行评价，如图3－22、图3－23所示。对于买方而言，可以从宝贝与描述相符、卖家的服务态度、物流服务的质量等方面对卖家和物流公司进行客观公正的评价，评价结果将纳入卖家和物流公司的信用评价体系。

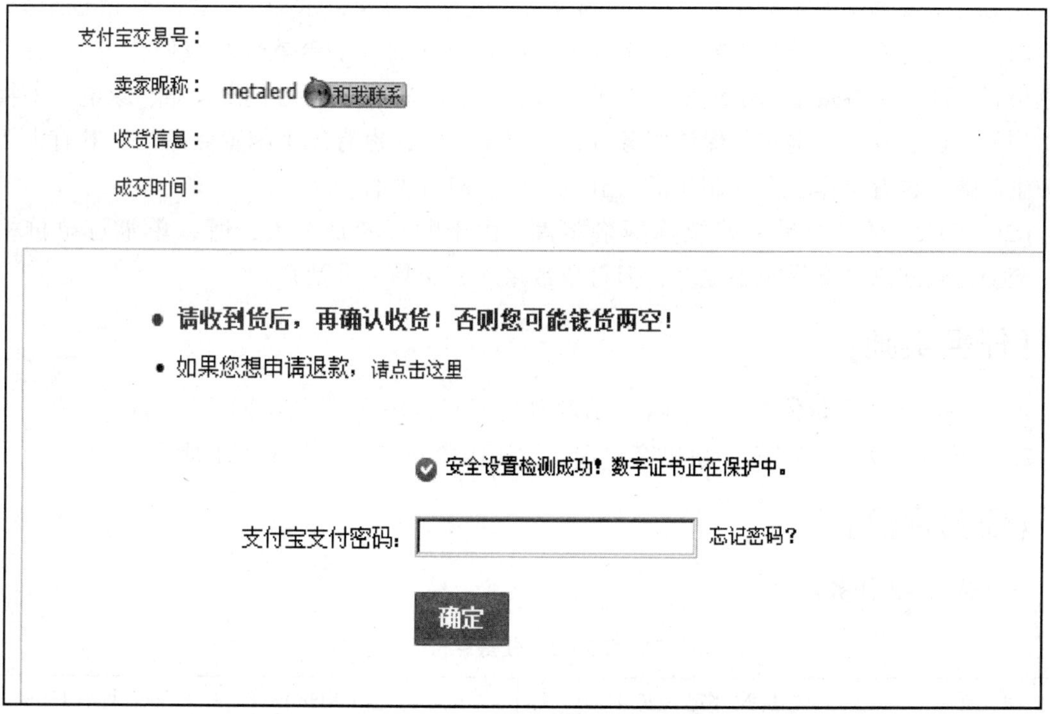

图3－22 淘宝网确认支付页面

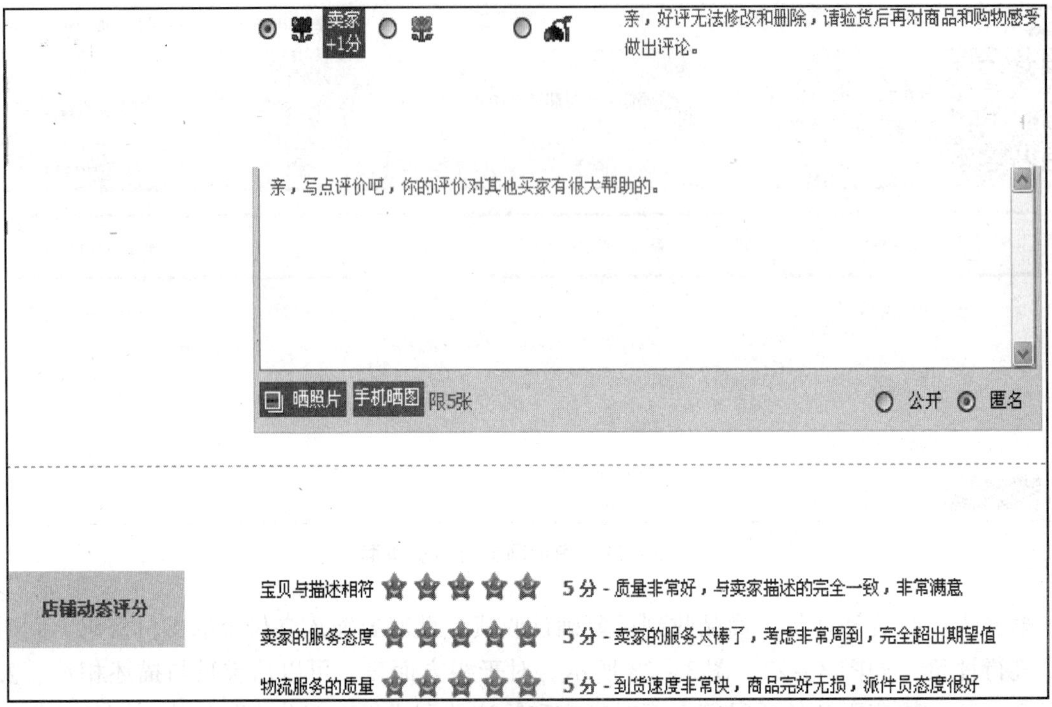

图3-23　淘宝网评价商品页面

在C2C交易模式中，不仅买家数量庞大，由于进入门槛比较低，卖家数量也十分多，不少用户都同时具有买家和卖家的双重身份。C2C电子商务平台就像把我们传统的大商场、特色小店、地摊和跳蚤市场统统融合在了一起，不仅有衣服、鞋帽、化妆品、家电、书籍等常用物品，还有宠物、洗衣、保洁服务等，既有全新的，也有二手闲置商品的；既有大工厂统一生产的，也有小作坊个人制作的，五花八门，应有尽有。

B2C和C2C两种交易模式统称网络零售，由于购买者是个人，所以单笔订单价格和B2B交易比较起来，交易额小很多，但订单数量多，交易十分活跃。

【任务实施】

1. 了解淘宝的评价体系，和同学们分享如何寻找信用度好的卖家。
2. 下载淘宝网的“闲鱼”手机客户端，发布闲置商品。如图3-24所示。

【任务评价】

完成表3-2任务评价。

表3-2　任务评价

评定形式	自我评定（20%）	教师评定（80%）	任务总计（100%）
得分（100）			
总结			

图3－24　闲鱼手机客户端首页

【知识拓展】

淘宝卖家开店流程

（说明：请用手机淘宝的“扫一扫”扫码查看，使用电脑查看可以点击下列链接地址https：//helpcenter. taobao. com/learn/knowledge？version＝old&id＝889369&referer＝null）

第一步：注册淘宝账户。（会员名一旦注册成功，是无法修改的）。

第二步：绑定支付宝账户。（一个淘宝账号只能绑定一个支付宝账号）。

第三步：完成支付宝实名认证。（若您想要开企业店铺，所绑定的支付宝账户需为企业认证类型）。

淘宝开店流程

第四步：完成淘宝身份认证（淘宝开店认证分为电脑认证、手机淘宝客户端认证两种方式，系统根据网络环境作出指定推荐，目前无法更改认证方式）。

第五步：点击“创建店铺”进入店铺基本信息设置，店铺创建成功。

任务3.3　B2B交易模式应用

【任务描述】

广州耐威是一家致力于环保建材——PVC弹性塑胶地板系列产品的专业型公司，曾获得“中国著名品牌”“绿色环保首选品牌”和“全国工程建材首选品牌”等一系列荣誉。公司的销售模式以线下为主战场。但互联网对传统企业的冲击使企业意识到必须走电子商务的道路。于是，2013年8月，公司正式成为了慧聪网买卖通会员，借着电子商务的大潮，利用网络的多渠道来销售产品，推广品牌。什么是B2B电子商务模式？电子商务能给企业带来哪些好处？传统企业如何开展电子商务呢？

【知识学习】

3.3.1　B2B交易模式概述

1. B2B交易模式的概念

B2B是企业与企业通过互联网进行产品、服务及信息交换的一种电子商务模式。企业之间的B2B可以在自建的平台上进行，也可以在中介平台上进行。传统企业间的交易往往要耗费企业大量的资源和时间，通过B2B交易使买卖双方能够在网上完成整个业务流程，从建立最初印象，到货比三家，再到讨价还价、签单和交货，最后到客户服务，可以减少许多事物性的工作流程，降低交易成本。网络的便利及延伸性使企业扩大了活动范围，企业发展跨地区、跨国界交易更方便，成本更低廉。

据电子商务研究中心监测数据显示，2018上半年中国B2B电商交易规模为11.2万亿元，相比2017上半年9.8万亿元，同比增长14.2%。2018上半年中国B2B电商平台市场份额中（按营收排名），阿里巴巴排名首位，市场份额30.07%、慧聪集团市场份额14.8%、科通芯城市场份额11.6%、上海钢联市场份额4.5%、焦点科技市场份额1.58%、生意宝市场份额0.8%、其他平台占比36.65%。

2. B2B交易模式的优势

企业间电子商务的实施将带动企业成本的下降，同时扩大企业收入来源。下面将针对降低采购成本、降低库存成本、缩短周转时间和扩大市场机会四个方面进行分析。

（1）降低采购成本

企业通过与供应商建立企业间电子商务，实现网上自动采购，可以减少双方为进行交易投入的人力、物力和财力。另外，采购方企业可以通过整合企业内部的采购体系，统一向供应商采购，实现批量采购获取折扣。如沃尔玛将美国的3 000多家超市通过网络连接在一起，统一进行采购配送，通过批量采购节省了大量的采购费用。

（2）降低库存成本

企业通过与上游的供应商和下游的顾客建立企业间电子商务系统，实现以销定产，以产定供，实现物流的高效运转和统一，最大限度控制库存。如Dell公司通过允许顾客网上订货，实现企业业务流程的高效运转，大大降低库存成本。

（3）缩短周转时间

企业还可以通过与供应商和顾客建立统一的电子商务系统，实现企业的供应商与企业的顾客直接沟通和交易，减少周转环节。如波音公司的零配件是从供应商采购的，而这些零配件很大一部分是满足它的顾客——航空公司维修飞机时使用的。为减少中间的周转环节，波音公司通过建立电子商务网站实现波音公司的供应商与顾客之间的直接沟通，大大缩短了零配件的周转时间。

（4）扩大市场机会

企业通过与潜在的客户建立网上商务关系，可以覆盖原来难以通过传统渠道覆盖的市场，增加企业的市场机会。如 Dell 公司通过网上直销，有 20% 的新客户来自中小企业，通过与这些企业建立企业间电子商务，大幅降低了双方的交易费用，增加了中小企业客户网上采购的利益动力。

3.3.2 B2B 交易模式的类型

目前，企业采用的 B2B 可以分为面向中间交易市场的水平 B2B 电子商务和面向制造业或商业的垂直 B2B 电子商务两种模式。

1. 水平 B2B 电子商务

水平网站又可称为综合的电子交易网站，在这里买卖双方集中到一个市场上来进行信息交流、广告、采购、拍卖竞标等。如阿里巴巴集团的 1688（如图 3－25 所示）、环球资源、慧聪网都属于这种类型。之所以用“水平”这一概念，主要是指这种网站的行业范围广，很多行业都可以在同一个网站上进行贸易活动。

图 3－25　1688 网站首页

2. 垂直 B2B 电子商务

垂直 B2B 电子商务可以分为两个方向，即上游和下游。生产商或商业零售商可以与上游供应商之间形成供货关系，比如戴尔电脑公司与上游的芯片和主板制造商就是通过这种方式进行合作。生产商与下游的经销商可以形成销货关系，比如思科与其分销商之间进行的交易。衣联网、美莱网、上海钢联、欧冶云商、医药在线、科通芯城（如图 3－26 所示）等就属于这种类型。

图 3－26　科通芯城首页

3.3.3　B2B 交易模式流程

下面以阿里巴巴集团 1688 网站为例，说明 B2B 交易中注册和发布商品的基本流程。

第一步，注册或登录。在 1688 网站，可以用淘宝会员名进行登录，如果不是淘宝会员，可以直接注册 1688 网站会员。注册时有企业账号和个人账号注册两种。企业账号注册针对有企业营业执照（含个体工商户）的用户，个人账号注册指无企业营业执照的个人用户，如图 3－27、图 3－28 所示。

第二步，身份认证。当用户是以个人账号注册时，如果支付宝账户真实姓名与 1688 网站会员真实姓名一致，即通过个人实名认证。如果没有支付宝账户，可以通过个人银行账户进行身份认证。如图 3－29、图 3－30 所示。

第三步，开通旺铺。如果想在 1688 开店，必须要有营业执照，即要注册企业类型账号，完成企业认证。注册企业类型账号后，开通旺铺后才可以发布产品信息，开通旺铺必须加入诚信通会员。诚信通会员是收费的，是需要有营业执照才能办理的（注：如果一个账号在淘宝有开过店铺，则不能在 1688 再开通旺铺）。进入首页“我的阿里”页面，点击“旺铺—旺铺管理—开通旺铺”，如图 3－31 所示，完成开通旺铺的操作。

图3-27 1688网站登录/注册页面

图3-28 1688网站注册账号页面

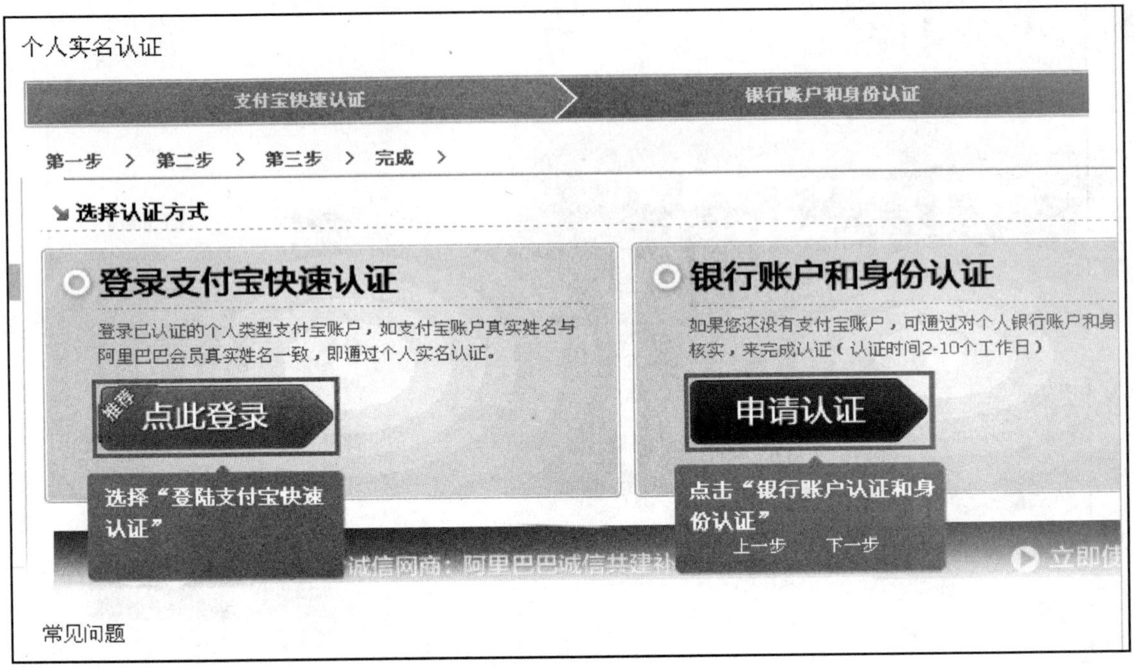

图 3－29　1688 网站个人身份认证页面

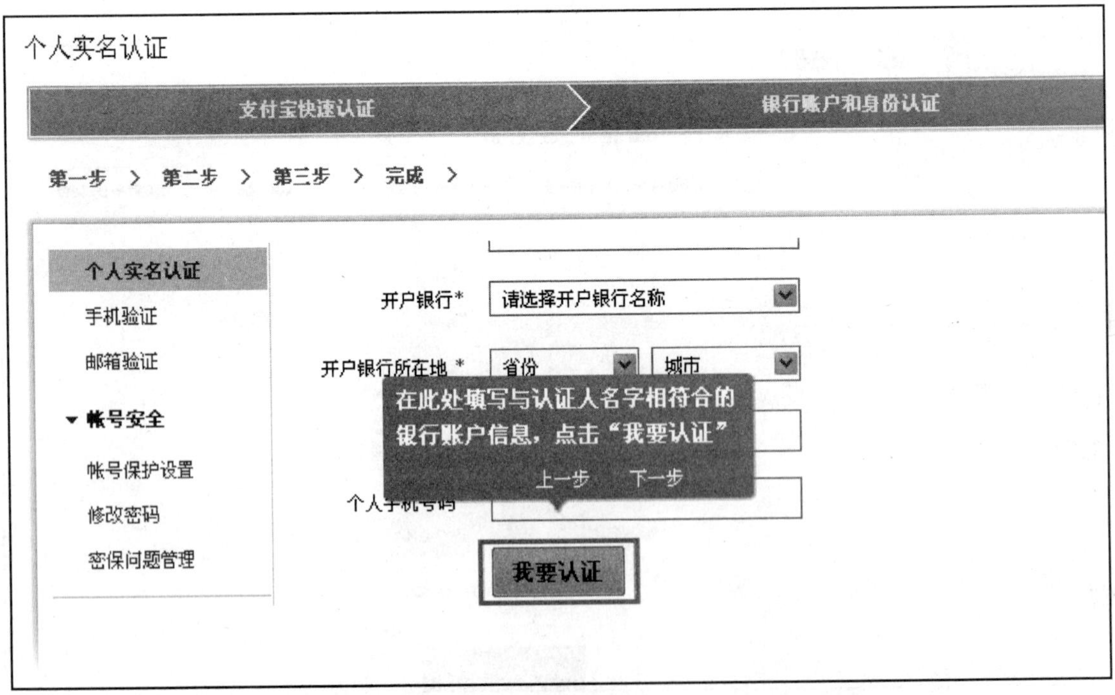

图 3－30　1688 网站通过个人银行账户认证身份页面

图 3－31　1688 网站“我的阿里”首页

第四步，发布产品信息。进入“我的阿里”页面，点击“供应产品”菜单中的“发布供应产品”，填写产品的基本信息。如图 3－32～图 3－34 所示。

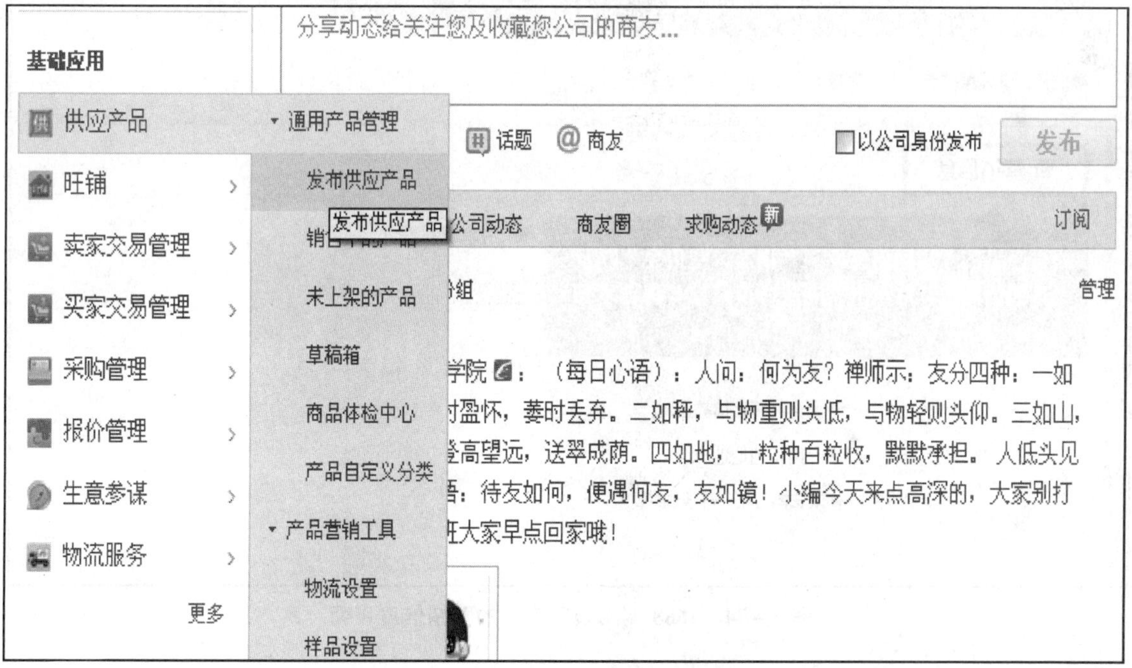

图 3－32　1688 网站供应产品页面

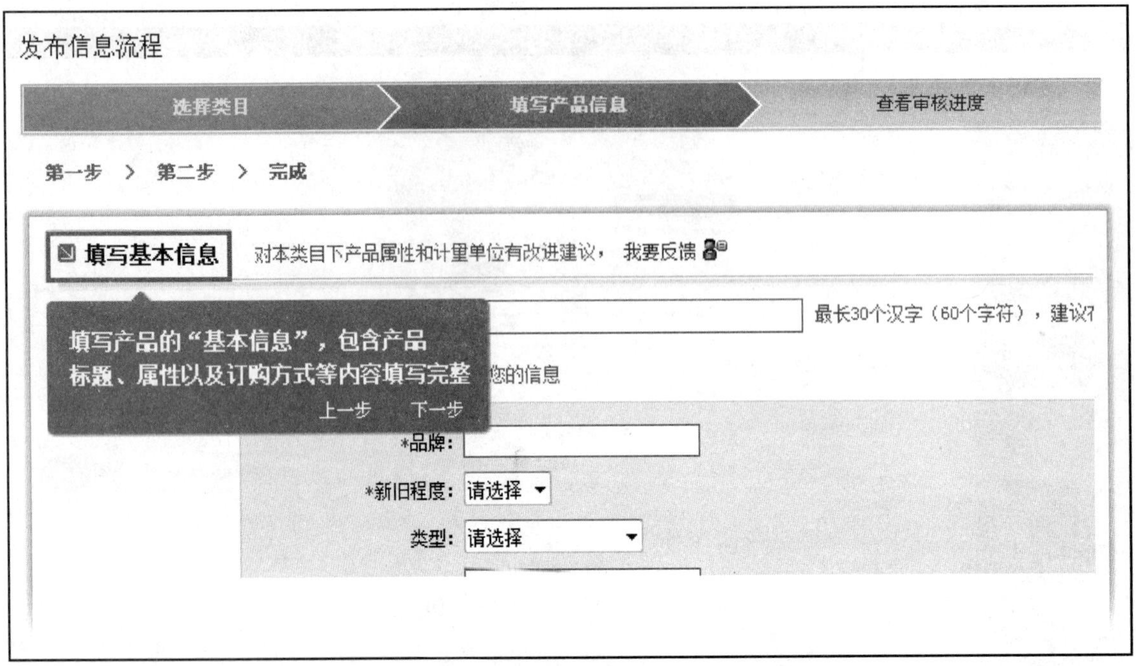

图 3-33 1688 网站填写产品的基本信息页面

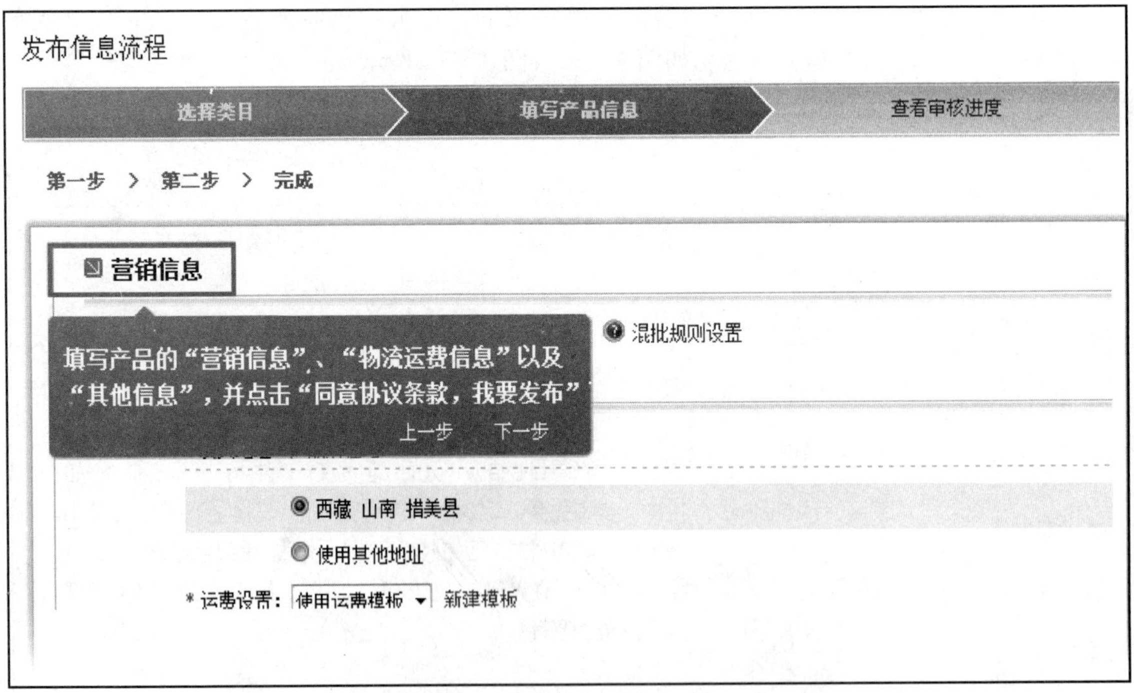

图 3-34 1688 网站填写产品的营销信息页面

此外，对发布的产品信息可以进行管理。进入“我的阿里”页面，点击“供应产品”菜单中的“销售中的产品”，对产品信息进行修改和管理。如图 3-35、图 3-36 所示 。

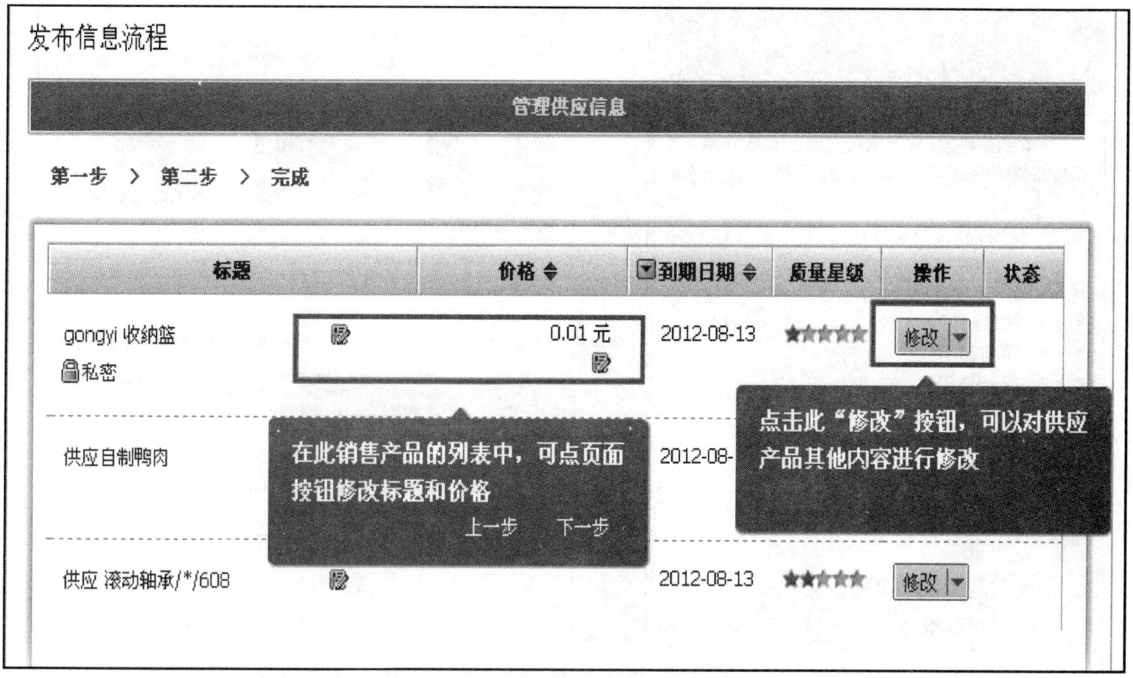

图 3－35　1688 网站修改产品信息

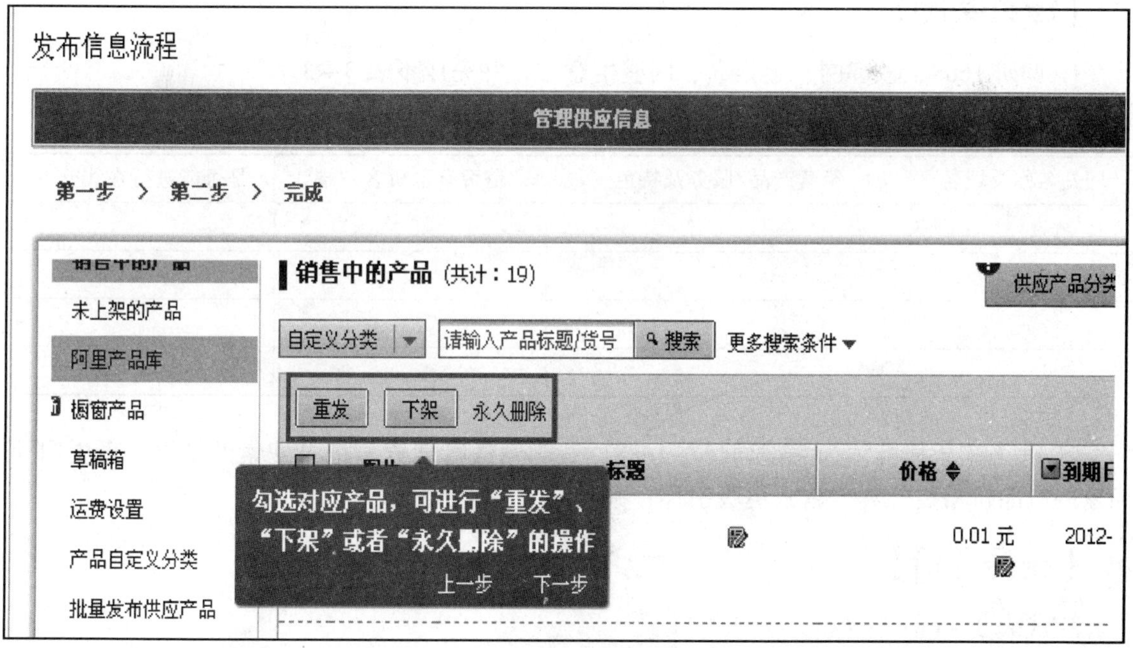

图 3－36　1688 网站管理产品信息

买卖双方在进行交易过程中，可以使用免费网上商务沟通软件阿里旺旺，它帮助交易者轻松找客户，发布、管理商业信息；及时把握商机，随时洽谈做生意。通过阿里旺旺即时通信工具，买卖双方可以进行交易磋商，在双方满意的情况下成交，如图 3－37 所示。

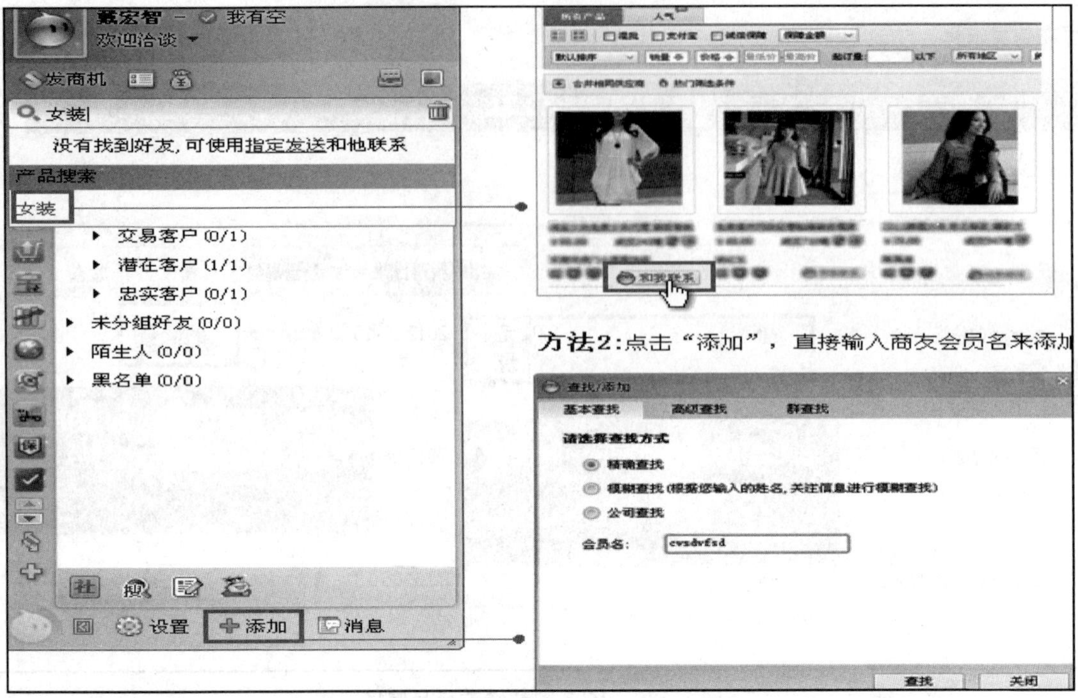

图 3－37　阿里旺旺页面

【任务实施】

1. 调研 1688、敦煌网、金银岛、网盛生意宝，并完成下表 3－3。

表 3－3　B2B 网站比较

网站名称及域名	经营产品/服务及特色	是否有手机客户端	是否能进行在线交易

2. 以“蓝牙耳机”为关键词，在 1688、慧聪网进行搜索，记录搜索的结果，看看哪个商家的产品价格更优惠、款式更吸引你，并与同学们交流。

【任务评价】

完成表 3－4 任务评价。

表 3－4　任务评价

评定形式	自我评定（20%）	教师评定（80%）	任务总计（100%）
得分（100）			
总结			

【知识拓展】

B2B 电子商务网站盈利模式

目前，随着对电子商务的不断深入探索，B2B 电子商务网站的运营模式的不断完善，B2B 电子商务网站盈利模式也逐步丰富起来，以下是目前我国 B2B 电子商务网站主要的几种盈利模式。

盈利模式一：会员费

B2B 电子商务网站盈利模式中占据主要地位的就是会员费。企业注册 B2B 网站成为会员之后，才能通过 B2B 平台参与电子商务交易活动，有的 B2B 电子商务网站需要企业会员每年交纳一定的会员费，才能享受网站提供的各种服务，目前会员费已是中国 B2B 电子商务网站最主要的收入来源，如 1688 采购批发诚信通会员年费是 6 688 元。

盈利模式二：交易佣金

交易佣金也是 B2B 电子商务网站盈利模式中十分重要的一种。企业注册 B2B 网站成为会员之后，才能参与 B2B 平台的商务交易活动，一部分 B2B 平台采取佣金制，免注册费，每年不需交纳会员费就可以享受网站提供的服务，只在买卖双方交易成功后收取费用，就称为交易佣金，如敦煌网。

盈利模式三：广告费

广告费也是 B2B 电子商务网站收入的来源之一。网络广告是电子商务网站的主要收入来源。B2B 网站的广告费根据广告在首页的位置及类型来收取，主要有旗帜广告、按钮广告、弹出广告、漂浮广告、Banner 广告、文字广告、动态 flash 广告等多种表现形式，可供用户选择。

盈利模式四：竞价排名

参与 B2B 平台在线商务交易的企业为提高产品销售，都希望在 B2B 电子商务网站的信息搜索中将自己的排名靠前，B2B 网站提供搜索排名服务，在确保信息准确的基础上，根据会员交费的不同对排名顺序作相应的调整。当买家在 B2B 网站搜索供应信息时，竞价企业的信息将排在搜索结果的前三位，被买家第一时间找到。

盈利模式五：增值服务

B2B 电子商务平台除了为企业提供贸易供求信息外，还为商家企业的网站运营提供一定的增值服务，比如企业认证，独立域名，提供行业数据分析报告，搜索引擎优化等，像现货认证就是针对电子这个行业提供的一个特殊的增值服务，因为通常电子采购商都会重视库存，所以可以根据行业的特殊性去深挖客户的需求，然后提供具有针对性的增值服务。增值服务也是 B2B 电子商务网站的一种盈利模式。

盈利模式六：线下服务

B2B 电子商务网站除了提供线上交易平台服务，还会为商家提供一些线下服务，包括展会、期刊、研讨会等，这是在原有的 B2B 电子商务网站盈利模式上的一种新发展。通过展会，供应商和采购商面对面地交流，受到中小企业的青睐，这种服务在一些 B2B 电子商务网站中已经成为最重要的盈利模式之一。期刊主要是关于行业资讯等信息，期刊里也可以植入广告。

盈利模式七：商务合作

B2B 电子商务网站为商家企业提供商务合作服务，包括广告联盟、政府和行业协会合作、传统媒体的合作等。广告联盟通常是网络广告联盟，亚马逊通过这个方式已经取得了不错的成效，但在中国，联盟营销还处于萌芽阶段，大部分 B2B 电子商务网站对于联盟营销还比较陌生。国内做得比较成熟的几家广告联盟有百度联盟、谷歌联盟等。

盈利模式八：自有产品销售

产品销售是指第三方 B2B 电子商务平台通常会有 B2B 网店的管理软件、网站会员等级升级、企业网站建设等自身产品的销售，以此来盈利。

盈利模式九：询盘付费

询盘付费是专门针对从事国际贸易的 B2B 电子商务企业开发出来的一种盈利模式，不是按照时间来付费，而是按照海外推广的实际效果，也就是海外买家实际的有效询盘来付费。其中询盘是否有效，主动权在消费者手中，由消费者自行判断，来决定是否消费。“按询盘付费”有四大特点：零首付、零风险；主动权、消费权；免费推、针对广；及时付、便利大。

现在，B2B 电子商务网站盈利模式逐渐趋于同质化。要提高竞争优势，在市场细分和综合性、行业性商务网站不断发展的形势下，以及相互业务交叉与日趋激烈的竞争环境中，B2B 电子商务网站应当不断深入了解市场与行业，充分发挥 B2B 电子商务模式的天然优势，不断促进在线价格协商和协作优势的实现。同时，B2B 电子商务网站的运营要以客户的需求为基点，走多元化的发展道路，可以细分业务，加强资源的共享、信息的融合，或者将业务服务有机融合重组，开发新的盈利模式，为客户提供最佳体验、实现最大价值，才能开拓创新，取得成功。

【项目总结】

本项目主要介绍了 B2C、C2C、B2B 电子商务模式概念、交易流程等内容，并补充了相应的阅读材料以拓宽学生的知识面。通过本项目的学习，要求掌握各种模式的概念，能够准确辨别各种电子商务网站的类型，熟悉 B2C、C2C、B2B 模式的交易流程，通过实践掌握 B2C、C2C 交易的交易步骤。

【课后习题】

一、填空题

1. 为了降低交易风险，淘宝网使用________进行货款的支付。

2. 在 1688 网站，需要加入________会员，才能开通旺铺发布商品。

二、多项选择题

1. 下列哪些网站属于 B2C 的模式？(　　)

A. 京东商城　　B. 苏宁易购　　C. 1688　　D. 淘宝网

2. 在淘宝进行个人实名认证时不需要提交的信息是(　　)。

A. 工作单位　　B. 身份证信息　　C. 月收入　　D. 银行账户信息

3. 在 B2C 电子商务交易中，必须要完成的步骤有(　　)。

A. 注册/登录　　B. 选择商品　　C. 填写订单信息

D. 支付货款　　E. 对商品进行评价

4. 网上零售是典型的电子商务在(　　)的应用。

A. 企业对企业　　B. 企业对消费者　　C. 企业对政府

D. 消费者对政府　　E. 个人对消费者

5. 网上商店的商品使用比较长的名称最主要的目的是(　　)。

A. 利于店铺页面美化　　B. 引起买家的点击欲望

C. 增加商品被搜索到的机会　　D. 体现卖家对商品的专业理解

三、判断题

1. 在大部分 B2C 网上商店购物，可以选择第三方账户进行登录。(　　)

2. 在 C2C 交易中，买家在确认收货之后必须要进行评价。(　　)

3. 淘宝的开店规则是一个身份证可以开多家店铺。(　　)

四、思考题

1. B2C 电子商务的模式有哪些？举例说明。

2. 网络零售业成功的关键是什么？

【拓展学习】

1. 登录艾瑞网（http：//www. iresearch. cn），浏览最新的电子商务资讯，与同学们进行交流讨论。

2. 登录淘宝大学（http：//daxue. taobao. com/ ），在线学习“淘宝规则”“如何开店”等课程。

项目4

电子支付与网上银行

项目情景引入

从渤海之滨到雪域高原，从内陆深处到长江流域，从北上广深到县域乡村，刷手机坐公交已不是一线城市的独享。目前，银联已在全国400余个市县公交、11个城市地铁实现银联闪付或二维码受理。广深城际高铁甚至已全线实现银联闪付过闸乘车，“挥一挥手”就可上演“双城故事”。

通过手机APP帮助父母挂号就医，成为一些年轻人关爱父母的新方式。一项对10个城市20多家医院的调研显示，平均有约10%的用户正在尝试借助网络工具为父母远程挂号和缴费，减少老人就医排队的时间。全国55个城市看病能直接用微信医保支付。

扫一扫，挥一挥，移动支付正在改变和重构国人消费习惯及生活方式：女司机再也不用担心停车够不着“取卡机”，越来越多的停车场可以实现无感支付；在阿里、京东、苏宁等零售巨头最新试水的“无人店”，顾客只需“刷脸”进入店内，挑选商品后不需排队付款，系统自动识别用户身份，并在手机APP中自动扣款。在中国，移动支付已经成为人们生活中的一部分：转账、购物、吃饭、看电影、交租金……新的支付方式给我们的生活带来巨大改变。

项目学习目标

知识目标

1. 掌握电子支付的概念
2. 掌握网上银行的概念和特点
3. 掌握第三方支付的概念和优势
4. 熟悉银行卡的使用方法
5. 熟悉第三方支付的基本流程

6. 了解信用卡的特点
7. 了解网上银行的类型
8. 了解中国网上银行的现状
9. 了解第三方支付发展的现状

技能目标

1. 学会使用银行卡交易
2. 学会使用网上银行的各种功能
3. 学会使用支付宝、微信支付等第三方支付工具进行各类支付

素质目标

1. 利用互联网不断学习新知识、新技术，有一定创新意识
2. 具备良好的实际操作能力
3. 树立网上支付安全意识，有效防范网上支付风险

核心知识点

电子支付银行卡　电子钱包　第三支付

任务4.1　电子支付工具的使用

【任务描述】

小王是大一的新生，学校的入学通知书中要求学生把学费存入银行卡，由银行直接代扣缴纳学费。校园中有三家银行的ATM柜员机为同学们提供服务，高年级的学生能够很熟练地在自助银行里完成操作。周围很多同学经常会网购，从图书、服装、数码产品到网上订餐、出门叫车，日益丰富的网上商品和日渐完善的网上支付方式已经成为他们获得消费品的主要选择。方便的网上支付离不开银行卡、电子钱包等支付工具，你了解银行卡的种类吗？你知道我们常用的电子钱包有哪些吗？

【知识学习】

4.1.1　电子支付概述

1. 电子支付的概念和发展阶段

电子支付是指单位、个人直接或授权他人通过电子终端发出支付指令，实现货币支付与资金转移的行为。电子支付从基本形态上看是电子数据的流动。电子支付的类型按电子支付指令发起方式分为网上支付、电话支付、移动支付、销售终端交易、自动柜员机交易和其他电子支付。电子支付从技术发展上讲，主要经历了五个阶段：

第一阶段：银行间的电子资金转账（Electronic Funds Transfer，EFT），银行利用计算机及其网络系统处理银行间的资金划转业务，办理结算。如日常企业间的款项收付业务。

第二阶段：银行计算机与其他机构计算机之间资金的结算，如代发工资、代收费用等。

第三阶段：银行利用网络终端向客户提供各项银行服务，客户在自动柜员机（ATM）上进行取款等业务的操作。

第四阶段：银行利用销售终端（POS）向客户提供自动扣款服务。

第五阶段：银行向客户提供网上支付服务，客户可通过互联网完成在线支付，这是电子支付系统发展的最新阶段。

2. 网上支付

网上支付是传统电子支付系统的发展和创新，必须以传统的电子支付系统为基础，或者说网上支付是基于互联网，并且适合电子商务发展的电子支付。大多数电子支付系统是在封闭的网络中实现的，如金融专用网络。相比而言，网上支付更先进、更方便，对系统环境要求更高。

（1）网上支付系统的特点

①网上支付是基于开放的系统平台，即互联网。

②网上支付使用先进的通信手段，对软硬件要求很高，特别是支付安全问题。

③网上支付可以突破时间和空间的限制，使客户足不出户便可实现在线支付。

（2）网上支付系统的组成

网上支付系统至少应包括四部分：商户系统、银行、支付工具、认证中心，其结构如图4－1所示。

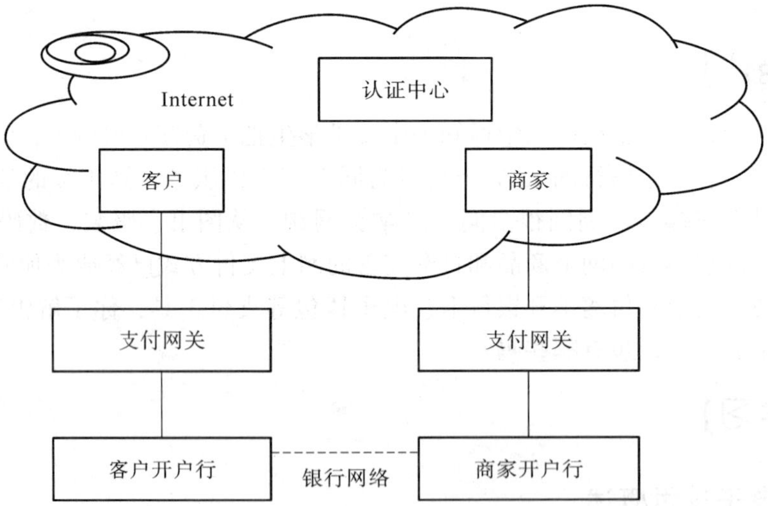

图4－1　网上支付系统的组成

①商户系统：主要指参与交易的客户和商家，客户使用支付工具进行网上支付，商家在网上销售商品，根据客户发出的支付指令向金融体系请求资金入账。

②银行：作为参与方的银行会涉及客户的开户行、商家开户行、支付网关和金融专用网等。

客户的开户行是指客户在其中拥有自己账户的银行。客户开户行一般为客户提供支付工具和银行信用，保证支付工具的兑付。在信用卡支付体系中把客户开户行称为发卡行。

商家开户行是商家在其中拥有自己账户的银行。商家将客户的支付指令提交给其开户行后，就由商家开户行进行支付授权请求以及银行清算等工作。商家开户行是依据商家提供的支付指令来操作的，因此又称为收单行。金融专用网是银行系统内部进行通信的专用计算机网络，安全性较高。

支付网关是连接互联网和金融专用网的一组服务器，即接口。互联网上的终端通过支付网关进入金融专用网络，支付网关接收来自客户、网上商户以及银行的各种支付授权请求，并发送相应的授权应答消息，支付网关主要完成通信、协议转换和数据加解密功能，以保护银行内部网络。支付网关将 Internet 传来的数据包解密，并按照银行系统内部通信协议将数据重新打包；接收银行系统内部传回来的响应消息，将数据转换为 Internet 传送的数据格式，并对其进行加密。

支付网关的具体功能包括：

◇ 交易功能：完成持卡人网上消费或购物的网上流程。

◇ 交易异常处理：如果持卡人的账户余额变动后，持卡人并未得到期望的交易结果，则这笔交易将被全部或部分地冲正。

◇ 提供仲裁信息：当交易双方因某种原因发生争执时，支付网关可以提供准确的信息供查询，以便正确处理纠纷。

◇ 提供多种报表：如银行转账信息表、商家销售信息表、用户个人账号资金信息表等。

◇ 提供查询处理功能：它对每一笔交易都进行了详细地记录，用户或商家都可以在这里查询自己的全部交易信息。

◇ 计费功能：记录了每一笔交易情况，作为向网络运营商支付费用的依据。

③支付工具：目前使用的支付工具主要有银行卡、电子钱包、第三方支付工具和电子支票。

④认证中心：在网上交易中，买卖双方及银行不谋面。为了确认交易双方的身份，保证交易的不可否认，需要验证参与交易各方的身份，这通常是由认证中心发放数字证书来实现的。

4.1.2 电子支付工具的使用

随着计算机信息技术的发展，电子支付的方式越来越多。目前使用的电子支付工具主要有银行卡、电子钱包、电子支票、电子现金等。

1. 银行卡

（1）银行卡简介

银行卡是指经批准由商业银行（含邮政金融机构）向社会发行的具有消费信用、转账结算、存取现金等全部或部分功能的支付工具。银行卡主要有信用卡和借记卡两种。为了提高银行卡的安全性，磁条卡已逐步被芯片卡所取代。

①信用卡。

由商业银行或者其他金融机构发行的具有消费支付、信用贷款、转账结算、存取现金等功能的电子支付卡。信用卡的持卡人可以到特约商户购物或消费，再由银行同商户进行结算，持卡人可以在规定额度内透支，持卡人在最后还款日之前还款给银行。信用卡最早起源于美国，在 1915 年，美国的

百度一下，信用卡

一些百货公司、饮食业为招揽生意，扩大业务，就在一定范围内发给顾客信用筹码，顾客可以在这些发放筹码的商店及其分号购买商品，约期付款。此时的信用卡提供的信用实际上属于商业信用的范畴。由于信用卡的发行者经营范围有限，信用卡的使用也受到一定的限制。

1952 年，美国福兰克林国民银行作为金融机构首先进入信用卡领域，银行开始发放信用卡。20 世纪 60 年代，信用卡得到广泛应用，在英国、加拿大、日本及西欧的一些国家流行起来，使用的范围不断扩大。1985 年 3 月，中国的中国银行珠海分行推出中国大陆第一张信用卡——中银卡。随后，其他银行纷纷推出自己的信用卡，如工商银行的“牡丹卡”、建设银行的“龙卡”、农业银行的“金穗卡”、招商银行的“一卡通” 等。交通银行信用卡外观如图 4－2、图 4－3 所示。

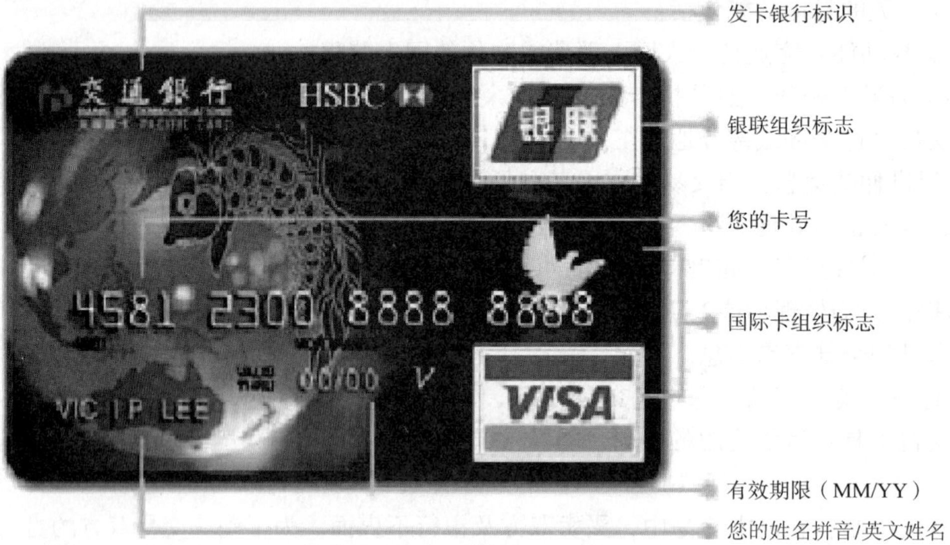

图 4－2　交通银行信用卡正面

图 4－3　交通银行信用卡背面

信用卡的持卡人可以在指定的商店或特约消费场所的POS终端上进行记账消费，或者到银行提取现金。信用卡具有消费信贷、预借现金等功能。它能够为持卡人和特约商户提供高效的结算服务，减少现金货币流通量；同时，还可以避免随身携带大量现金的不便，为支付提供较好的安全保障。

②借记卡。

借记卡是由商业银行向个人和单位发行的，凭此向特约单位购物、消费和向银行存取现金的银行卡，各商业银行还对借记卡提供了诸如购买基金、炒股等众多理财服务。持卡人可以通过ATM、POS、互联网、电话、手机等多种渠道进行转账支付。持卡人在使用借记卡支付前需要在卡内预存一定的金额，不能透支，卡内的金额按活期存款计付利息。同时，也对借记卡收取一定的年费（目前一般为10元/卡户）。

2. 电子钱包

电子钱包是电子商务活动中客户常使用的一种支付工具，它是客户用来进行网上支付并且存储交易记录的特殊计算机软件或硬件设备，就像我们随身携带的钱包一样，能够存放客户的电子现金、银行账号、个人信息等，是在小额购物时常用的新式钱包。从发展过程来看，电子钱包主要有两种形式：

（1）智能储值卡电子钱包

智能储值卡电子钱包是具有实物形态的电子钱包，持卡人预先在卡中存入一定的资金，交易时直接从储值卡中扣除交易金额。智能储值卡根据用途的广泛性又分为多用途卡和单用途卡。多用途卡在小额支付领域等同现金，可以跨行业使用，单用途卡只能在某一个行业使用。我们通常把多用途卡称为电子钱包，单用途卡称为预付费卡（或行业卡）。国内小额支付市场主要使用的是一些单一用途的预付费卡，如国内许多城市将智能储值卡用于公共交通、商场购物、餐饮连锁店等。智能储值卡将会越来越多地用于公共交通、高速公路收费、汽车租赁、停车场、加油站、超市领域，以及一些无人值守的环境，并会扩大到公共事业收费。

世界上最早的电子钱包系统是Mondex卡，是由万事达国际公司出品的IC智能卡，由英国西敏寺银行1990年首创的付款体系，于1995年7月在斯温顿市试用。Mondex卡具有余额扣款功能，具有一定的实物载体。这种电子钱包使用起来十分简单，只要把Mondex卡插入终端，几秒钟后便可完成一笔交易，取回卡和收据条。读取器将从Mondex卡中扣除本次交易的花销。当卡内的存款花光，还可以通过专用的ATM机将持卡人银行账户上的存款转入卡内。

Mondex卡不同于普通信用卡，用它付账时，既不要在收据单上签字，也不要等待用计算机或电话来核准支付的金额，人们可以很方便地把存放在卡里的电子货币从一张卡转到另一张卡。持卡人可以使用不同种的货币，但使用Mondex卡需要一套电子设备，包括一台可随身携带的微型显示器和一部Mondex兼容电话，微型显示器用来显示Mondex卡内电子货币的存储数额和进行Mondex卡之间的现金转移，Mondex兼容电话有一个专门插入卡片的接口，使用该电话可对Mondex卡进行充值。人们还可以用Mondex卡作为一种家庭银行使用，用它来进行各种形式的交易。为了便于顾客用该卡支付，斯温顿市各个商店和服务性公司都专门安装了电子收款机。

持卡人在使用 Mondex 卡进行消费或对他人付款前必须先使用兼容的电话机对 Mondex 卡进行存款。存款时只需将 Mondex 卡插到兼容的电话机插口里，然后拨通本人在开户银行的账户，输入账户及卡片密码和准备存入卡中的货币数额对卡片进行充值。然后便可使用 Mondex 卡取代现金及其他预付工具用于购买商品或服务。对于银行、特约商店及消费者各有不同等级的 Mondex 卡，通过 ATM、电话、POS 终端机、个人计算机或其他特别设计的工具，交易可在 Mondex 卡插入相应的读卡机或微型显示器时完成。

Mondex 卡的使用具有以下特点：

①卡内金额能被兑换成任何货币用于国际购买。

②能通过 ATM 机方便地增加卡中金额。

③数字签名技术的使用，使该卡的支付比现金支付更安全。

④在用于本地支付时，每次交易的成本比信用卡或借记卡要低（就像现金支付），因此更适用于小额付款。

⑤匿名操作。

⑥如果 Mondex 卡一旦遗失是不能挂失的。

Mondex 卡在英国、美国、加拿大、法国、中国香港等国家和地区都曾经推行过，但总体上 Mondex 在全球的推广都不太成功，目前万事达仍在部分地区推广其 Mondex 卡。

（2）软件形式的虚拟电子钱包

软件形式的虚拟电子钱包，是客户用来进行安全电子交易和储存交易记录的应用软件，它完全摆脱了实物载体，成为真正意义上的“虚拟钱包”。在电子钱包内可以装入电子零钱、绑定银行卡、添加各种增值服务等。电子钱包软件不仅支持网上支付的操作，还可以使用电子钱包软件管理这些电子货币和处理交易记录等。使用电子钱包的客户通常要下载安装电子钱包的应用软件，注册用户、进行身份认证、添加个人银行卡信息。

电子钱包具有以下的基本功能：

①网上支付：电子钱包中有转账、信用卡还款、充值、生活缴费等功能。

②支付工具的管理：电子钱包中装有各种电子支付工具，如多张银行卡、电子零钱等。

③保存交易记录：客户的每一次交易记录都保存在电子钱包中，以便客户进行查询。

④账户信息管理：客户可以查询已经发生的交易信息，如交易支付明细等。

⑤实现自动支付：当电子钱包中某张银行卡的余额不足以支付时，可以用其他支付工具进行支付。

⑥其他功能：电子钱包还提供投资理财、教育公益、发放红包、城市服务包括公积金查询、政务办理、挂号等多种功能。

在使用电子钱包进行购物的过程中，虽然经过商业银行多次进行身份确认、授权、各种财务数据交换和账务往来等，但这些都是在极短的时间内完成的。实际上，从顾客输入订货单后开始到拿到销售商店出具的电子收据为止的全过程仅用了几秒钟的时间。而且，对于顾客来说，整个购物过程自始至终都是十分安全可靠的。在购物过程中，顾客可以用任何一种浏览器进行浏览和查看。由于顾客的银行卡上的信息别人是看不见的，因此保密性很好，用起来安全可靠。另外，有了电子商务服务器的安全保密措施，就可以保证顾客去购物的商店必定是真的，不会是假冒的，保证顾客安全进行交易，信息不会泄露。

目前世界上著名的软件形式的电子钱包主要有微软公司的 Microsoft Wallet、IBM 公司的 Consumer Wallet、Cyber Cash 的 Internet Wallet 等，现在国内用户主要使用的电子钱包有微信支付（集成在微信客户端）、支付宝钱包、银联云闪付等。随着移动支付在中国的普及，日常网上交易时，用户主要使用手机端来完成操作，如图 4－4 支付宝钱包，图 4－5 银联云闪付钱包所示。

图 4－4　支付宝钱包

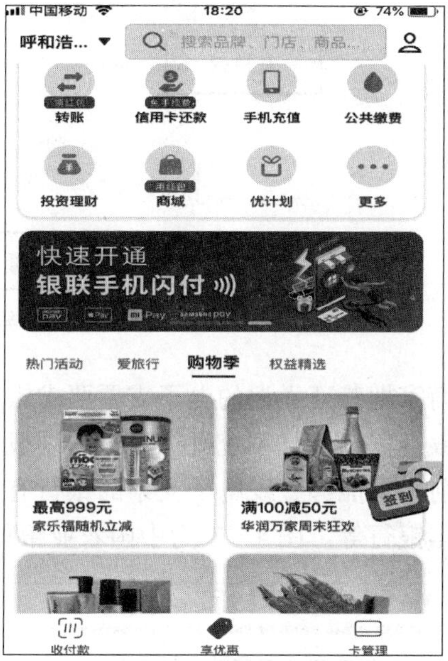

图 4－5　银联云闪付钱包

3. 电子支票

电子支票是一种使用加密电子信息模式，模拟纸质支票内容和信息的电子支付方式。电子支票的支付是在与商户及银行相连的网络上以加密方式传输信息，可以使资金从一个账户转移到另一个账户，同时使用数字签名方式代替手写签名。

（1）电子支票的优点

与纸质的支票相比，电子支票有以下几个优点：

①电子支票处理可以实现自动化，事务处理费用较低，效率高。

②电子支票通过网络传递支票信息，大大提高了支票的流动性，减少在途资金。

③电子支票采用公开密钥体系结构，可以实现支付的保密性、真实性、完整性和不可否认性。此外，电子支票使用数字签名和数字签名背书确认付款人和收款人身份，提供比传统预留印鉴和手写签名更加安全有效的防伪手段。图 4－6 为异行电子支票支付流程。

（2）电子支票的交易流程

电子支票的交易过程可以分为以下几个步骤：

①客户和商家达成购销协议，并选择电子支票方式支付。

②客户通过网络向商家发出支票，并使用私有密钥在电子支票上进行数字签名。

③商家收到支票后，通过认证中心及开户行对支付进行确认，验证客户电子支票的有效性。

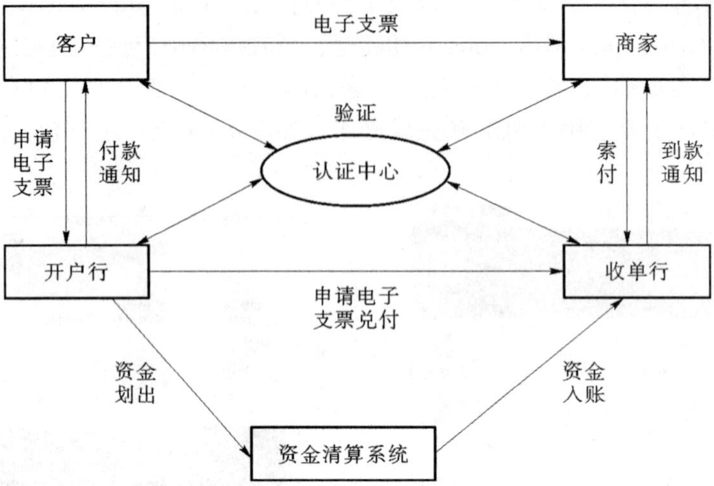

图 4－6 异行电子支票支付流程

④商家把验证无误的电子支票要求银行进行兑付或转账，发出确认信息。

⑤银行资金清算系统进行资金的划拨，并向商家发出到款信息。

目前中国能够签发电子支票的银行有中国农业银行香港分行、中国银行香港分行、香港上海汇丰银行等。图 4－7 为中国农业银行香港分行电子支票服务申请表（个人）。

中国农业银行 香港分行
AGRICULTURAL BANK OF CHINA HONG KONG BRANCH

農行香港分行電子支票服務申請表格 - 個人

ABCHK e-Cheques Services Application Form (Personal)

致：中國農業銀行股份有限公司香港分行（「農行香港分行」）
To : Agricultural Bank of China Limited, Hong Kong Branch ("ABCHK")

請用正楷填寫本表格，並在適當方格(□)內加上"√"號。如欄位不敷應用，請用附頁。
Please complete this application form in BLOCK LETTERS and "√" the boxes (□) where appropriate. Please use supplementary sheets if necessary.

客戶向農行香港分行申請電子支票服務。詳情如下：
The Customer applies to ABCHK to e-Cheques Services in the manner specified below:

☑ 甲部 PART A 客戶資料 CUSTOMER INFORMATION

客戶名稱 Name of Customer
客戶姓名(英文) Name in English :
Surname Given Name
客戶姓名(中文) Name in Chinese :
姓 名
客戶號碼（六位數）Customer Number (Six digits)

身份証明文件 Identification Document
■ 香港身份證號碼 HK Identity Card No.:
■ 內地身份證號碼 Mainland Identity Card No.:
■ 護照號碼 Passport No.:
■ 其他証明文件 Other Official Identification Document
(証明文件類型和號碼 Document Type and No.:)

图 4－7 中国农业银行香港分行电子支票服务申请表（个人）

4. 电子现金

电子现金是一种以电子数据形式流通的货币。它把现金数值转换成为一系列的加密序列数，通过这些序列数来表示现实中各种金额的币值。用户在开展电子现金业务的银行开设账户，并在账户内存钱后就可以在接受电子现金的商店购物了。

典型的电子现金交易系统有 E－cash 和 Minipay。E－cash 是 Digicash 公司开发的在线交易数字货币系统，使用 E－cash 进行交易的客户需要安装 E－cash 软件来提取和存储 E－

cash。Minipay 是 IBM 提供的另一种电子现金模式，该产品使用 RSA 公共密钥完成数字签名，交易双方的身份认证是通过数字证书来完成的，该产品主要用于网上的小额交易。

（1）电子现金的交易流程

电子现金支付的过程主要有以下四个步骤，其支付流程如图 4－8 所示。

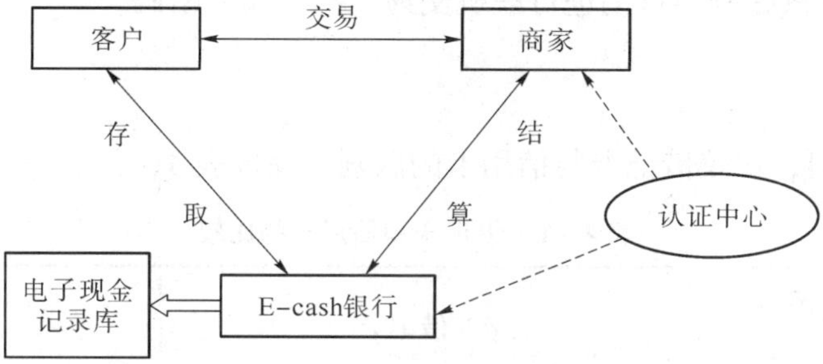

图 4－8　电子现金的支付流程

①客户在办理 E－cash 业务的银行开立账户，并预存现金购买电子现金。

②从 E－cash 银行取出一定数量的现金存在客户端的计算机硬盘中。

③客户与商家达成购买协议，选择使用电子现金进行支付。

④商家与 E－cash 银行进行清算。

（2）电子现金的特点

从电子现金的支付过程中可以看到电子现金的一些特点：

①商家和银行之间有协议和授权关系。

②客户、商家需要安装 E－cash 软件。

③E－cash 银行负责客户和商家之间资金的清算。

④安全性好，利用数字签名来保证安全，以防抵赖、防伪造。

⑤具有现金特点，可以存取、转让，适用于较小的交易量。

⑥电子现金具有不可重复性，同一个客户使用某个电子现金后，就不能再用第二次。所以发行银行需要大型的数据库记录存储电子现金的序列号，应用相应的技术与管理机制防止复制。

⑦使用电子现金时，如果客户的硬盘损坏，电子现金丢失，钱就无法恢复。

国内银行提供的电子现金服务是小额支付应用，一般来说，银行发行的，符合人民银行标准的银联芯片卡都有两个基本账户，一个是普通的金融账户，另一个就是电子现金账户。普通金融账户就是储蓄账户，可以办理联机的存取款、转账、消费等业务。而芯片卡所多出的电子现金账户就是与闪付功能息息相关的一个账户。电子现金账户相当于一个电子钱包，类似于公交乘车卡。先储值后使用，不可透支，卡片丢失不予挂失，最大存储额度为 1 000 元，只有存储了电子现金的芯片卡才可闪付消费。

银行发行的银联芯片卡有好多种，支持闪付的银行卡卡面上会明确标示一个中英文结合“Quick Pass 闪付”的标志，只有有这个标志的芯片卡才可以进行闪付。而没有上述标志的芯片银行卡就不能使用银联闪付功能了，但是部分卡片可以通过插卡实现使用电子现金账户。电子现金交易无须输入密码、无须签名，可支持脱机消费，不支持挂失且余额不计息，需先圈存（预存）金额后消费使用。

部分POS机支持插卡使用电子现金账户余额的功能，如果使用该功能，则此笔消费扣除电子现金账户余额，如果选不使用，则该笔消费使用金融账户余额，且联机交易，需要输入密码，回单签字。需要注意的是，若选择使用电子现金账户，而电子现金账余额不足以支付该笔交易的时候，POS机会自动进行联机交易，提示输入密码。

【任务实施】

1. 查询相关资料，比较借记卡与信用卡的区别，完成表4－1。

表4－1　借记卡和信用卡的比较

卡的种类 比较项目	借记卡	信用卡
是否具有消费信用		
存款是否有利息		
取现是否缴纳手续费		
年费		
是否有对账单		
卡片有效期		
是否能够进行网上支付		

2. 了解周围的同学在日常生活中主要使用的支付工具，并与同学们交流。

3. 记录使用ATM自动柜员机的操作流程，并与同学们讨论使用时的注意事项。

4. 登录香港上海汇丰银行网站 https：//www. hsbC. com. hk/zh－cn/accounts/products/current/echeque/，了解电子支票的使用方法。

【任务评价】

完成表4－2任务评价。

表4－2　任务评价

评定形式	自我评定（20%）	教师评定（80%）	任务总计（100%）
得分（100）			
总结			

【知识拓展】

什么是信用卡套现

信用卡套现是指持卡人不是通过正常合法手续（ATM或柜台）提取现金，而通过其他手段将卡中信用额度内的资金以现金的方式套取，同时又不支付银行提现费用的行为。信用卡套现是违法行为，央行已将非法套现的行为纳入征信系统，一旦持卡人的套现行为被发现，银行方面将采取降低信用额度、停卡处理，并将持卡人列入信用报告“黑名单”。

信用卡用户有“免息消费”期，持卡人一旦套现，在这段“免息期”内既能使用银行贷款又不用支付利息。所以说信用卡套现使持卡人在获得现金的同时规避了银行高额的取现费用，相当于获得一笔无息贷款，极具诱惑力。简单一点讲，信用卡套现，就是通过其他方式来支取信用卡额度内现金的行为。因此，信用卡套现的方式也在不断翻新，网络上甚至出现许多网友交流套现心得的论坛和热帖，信用卡的信贷风险被进一步放大，加上不法商户和不法中介的参与，对中国金融秩序产生很大影响。

信用卡套现的主要危害有：

首先，信用卡套现增加了中国金融秩序中的不稳定因素。中国对于金融机构有严格的准入制度，对金融机构资金的流入流出都有一系列严格的规定。不法分子联合商户通过虚拟POS机刷卡消费等不真实交易，变相从事信用卡取现业务等行为却游离在法律的框架之外，违反了国家关于金融业务特许经营的法律规定，背离了人民银行对现金管理的有关规定，还可能为“洗钱”等不法行为提供便利条件，这无疑给中国整体金融秩序埋下了不稳定因素。另外，银行风险的增大，大量不良贷款的形成也将破坏社会的诚信环境，阻碍信用卡行业的健康发展。

其次，非法提现对发卡银行的伤害是巨大的。绝大多数的信用卡都是无担保的借贷工具，只要持卡人进行消费，银行就必须承担一份还款风险。所以在通常情况下，银行通过高额的透支利息或取现费用来防范透支风险。可是，信用卡套现的行为恰恰规避了银行所设定的高额取现费用，越过了银行的防范门槛。特别是一些贷款中介帮助持卡人伪造身份材料，不断提升信用卡额度，银行的正常业务受到巨大的干扰，也带来了巨大的风险隐患。由于大量的资金套现，持卡人无异于获得了一笔笔无息无担保的个人贷款。而发卡银行又无法获悉这些资金用途，难以进行有效的鉴别与跟踪，信用卡的信用风险形态实际上已经演变为投资或投机的信用风险。一旦持卡人无法偿还套现金额，银行损失的不仅仅是贷款利息，还可能是一大笔的资产。

最后，对于持卡人个人而言，信用卡套现行为也给自己带来极大的风险。表面上，持卡人通过套现获得了现金，减少了利息支出，但实质上，持卡人终究是需要还款的，如果持卡人不能按时还款，就必须负担比透支利息还要高的逾期还款利息，而且可能造成不良的信用记录，以后再向银行借贷资金就会非常困难，甚至还要承担个人信用缺失的法律风险。

任务4.2 认识网上银行

【任务描述】

随着经济社会的发展和人们经济生活的活跃，网上银行逐渐成为人们日常生活中不可或缺的工具。它在带给人们各种快捷、便利服务的同时，也让人们充分享受到了其中的无穷魅力。李先生的儿子目前在国外留学，正上大三。几年前儿子准备出国那会儿，他跑来跑去，除了办理各种烦琐的手续，还要兑换外币，非常麻烦。后来，他在银行工作人员的建议下，开通了网上银行。“简直太方便了，儿子需要钱的时候，我在办公室或家里，通过‘网银’就把人民币兑换成外汇，直接给他汇过去了，而且还能节省不少费用。”李先生感慨道。网上银行的优势是什么？目前网上银行开通了哪些业务？网上银行业务还能带给我们哪些便利？

【知识学习】

在电子商务交易中，涉及客户、商家、银行、认证机构等多个参与者。其中，每项电子交易都需要有资金的支付与结算才能完成，银行承担着为交易双方提供金融服务的重要职能。电子商务的不断发展迫切要求网上交易能够实现在线支付。随着金融电子化和信息化的实现以及互联网技术的迅速发展，网上银行是必然的发展趋势。

4.2.1 网上银行的发展

网上银行（E－bank）是指银行利用互联网技术，通过互联网为客户提供一种全新方式的银行服务，它利用互联网将客户的电脑终端连接到银行网络，实现将银行的金融服务直接送到客户办公室或家中，是电子银行的高级发展阶段。与传统的分支机构式和柜台式的客户服务相比，网上银行是新的理念下的银行服务方式。网上银行又被称为“3A 银行”，因为它不受时间、空间限制，能够在任何时间（Anytime）、任何地点（Anywhere）、以任何方式（Anyhow）为客户提供金融服务。目前，网上银行的发展有完全基于互联网的网上银行和在传统银行基础上发展网上银行业务两种模式。

1. 完全基于互联网的网上银行

这种银行没有营业场所和网点，没有众多的银行职员，其所有银行业务都通过互联网进行，在现实世界中的形象只是一个网址。当你通过互联网进入银行主页，可以看到类似普通银行营业大厅的画面，可以按需要和提示办理开户、存取款、转账、个人理财、咨询等各项业务。美国的三家银行于 1995 年联合成立了全球第一家虚拟的网上银行——安全第一网络银行（Security First Network Bank）。这种完全基于互联网的网上银行是一种虚拟的银行，它无须设立分支机构就能将银行业务推向全国乃至世界各地，大大地降低了营业费用，客户足不出户就可以办理业务。中国第一家纯网上银行是腾讯牵头设立的深圳微众银行，2014 年 12 月成立，其主要业务有小微企业贷、微粒贷、微车贷。如图 4－9 所示。

此外，中国纯网上银行还有浙江网商银行、四川新网银行。四川新网银行好人贷的办理步骤，如图 4－10 所示。

2. 在传统银行基础上发展网上银行业务

在传统银行基础上发展而来的网上银行业务是利用互联网建立银行网站，提供各种在线金融服务，它和传统银行业务、柜台交易并存。中国的各类商业银行如招商银行、中国银行、中国工商银行等都采用该种模式提供网上金融服务。

图4－9　微众银行首页

图4－10　新网银行好人贷的办理步骤

网上银行的发展可分为四个阶段。第一阶段，银行在互联网上开设网站，宣传经营理念，介绍银行的业务，这个阶段网上银行的特点是为客户提供信息层面的服务。第二阶段，商业银行将传统银行业务移植到互联网渠道上，通过互联网渠道提供更高效率的服务，同时降低成本，延长服务时间，这个阶段网上银行的特点是为客户提供基本交易服务。第三阶段，银行传统业务网络化已经基本成熟和完备，网上银行已经成为银行服务不可缺少的重要组成部分，客户对网上银行产生严重的依赖，这个阶段网上银行的特点是能够提供成熟和完备的交易服务。第四阶段，网上银行要建立以网络渠道为核心的运营平台，以网络经济为服务对象或者主要服务对象，建立新型的网络金融服务体系，创新业务品种，经营范围大量涉及非银行金融业务以及商贸、工业等其他相关领域。

目前，国内各家银行网上银行的发展现状大部分处于第二阶段，所提供的网上银行业务的完整性和传统银行业务相比还有欠缺。一部分先进的商业银行已经进入第三阶段，其中的主要代表是中国工商银行和招商银行，但目前国内还没有一家网上银行进入第四阶段。国外的情况与国内的情况相似，中国银行业信息化建设的某些方面与国外银行还存在一定差距，但在网上银行方面水平相当。

4.2.2 网上银行的优势

与传统的银行相比，网上银行有许多优势，归纳起来有以下几点：

1. 网上银行摆脱了空间和时间的限制，极大地方便了客户

传统的商业银行采取的是柜台的服务模式，有固定的营业网点和营业时间，这就使离营业网点较远的客户以及在营业时间之外需要银行服务的客户感到很不方便。而在网上银行中，客户可以在办公室或家中享受每周7天、每天24小时不间断的服务，极大地方便了客户。

2. 网上银行实现了无纸化、网络化运作，全面提升了服务的准确性和实效性

网上银行的绝大部分交易能够实现无纸化和网络化，大幅提高了银行业务的操作速度和操作水平，降低了服务成本，提高了服务的准确性和实效性。它使瞬间传递变为现实，其采用的电子手段可以在几秒内把大批资金传递到全国各地或世界各地。

3. 网上银行通过互联网提供内容更加丰富的金融服务

由于互联网具有资源共享、实时通信的特点，因此网上银行不但可以对外提供快速便捷的信息，还能向客户提供更直接、更多样化的服务，如网上个人理财、网上保险、信息咨询服务、实时资金交易等。

4. 网上银行可以降低银行的经营成本

传统银行开设一个营业网点需要一次性投入人民币350万元，其经营成本约占营业收入的60%，而网上银行的经营成本仅相当于经营收入的15%～20%。根据银行业内的分析研究认为，如果客户在银行营业大厅办理业务，则银行进行每笔交易的平均成本是1.07美元；通过电话银行办理业务的平均交易成本是0.54美元；通过银行ATM机是0.27美元；通过网上银行则每笔交易平均成本低于0.1美元。中国工商银行网上银行建设在投入1亿元时所实现的业务量就相当于4 000个营业网点，仅此一项就节省了40亿元网点建设费用。

4.2.3 网上银行的业务

一般来说，网上银行的业务品种主要包括基本业务、网上投资、网上购物、个人理财助理、企业银行及其他金融服务。

1. 基本网上银行业务

商业银行提供的基本网上银行服务包括：在线查询账户余额和交易明细，转账汇款等。

2. 网上投资

由于金融服务市场发达，可以投资的金融产品种类众多，网上银行一般提供购买贵金属、债券、基金等多种金融产品服务。

3. 网上购物

商业银行的网上银行设立的网上购物协助服务，大大方便了客户网上购物，为客户在相同的服务品种上提供了优质的金融服务或相关的信息服务，增强了商业银行在传统竞争领域的竞争优势。

4. 缴费

用户可以缴纳电话费、电费、水费、燃气费、教育缴费、交通违章罚款等各种日常生活费用。

5. 信用卡业务

在网上银行的信用卡业务当中，客户可以办理在线申请信用卡、账户明细查询、卡片激活、账单分期、在线还款、积分商城等业务。

6. 企业银行

企业银行服务是网上银行服务中最重要的部分之一。其服务品种比个人客户的服务品种更多，也更为复杂，对相关技术的要求也更高，所以能够为企业提供网上银行服务是商业银行实力的象征之一。企业银行服务一般提供账户余额查询、交易记录查询、总账户与分账户管理、转账、在线支付各种费用、透支保护、储蓄账户与支票账户资金自动划拨、商业信用卡等服务。此外，还包括投资服务等。部分网上银行还为企业提供网上贷款业务。

7. 其他金融服务

除了银行服务外，大商业银行的网上银行均通过自身或与其他金融服务网站联合的方式，为客户提供多种金融服务产品，如贷款、养老金、社会保险等，以扩大网上银行的服务范围。

为应对互联网金融的冲击，银行产品创新多样化。中国银行与大智慧合作建立了自身的直播业务平台——中银直播间，并将其接入手机银行和微银行，直播的互动性很强，它不同于单向传播信息的电视广播，能够实现客户与银行、客户与客户、客户与企业之间的智能互动；同时，直播支持检索，无论客户什么时候有什么需求，只要打开手机银行，选择观看相应的直播主题类别，就能得到相应的服务。直播将中国银行的服务资源有机整合起来，与客户的个性化需求进行有效匹配，在银行与客户之间搭起了多媒体交互桥梁。

4.2.4 中国的网上银行

中国第一家上网银行是中国银行（www. bank - of - China. com），成立时间是 1996 年 6 月。当时，中国银行就已经认识到互联网是未来银行赖以进行客户服务的最好的物质基础，电子银行将导致的是一场深刻的银行业革命。上网初期，中国银行网页主要用于发布中国银行的广告信息和业务信息，进行全球范围的通信。在以后的几年里，中国银行逐步开展了家庭银行、信用卡、商业银行等网上业务。

招商银行（www. cmbchina. com）也是国内较早开展网上业务的银行。1997 年 2 月，招商银行在互联网上推出了自己的主页及网上转账业务，在国内引起极大反响。在此基础上，招商银行又推出了“一网通”网上业务，包括“企业银行”“个人银行”和“网上支付”三种服务。该项目的推出，大大促进了招商银行的网站建设，树立了招商银行的网上形象，使招商银行在短短几年中成为国内网上银行的排头兵。

到 2002 年年底，国有银行和股份制银行全部建立了网上银行。根据易观产业数据库发布的《中国网上银行市场季度监测报告 2018 年第 3 季度》数据显示，中国网上银行客户交易规模为488.2万亿元人民币，环比增长2.0%。网上银行交易规模如图4－11、图4－12所示。2018年第3季度网上银行交易额环比增长2.0%，主要得益于企业网银交易额增长。当前，企业网银已成为企业用户办理业务的首选，企业网银渗透率不断提升，企业网银转账、代发工资、缴费等带动其交易额增长。

图4－11　2017年第3季度—2018年第3季度中国网上银行客户交易规模

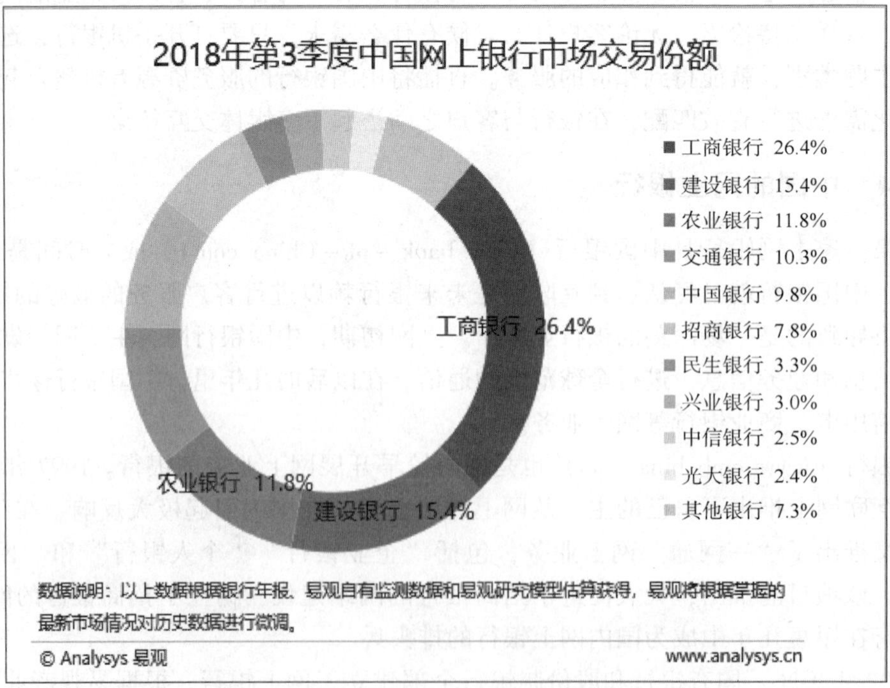

图4－12　2018年第3季度中国网上银行市场交易份额

【任务实施】

1. 登录中国工商银行、中国银行、招商银行三家银行的网站，了解其网上银行业务的特点，完成表4－3。

表4－3　网上银行对比分析

序号	银行名称	开通程序	主要功能	认证身份方法
1				
2				
3				

2. 什么是快捷支付？快捷支付、网银付款、信用卡网上支付有什么不同？
3. 开通网上银行服务，体验在网上银行查询、支付、转账的操作。

【任务评价】

完成表4－4任务评价。

表4－4　任务评价

评定形式	自我评定（20%）	教师评定（80%）	任务总计（100%）
得分（100）			
总结			

【知识拓展】

互联网银行助力小微企业发展

作为民营经济的重要构成，以小微企业为主体的民营经济对中国经济的意义更加不言而喻，国务院副总理刘鹤对此曾有“56789”的简练总结：民营经济占全部市场主体的比重超过90%，贡献了全国80%以上的就业，70%以上的发明专利，60%以上的GDP和50%以上的税收。但根据公开数据显示，目前中国5 600万家小微企业中，只有11.9%的中小企业能获得银行贷款。中小企业协会会长李子彬在接受媒体采访时指出，小微企业获得的贷款利率大多在13%～15%，小微企业总的融资缺口达22万亿。当小微企业资金周转困难时，如求助社会资金，成本往往高达年化利率36%以上。

在解决小微企业贷款问题上，互联网银行发挥了重要作用。互联网银行的目标客户群主要是普通大众和小微企业。同时，通过互联网银行具有强大的金融科技能力，利用大数据和人工智能等技术手段，可以大大降低风控成本，缩短贷款审批时间，特别适合个人和小微企业贷款。

互联网银行有如下特点：

①互联网银行不设营业网点，更不设营业柜台，全部在线上交易。这也是互联网金融行

业的一大特点，让您足不出户办理业务。

②互联网银行所有操作在线上完成，足不出户，流程简单，服务方便、快捷、高效、可靠，真正的7天24小时服务。

③通过互联网技术，取消物理网点和降低人力资源等成本，具有极强的竞争优势。

以浙江网商银行为例，其将技术运用于小微金融服务，探索出小微企业的“310”新模式，即三分钟申请贷款，一秒钟到账和零人工干预，不仅提高了效率，还降低了成本。过去发放一笔小微企业贷款的平均人力成本在2 000元，而网商银行通过技术支撑的“310”模式，每笔贷款的平均运营成本仅为2.3元，其中2元为计算和存储硬件等技术投入费用。“310”模式背后是网商银行及蚂蚁金服长期积累的风控技术能力，包括10万项以上的指标体系，100多个预测模型和3 000多种风控策略。这些风控技术，一方面可以让小微企业和经营者不用担保和抵押，凭借信用就能进行贷款，另一方面可以将银行的不良信誉率控制在1%以内。

根据金融时报发布的《中国民营银行发展报告》显示，截至2018年年底，网商银行及其前身阿里小贷累计服务超过1 300万小微企业和个体经营者，其中已经有超过600万线下小微经营者获得了网商银行的贷款。线下小微经营者平均资金使用时长为50个天，6个月内贷款超过3次的经营者达到35%。

任务4.3　第三方支付

【任务描述】

小赵是大一的新生，入学时从国家开发银行申请了5 000元的生源地助学贷款，在办理贷款时他了解到：从2010年开始，国家开发银行生源地助学贷款资金发放支付统一使用支付宝作为第三方支付平台，支付宝为借款学生开立账户，用于生源地贷款发放和本息回收。因此小赵很想学习一下支付宝的使用。什么是第三方支付平台？它的特点是什么？使用第三方支付平台能够完成哪些操作？

【知识学习】

4.3.1　第三方支付简介

第三方支付是指具备一定实力和信誉保障的独立机构，通过与非银行支付机构网络支付清算平台（俗称“网联”）对接而促成交易双方进行交易的网络支付模式。随着近年来电子商务在国内的快速发展，第三方支付行业也进入了快速发展的阶段。

网上支付面临交易安全与交易信用的挑战，促使第三方支付的兴起。第三方支付作为一种新型的网上交易手段和信用中介，不但具备资金传递功能，而且能对交易双方进行约束和监督，缓解了电子商务支付的诚信环境与安全机制问题，使电子商务的信息流、资金流与物流得以协同运作。

4.3.2　第三方支付的特点

第三方支付是电子支付产业链中重要的纽带，一方面连接银行，处理资金结算、客户服务、差错处理等一系列工作；另一方面又连接着非常多的商户和消费者，使客户的支付交易能顺利接入。一般来讲，第三方支付有以下特点：

1. 降低社会交易成本

由于第三方支付平台提供了一系列的应用接口，可以在一个界面中整合多个银行的在线支付系统，降低了交易各方的成本。对于商家，第三方支付平台可以降低企业运营成本，不需要接入多家银行的网上支付接口；对于银行，可以直接利用第三方的服务系统提供服务，帮助银行节省网关开发成本；对于消费者，不需要和商家拥有相同的开户银行的账号就可以通过第三方支付平台实现转账业务，只要持有一家商业银行的银行卡就可以和各个商家方便地完成交易。同时第三方支付平台能够提供增值服务，帮助商家网站解决实时交易查询和交易系统分析，提供方便及时的退款和止付服务。中央行宣布，从2018年6月30日起类似支付宝等第三方支付公司受理的，涉及银行账户的线上支付业务，都必须通过央行新推出的网联支付平台（全称为“非银行支付机构网络支付清算平台”）处理。第三方支付网络连接模式如图4－13所示。

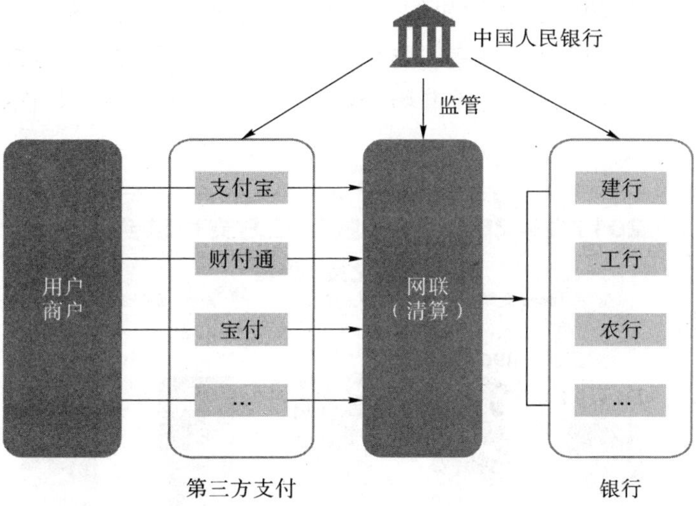

图4－13　第三方支付网络连接模式

2. 提高交易者之间的信任度

在第三方支付参与下，消费者和商家之间的支付问题就由第三方支付企业来全权代理，这样就消除了交易者之间的一些不信任感，提高了交易成功率。同时，消费者在交易时支付手段也有了更多的选择。所以，我们说第三方支付在交易过程中充当了信用中介的角色，这样就能有效降低在交易过程中可能出现的拒不发货、货到不付款、信用欺诈等风险，有利于推动电子商务的快速、健康、稳定发展。支付宝担保交易如图4－14所示。

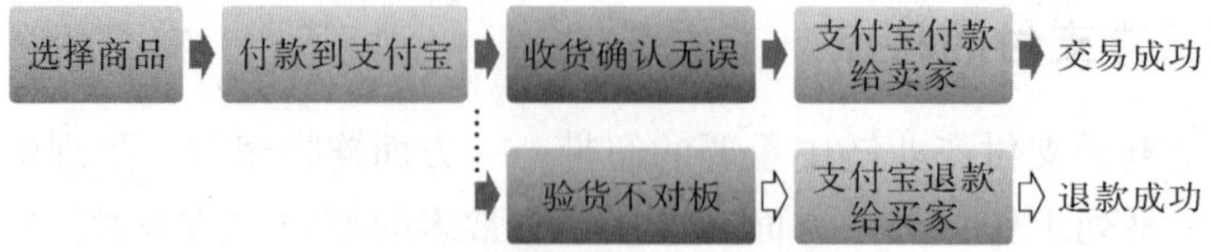

图 4－14　支付宝担保交易

3. 提供多种服务，方便用户

第三方支付平台为消费者提供了多种服务，如支付宝提供了转账、信用卡还款、充值、理财、生活缴费、医疗健康、教育公益等多种服务，用户可以通过手机 APP 方便地完成交易，省去了跑路和排队等待的时间，方便用户。

4.3.3　第三方支付的发展现状

国内市场早在 1999 年就有了第一家第三方支付公司——首信易支付。目前，支付宝、腾讯金融、银联商务、快钱、易宝、通联支付、拉卡拉、杉德支付等具有一定代表性的第三方支付公司正在显现着稳定的发展趋势。近年来，随着智能移动终端的迅速发展与普及、各类电商消费类平台的移动化，为第三方移动支付创造出更多的使用场景，促使该行业得到飞速发展。根据易观数据《中国第三方支付综合支付市场季度监测报告 2018 年第 3 季度》显示，2018 年第 3 季度中国第三方支付机构综合支付业务的总体交易规模达 549 446. 1 亿元人民币，环比增加 7. 99%，其中支付宝、腾讯金融和银联商务分别以 45. 64%、32. 11% 和 9. 75% 的市场份额位居前三位，三者市场份额总和达到 87. 50%，如图 4－15、图 4－16 所示。

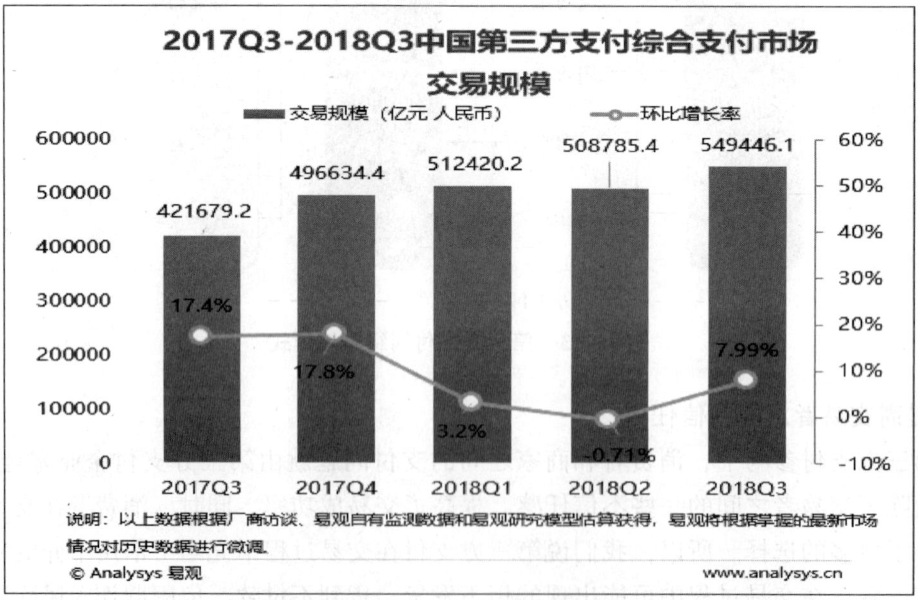

图 4－15　2017Q3－2018Q3 中国第三方支付综合支付市场交易规模

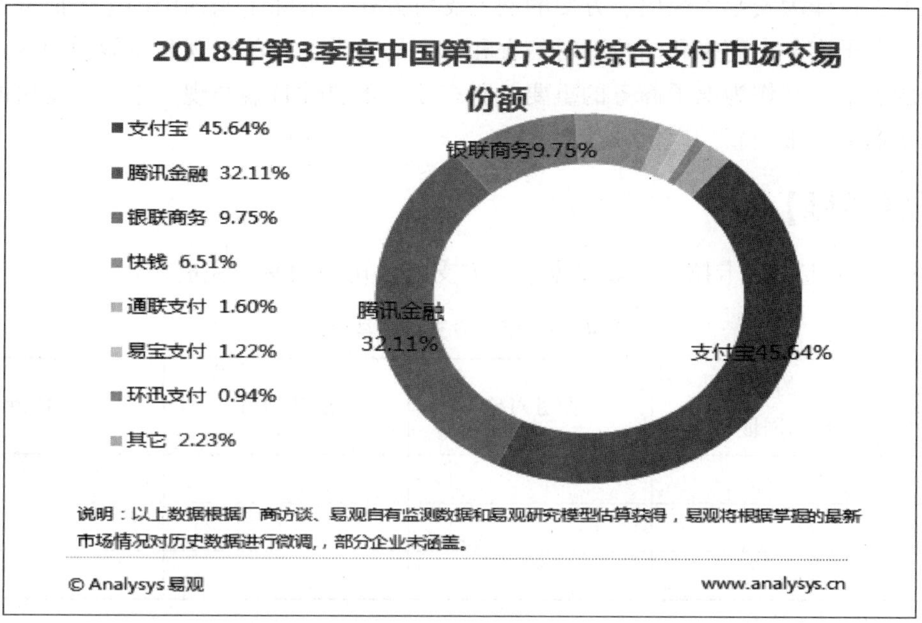

图4－16　2018年第3季度中国第三方支付综合支付市场交易份额

为了加强对第三方支付机构的监管，2010年6月人民银行颁布了《非金融机构支付服务管理办法》（以下简称《办法》），从2010年9月1日开始实施。《办法》实施前对已经从事支付业务的非金融机构，应该在2011年9月1日前申请取得《支付业务许可证》，没有取得许可证的，将不得继续从事支付业务。支付业务许可证如图4－17所示。第三方支付机构经营的范围包括网络支付、预付卡发行与受理、银行卡收单业务三大类，其中网络支付又细分为互联网支付、移动支付、数字电话支付和固定电视支付。截至2018年年底，央行已经颁发了272张支付牌照，注销合并共计29家，1家主动要求撤销，目前有效支付牌照242张。

图4－17　支付业务许可证

第三方支付作为安全、快捷、方便的网上支付方式，消除了制约中国电子商务发展的瓶颈，满足了电子商务中商家和消费者对信誉和安全的要求，它的出现和发展说明该方式具有市场发展的需求。其作为电子商务的重要关联产业，重要性日益凸现。第三方支付的崛起也将会给电子商务带来全新的生机和活力。

【任务实施】

1. 登录支付宝、拉卡拉、快钱三家第三方支付公司的网站，完成表4－5。

表4－5　第三方支付工具比较

序号	公司的名称（包括网址）	服务对象	服务项目	特色
1				
2				
3				

2. 登录支付宝官方网站，了解国家开发银行助学贷款还款的步骤，与同学们讨论如何进行操作。

3. 查阅资料，分析第三方支付存在哪些风险？

【任务评价】

完成表4－6任务评价。

表4－6　任务评价

评定形式	自我评定（20%）	教师评定（80%）	任务总计（100%）
得分（100）			
总结			

【知识拓展】

带你了解银联“闪付”

2019年央视3·15晚会上，带有“闪付”功能的银行卡或让卡里的钱变“闪没”的视频引发了广泛关注。央视记者将从网上购买的POS机与银行卡间隔5厘米，结果成功完成支付；记者将银行卡装入外套口袋，在不用接触卡片的情况下，结果也是成功完成支付；将带有闪付功能的银行卡放入包内口袋，同样也能轻松完成支付。

银联闪付

“闪付”是什么？无须密码支付，那资金安全有保障吗？如果不放心，怎么关闭这一功能？

什么是“闪付”?

这次被推到风口浪尖的“闪付”，是银联在2015年10月推出的小额免密免签服务。小额免密免签只适用于银联芯片卡，磁条卡并不适用。当持卡人使用带有“闪付”标识的银联芯片卡或支持“云闪付”的移动支付设备，在指定商户进行1 000元以下的消费，只需将银联芯片卡或“云闪付”移动设备靠近POS终端感应区，一挥即可完成支付。支付过程中，持卡人无须输入密码、无须签名，除了银行卡之外，Apple Pay、Samsung Pay等新型移动支付方式，也都适用于小额免密免签。

各地的非接触式“闪付”终端，主要覆盖日常小额快速支付商户，包括超市、便利店、百货、药房、快餐连锁等零售场所和菜市场、停车场、加油站、旅游景点等公共服务领域。

类似银联的“闪付”业务，目前，国际主要卡组织已在全球多个国家和地区推出了小额免密免签业务，比如Visa推出的PayWave和万事达推出的PayPass。

“闪付”如何关闭?

虽然这种支付方式便捷，也是国际上通行的做法，但由于按照银联的要求，银联IC卡小额免密免签功能是默认开通的，因此，不少持卡人并不知道这项服务是何时开通的，因此，一直争议不断。按照银联的说法，持卡人可以联系发卡银行，通过客服电话或柜面方式关闭小额免密免签业务。此外，部分银行支持手机APP关闭小额免密业务的功能。如果选择去网点办理的话，则需要本人携带身份证去申请关闭。

“闪付”安全吗?

对于小额免密免签的安全性，银联此前一直强调，这一支付方式的安全可控。按照银联官网的表述，目前所有支持小额免密免签的商户均经过严格筛选，为全国及各地知名品牌或连锁商户。也就是说，并不是任意一台POS机都能够实现一挥即支付。

为打击治理电信网络新型违法犯罪工作，中国人民银行2016年发布的《关于加强支付结算管理防范电信网络新型违法犯罪有关事项的通知》中规定，任何单位和个人不得在网上买卖POS机（包括MPOS）、刷卡器等受理终端。不过，虽然电商平台早已无法搜索到“POS机”等关键词，但不少商家仍在顶风作案，隐去“POS机”关键词便继续销售。

如果收单机构未严格落实商户管理的监管规定和业务规则，给了犯罪分子可乘之机，也将受到管制处罚。银联称，联合包括各商业银行在内的收单机构，建立了规范的商户日常交易监测机制，确保用卡环境安全可靠。

万一被盗刷怎么办?

2018年6月，银联将支持闪付功能的银行卡的小额免密免签单笔限额由300元提升至1 000元，随着单笔限额的提高，很多人对安全问题的担忧也随之增加。因此，银联提出五大措施保障持卡人资金安全，对于因卡片失窃、遗失等原因造成的盗用损失，为持卡人提供挂失前72小时的失卡保障服务，并同步将单人单年累计补偿额度自1万元提高至3万元。因此，如果不幸被盗刷，可以联系发卡行。

（摘自澎湃新闻网）

什么是“网联”

“网联”系统平台全称是“非银行支付机构网络支付清算平台。”网联和银联都由央行设立，负责的是完全不同的两个领域。网联其实就相当于“第三方支付版的银联”，专门负责支付宝等非银行支付机构的网络支付的清算。网联主要职能是要为支付宝这类非银行的第三方支付机构搭建一个共有的转接清算平台。直白点说就是，以后第三方支付机构要想在线上接入各家银行，必须通过网联接入，不再允许直接对接银行。网联成立的目的是：

百度一下，网联

1. 直接监管（第三方机构变相行使了央行才有的跨行清算职能，而网联使这种情况得以避免）。

2. 掌握具体交易和资金流动，进行金融监管和金融数据分析等。

3. 防止不法分子洗钱、套现等。

网联2017年3月31日启动试运行，央行要求2018年6月30日后，第三方支付机构受理的涉及银行账户的网络支付业务全部通过网联平台处理。

【项目总结】

本项目主要介绍了电子支付工具、网上银行及第三方支付工具的使用，并补充了相应的阅读材料以拓宽学生的知识面。从网上购物、网上转账、信用卡还款、网上缴费、再到网上订机票和火车票，各种形式的电子支付使我们的生活更加便捷。通过本项目的学习，要求学生掌握银行卡、第三方支付工具的使用，了解网上银行的基本服务，通过实践掌握网上银行查询、支付、转账等操作的方法。

【课后习题】

一、填空题

1. ________是一种使用加密电子信息模式，模拟纸质支票内容和信息的电子支付方式。

2. 支付网关是连接公用互联网和金融专用网的________，即接口。

3. 电子现金是把现金数值转换成为一系列的________，通过这些序列数来表示现实中各种金额的币值。

4. 网上银行又被称为“3A银行”，因为它不受时间、空间限制，能够在任何时间（Anytime）、__________、以任何方式（Anyhow）为客户提供金融服务。

5. “网联”主要负责________________________的网络支付清算。

二、单项选择题

1. 信用卡最早起源于(　　)。

A. 英国　　B. 美国　　C. 法国　　D. 德国

2. 互联网网上支付是通过个人计算机与商家的Web服务器进行通信，通常商家要通过(　　)来与银行网络进行联系。

A. 浏览器　　B. 网桥　　C. 路由器　　D. 支付网关

3. 世界上最早的电子钱包系统是(　　)。

A. Mondex　　B. VishCash　　C. MasterCard　　D. Clip

4. 电子现金的英文名称是(　　)。

A. Smart Card　　B. E - cash　　C. E - purse　　D. E - cheque

5. (　　)是电子商务活动中客户常使用的一种支付工具，它是客户用来进行网上支付并存储交易记录的特殊计算机软件或硬件设备。

A. 信用卡　　B. 电子货币　　C. 电子钱包　　D. 电子现金

6. 下面对电子钱包的说法正确的是(　　)。

A. 电子钱包适用于大额支付

B. 电子钱包最早出现于法国

C. Mondex 卡是一种电子钱包

D. 软件式的电子钱包内只能记载账户信息

7. 下列哪家银行的经营模式与其他的不同(　　)。

A. 中国工商银行　　B. 深圳微众银行

C. 浙江网上银行　　D. 四川新网银行

8.《非金融机构支付服务管理办法》中规定，从事支付业务的非金融机构必须要取得(　　)才可以从事相关支付业务。

A. 营业执照　　B. 特许经营许可证

C. 金融许可证　　D. 支付业务许可证

三、多项选择题

1. 以下对电子现金特点描述正确的是(　　)。

A. 电子现金具有现金的特点，可以存取转让

B. 使用电子现金时，客户、商家需要安装 E - cash 软件

C. 电子现金可以重复使用

D. 电子现金可以利用数字签名来保证安全，以防抵赖、防伪造

2. 电子钱包的功能有(　　)。

A. 网上支付　　B. 支付工具的管理

C. 保存交易记录　　D. 账户信息管理

3. 网上银行的优势有(　　)。

A. 摆脱了空间和时间的限制，极大地方便了客户

B. 可以降低银行的经营成本

C. 实现无纸化、网络化工作

D. 提高了银行的经营成本

4. 下面对第三方支付表述正确的是(　　)。

A. 第三方支付是买卖双方在交易过程中的资金中间平台

B. 第三方支付在交易过程中充当了信用中介的角色

C. 第三方支付能够降低社会交易成本

D. 第三方支付机构是银行机构

5. 使用支付宝能够完成的交易有(　　)。

A. 转账　　B. 信用卡还款

C. 生活缴费　　D. 支付商品货款

四、思考题

1. 你认为网上支付安全吗？谈谈你的看法。

2. 网上支付目前采用的身份认证方法有哪些？

【拓展学习】

在微信公众平台中搜索“支付圈”（微信号 zhifuquanzi），添加关注，了解最新的支付新闻与资讯。

项目5

电子商务安全

项目情景引入

据腾讯手机管家大数据显示，“双11”前后是网购退款诈骗高发期。当网购用户收到退款电话、短信时千万别轻易相信，正确的做法是登录网购平台仔细查看，不要点开他人在社交软件、短信中给的任何陌生网址。

1. 网购退款诈骗常见手法

①骗子拨打诈骗电话、发送诈骗短信，后再以退款为由让受害人加他的QQ、微信等，然后通过社交工具或者短信发来“支付宝退款申请”网址。一旦受害人在网址中填写了银行账号、密码以及手机短信验证码后，便会触发转账。

②诱骗受害人到ATM机上操作“退款”，实质是在电话的另一端遥控受害人转账到诈骗分子账户。

近九成诈骗短信不留电话，通过腾讯手机管家近上亿用户举报的大数据分析，发现有88.49%的诈骗短信不会留联系方式，而是留下钓鱼网址，让受害人输入银行账号和密码；还有些会留下400开头的电话，让受害人回拨后再进行诈骗。在诈骗理由中，骗子最爱使用的是“订单异常”，其次是退款、重新订购，另外还有资金扣押、冻结。在受害人被骗金额中，有75%以上的被盗资金在万元以上，只有24.32%的被盗资金小于万元，足以可见诈骗分子的贪婪，以及网购退款诈骗的巨大危害。

2. 防止网购退款诈骗的建议

①安装腾讯手机管家。可以拦截诈骗短信，识别诈骗电话，拦截钓鱼网址，尽可能从手机端减少用户受骗可能性。

②不要轻信任何“网购退款”理由。无论是订单失效、资金冻结，还是其他理由的退款短信都不要轻信，任何此类电话都要谨慎相信。只有从电商平台登录后查看订单状态才是准确的。

③不要点开陌生网址、不要回拨任何陌生400电话。在短信、QQ、微信中收到网购退款网址，一般都是钓鱼网址，千万不要点击后输入任何个人信息，不要回拨短信中的任何400电话。更不要向任何陌生账户转账，不在陌生人遥控下在ATM机进行转账汇款。

项目学习目标

知识目标

1. 掌握电子商务安全的概念
2. 理解电子商务安全问题及电子商务安全需求
3. 掌握加密技术的基本原理
4. 理解数字签名技术的实现过程
5. 掌握CA认证的概念
6. 掌握数字证书包含的内容、分类

能力目标

1. 具有辨别电子商务安全问题的能力
2. 能够根据需要，灵活选择和应用不同的技术方法保证交易的安全
3. 能够应用数字签名技术
4. 能够下载、安装数字证书及导入、导出数字证书

素质目标

1. 利用互联网不断学习新知识、新技术，有一定创新意识
2. 具有辨别电子商务安全问题的能力
3. 具有运用相应的工具保护电子商务信息安全的能力

核心知识点

电子商务安全的特点　加密技术　数字签名　SSL协议　SET协议

任务5.1　电子商务安全概述

【任务描述】

随着信息技术日新月异的发展，人类进入以网络为主的信息时代，基于互联网的电子商务已逐渐成为人类进行商务活动的新模式。越来越多的人通过Internet进行商务活动，电子商务的前景非常诱人，但随之而来的安全问题也变得越来越突出。如何建立一个安全、可靠、便捷的电子商务应用环境，保证其交易过程中信息的安全性，已经成为关乎今后经济发展的重要问题，电子商务活动中主要面临哪些威胁？电子商务安全的特点是什么？

【知识学习】

5.1.1 电子商务安全的概念

1. 电子商务安全的定义

电子商务是一个计算机系统，其安全性是一个系统的概念，不仅与计算机系统有关，还与其应用环境、人员素质、社会因素有关。它包括计算机系统的安全、计算机网络的安全、商务交易的安全和电子商务的安全立法。

计算机系统安全是指计算机硬件的安全、计算机软件的安全及计算机操作者的安全。计算机网络安全包括计算机网络设备安全、计算机网络系统的安全和数据库的安全。商务交易的安全围绕着传统商务在互联网上应用时产生的各种安全问题，具体而言是指实现电子商务保密性、完整性、交易的真实性、信息的不可否认性和访问的控制性。电子商务的安全立法是对电子商务犯罪的约束，利用国家机器，通过法律途径保障安全。

这里我们所讨论的电子商务安全主要是以网络安全为基础的信息安全。

电子商务安全具有以下四大特点：

（1）电子商务安全是一个系统概念

电子商务本身是由许多系统组成的，各个系统协调运作才能达到最终的目的。所以不仅有技术问题，更重要的是管理问题，还与社会道德、人们的认识水平、各行业的管理行为有着紧密的联系。可见，要使电子商务安全，不是系统本身安全就可以办到的，还需要全社会各方面的共同关注、共同努力，齐心协力，共促安全。

（2）电子商务安全是发展的、动态的

今天的安全并不意味着永远的安全。网络的攻防是此消彼长、“道高一尺，魔高一丈”的事情。尤其是安全技术，它的敏感性、竞争性以及对抗性都是很强的，这就需要不断地检查、评估和研究相应的安全策略。没有一劳永逸的安全，也没有一蹴而就的安全。

（3）电子商务安全是相对的

正因为安全是动态的、变化的，安全也就是相对的，而非绝对的。建造一个永远安全的系统是不可能的。正如我们有了简单加密技术时，安全确实得到一定的保障，但不久这个加密技术就可能被破解，安全又是一个未解决的问题，然后再找到新的解决办法，因此安全只能是相对的问题。

（4）电子商务安全是有代价的

无论是国外还是国内，考虑、解决安全问题总要与成本、速度、资金和时间等相关因素有关。当然这些问题与具体的电子商务应用有关，如果涉及支付等敏感问题，对安全的要求就高一些，付出的成本相应就高，而且安全是以牺牲速度为代价的。采用的安全技术越多，计算机处理信息时越慢，如SET协议的应用就是这样的。企业应该综合考虑这些因素。

2. 电子商务安全的需求

电子商务面临的威胁导致了对电子商务安全的需求，主要体现在信息的保密性、信息的完整性、信息的不可否认性和交易者身份的真实性、系统的可靠性。

（1）信息的保密性

信息的保密性是指信息在传输或存储的过程中不被他人窃取、不被泄露或披露给未经授权的人或组织，或经过加密伪装后，使未经授权者无法了解其内容。例如，支付信息在网上传输时，如果被黑客拦截并知道了密码，就可以用这个号码在网上购物，使被盗者蒙受损失。

商业从诞生开始就一直与保密性紧密相连，顾客希望自己的信息受到保护，不会被泄露出去。商家同样希望商品价格、公司交易活动的合同细节能得到一定程度的保密。信息是公司拥有的最宝贵的财产，失去它或草率地对待它会导致公司的灾难。尽管人人都有保密的概念，但实际操作起来很困难，通常通过密码技术对保密的信息进行加密处理。

（2）信息的完整性

信息的完整性是指保护数据不被未授权者修改、建立、嵌入、删除、重复传送或由于其他原因使原始数据被更改。这种完整性要从信息传输和存储两个方面看，在存储时要防止信息被窜改或破坏。在传输时接收到的信息应与发送的信息完全一样，否则信息很可能已被窜改。例如，如果发送的信息卡号是 91209991，但接收方收到的是 91021999，这样信息的完整性遭到了破坏。

（3）信息的不可否认性

信息的不可否认性是指信息的发送方不能否认已发送的信息，接收方不能否认已收到的信息，这是一种法律有效性要求。一般通过对发送信息进行数字签名来实现。由于商情的变化莫测，商业交易一旦达成，双方是不能否认的。而无纸化的电子商务形式失去了传统交易中交易双方通过交易合同、契约或单据等书面形式确定交易的可靠性。因此，要在交易信息的传输过程中为参与交易的个人、企业或国家提供可靠的标识，以预防抵赖。例如，买方向卖方订购钢铁，订货时市场上钢铁的价格较低，收到订单时价格上涨了，如果卖方否认收到订单的时间，甚至否认收到订单，那么买方就会受到损失。

（4）交易者身份的真实性

交易者身份的真实性是指网络两端的使用者在沟通之前相互确认对方的身份是真实存在的。由于电子商务交易系统的特殊性，企业或个人的交易通常都是在虚拟的网络环境中进行的，因此，对个人或企业实体进行身份的确认成了电子商务交易中很重要的一环。对人或实体的身份进行鉴别，为身份的真实性提供保证，即交易双方能够在相互不见面的情况下确认对方的身份。这意味着当某人或实体声称具有某个特定的身份时，鉴别服务将提供一种方法来验证其声明的正确性。

（5）系统的可靠性

电子商务系统是计算机系统，其可靠性是防止计算机失效，包括程序运行错误，操作错误和自然灾害等引起的计算机失效。

【任务实施】

通过知识的学习，和同学们讨论一下当前电子商务系统面临的主要安全威胁有哪些？

【任务评价】

完成表 5 – 1 任务评价。

表 5 – 1 任务评价

评定形式	自我评定（20%）	教师评定（80%）	任务总计（100%）
得分（100）			
总结			

【知识拓展】

常见诈骗方式

1. 社交软件语音克隆

骗子利用软件植入木马盗取社交账号，然后用克隆出来的社交账号实施诈骗。克隆的社交账号可以转发语音，骗子利用以前的聊天记录转发一些常用语，比如“在吗”“可以吗”等惯用语言对受害人进行诈骗。这类诈骗因为“复制的语音”和本人没有差异，极其容易上当受骗。

2. “锦鲤”骗局

2018 年，自从“锦鲤”这个概念火了之后，全国各地都掀起了一阵“锦鲤”热潮。“杭州锦鲤”“广州锦鲤”“苏州锦鲤”等各种各样的“锦鲤”腾空而出。很多平台、公众号推出一系列的“寻找锦鲤活动”。在这股热潮当中，同样也有骗子的身影。面对如此多“送上门的锦鲤”，骗子当然是想要“一网打锦”。第一是设立虚假锦鲤活动，诱导参与用户填写个人信息，获取参与人员的详细信息，后续利用这些信息进行骚扰诈骗。再就是冒充发奖平台，给参与活动的人发送含有钓鱼网站的短信，引诱他人上钩，实施诈骗。

3. 投资、理财骗局

很多理财的网友都会对自己的资金进行合理的投资，比如股票、基金、期货等，赚取理财收益。因为投资风险，理财有亏损也是一件很正常的事情。2018 年，“期货”“基金”等理财投资骗局已成为高发的诈骗类型。这类诈骗案件，涉及金额大，隐蔽性强。资金的亏损，受害人通常会认为是投资风险导致的亏损，而不会将损失的原因和诈骗联系起来。

4. 利用视听类平台诈骗

很多网友都有刷短视频的习惯，经常一刷几个小时，半天就过去了。今年下半年，利用短视频平台进行诈骗的案件不断发生。多个城市的公安系统发出警惕通知：谨防视听类网站的诈骗骗局。利用视听类平台设置骗局，主要是在常见的视听类平台中发布诈骗类信息，用“兼职”“给予高回报”“山寨账号”等手段，引诱他人上当。

5. AI 应用骗局

犯罪团伙让 AI 机器人“在线陪聊”，还用在骚扰电话、诈骗短信等方面。在生活中，很多的诈骗短信、诈骗电话都来自 AI 机器人，骗子利用这些手段对目标对象进行精准诈骗，让人防不胜防。

6. “下单故障”等新型网购诈骗

每到“双11”“双12”期间，各种类型的网购诈骗案件频发，很多消费者上当受骗。在2018年的购物节期间，“下单故障”“误操作被注册为会员，需通过银行取消”等新的手段进入我们的视野。

任务5.2 电子商务加密技术及数字签名技术

【任务描述】

在互联网时代，电子邮件以其简便、快捷等特点深受用户青睐，但是目前通用的电子邮件系统中没有使用数字签名和加密技术，因此电子邮件作为经常使用的工具之一，存在着潜在的安全问题。那么如何利用相关的技术保护邮件呢？

【知识学习】

5.2.1 加密技术

电子商务使企业内部网和互联网相连，小到本企业、本部门的商业机密，大到国家经济与金融机密面临着安全考验。欺骗、窃听和非法入侵等行为严重威胁着电子商务的发展与运作，因此就需要一些端到端的安全技术，如加密技术、数字签名技术、认证技术、数字时间戳等，用来保证电子商务的安全。

密钥思想来源于密码学，利用密码学算法密钥对敏感信息进行加密，然后把加密好的数据和密钥通过安全方式发送给接收者，接收者可利用同样的算法和传递来的密钥对数据进行解密，从而获取敏感信息并保证了网络数据的机密性。

1. 基本概念

（1）加密和解密

加密是将待发送的原始数据进行编码，使它在发送之前变成一种不可理解的形式，这种不可理解的内容是密文。解密是加密的逆过程，即将密文还原成最初发送前的形式，如图5－1所示。

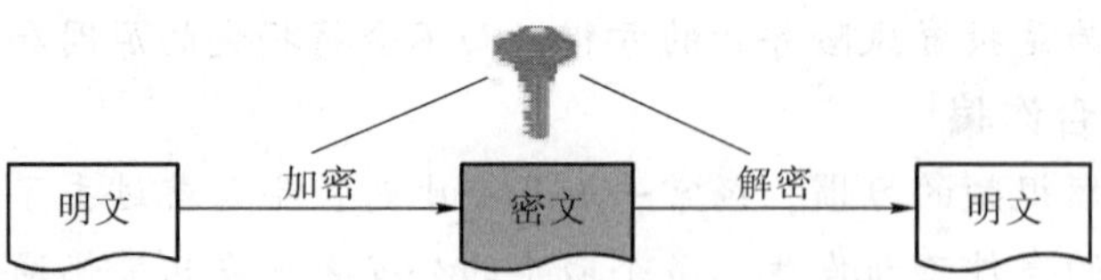

图5－1 加密和解密的基本过程

（2）算法和密钥

算法是加密或解密的过程。在这个过程中必须有一串重要的数字即密钥。下面举例来说明明文信息“my card number is secret”的加密过程。按照英文字母表的自然顺序（a b c d e f g h i j k l m n o p q r s t u v w x y z）m前4位的字母是j，y前4位的字母是v，c前4位的字母是 z，以此类推，这句明文信息将变成“jvzxoakrjybofppbzobq”。而不知道算法和密钥的人是不能将其还原回去的。再如，按照 m 前 8 位的字母是 f，y 前 8 位的字母是 r，c 前 8 位的字母是 v，……以此类推，这句明文又变成 frvtkwgnfuxkbllxvkxm。假如按照明文中每个字母的前 12 位、20 位变化的话，就会出现新的密文。从这个例子可以看出，加密算法可以是不变的，但密钥是变化的。万一密钥被破译，换一个密钥就解决了问题。

密钥的长度就是密钥的位数，加密信息的保密性取决于加密所用密钥的长度，40 位的密钥是最低要求，长的密钥能提供更高程度的加密保障。顺序猜测 65536 种密钥对于计算机来说非常容易，但是如果猜 100 位的密钥，即使计算机也需好几个世纪。因此，密钥的位数越长，加密系统就越牢固。对于任何使用密钥技术的系统，都包含明文、密文、算法和密钥，其中基本单元是算法和密钥。算法是相对的，视为常量，密钥是不固定的，视为变量。密钥安全性是系统安全的关键，因此为了密码系统的安全性，经常更换密钥是很有必要的。

2. 对称密钥系统

它只用一个密钥对信息进行加密和解密，由于是同一把密钥，所以发送者和接收者都必须知道密钥，这种方法也可以解决信息的保密性问题，如图 5 – 2 所示。

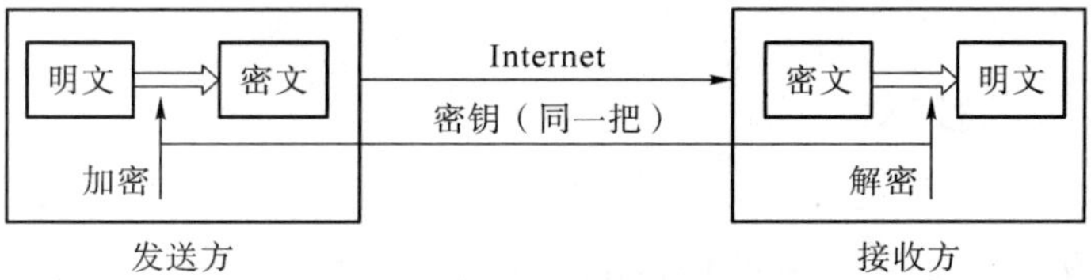

图 5 – 2 对称密钥加密解密过程

对称密钥系统中对信息编码和解码的速度很快，效率高，但密钥在发送方和接收方之间传送很不安全。所以，密钥的分发、生成、传输和存放成了主要问题。假如一个企业想安全地与自己的几千个顾客进行在线交易，那么每个顾客就必须拥有企业分配的独特密钥，这个密钥只能通过安全渠道传送给顾客，整个成本很高。所以，对称密钥很难成为电子商务中占主导地位的加密方法。

3. 公开密钥系统

公开密钥加密，采用两个在数学上相关的密钥对——公开密钥和私有密钥来对信息进行加密、解密，如图 5 – 3 所示。

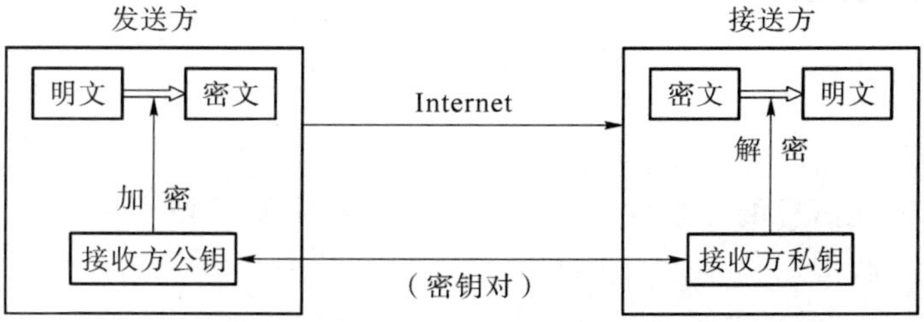

图 5 – 3 公开密钥的加密解密过程

公开密钥加密技术是 1976 年由斯坦福大学的 Whitfield Diffie 和 Martin Hellman 根据单向

函数的概念提出来的。与对称加密系统相比，公开密钥加密技术需要使用一对相关的密钥：一个用来加密，另一个用来解密。该技术的设想是，密钥对是与相应的系统联系在一起的，其中私有密钥是由系统保密持有，而公开密钥则是公开的，但知道公开密钥并不能推断出私有密钥。这样，一个具体用户就可以将自己设计的加密密钥和算法公之于众，而只保密解密密钥。如果使用公钥进行加密，则只能用其对应的私钥进行解密。任何人利用这个加密密钥和算法向该用户发送的加密信息，该用户均可以将之还原。公开密钥密码体制从根本上克服了传统密码体制的困难，解决了密钥分配和消息认证等问题，特别适合于计算机网络系统的应用。

公开密钥中的 RSA 算法，是由 Rivest、Shamir、Adleman 三人发明的。两个钥匙是两个很大的质数，而且不能通过其中的一个质数求出另一个质数。与对称密钥相比，公开密钥对明文进行加密和解密的运算速度非常慢，不适合对大量数据进行加密。但是它的生成非常简单，计算量比较小，而且知道公钥和密文的任何人都不可能计算出原始信息。

从对称密钥系统和公开密钥系统的特点可以看出，这两种加密方法在加密的数据量和加密的运算速度上有各自的不足，单独使用任何一种加密技术都不尽如人意。所以，我们往往将这两种加密技术组合起来使用。

5.2.2 数字签名技术

1. 数字摘要

数字摘要也称为信息摘要，该技术由 Ron Rivest 发明，由单向 Hash 加密算法对一个信息作用而生成，长度固定。数字摘要用来验证信息的完整性，而且一个信息只能生成唯一对应的一个数字摘要。相同的信息必定有相同的数字摘要，不同的信息它的数字摘要必定不同。发送端将信息和摘要一同发送，接收端收到后用 Hash 函数对收到的信息生成一个摘要，新的摘要与收到的摘要进行对比，如果一致则说明收到的信息是完整的，否则，说明信息被修改过，如图 5 -4 所示。

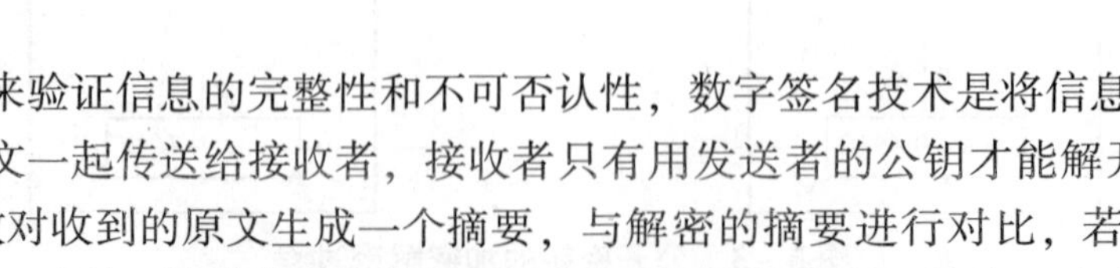

图 5 -4　数字摘要过程

2. 数字签名

数字签名用来验证信息的完整性和不可否认性，数字签名技术是将信息摘要用发送者的私钥加密，与原文一起传送给接收者，接收者只有用发送者的公钥才能解开被加密的摘要。然后用 Hash 函数对收到的原文生成一个摘要，与解密的摘要进行对比，若相同则说明收到的信息是完整的，否则，说明信息被修改过。同时发送者不能否认自己发送了信息。这样，数字签名就保证了信息的完整性和不可否认性，如图 5 -5 所示。

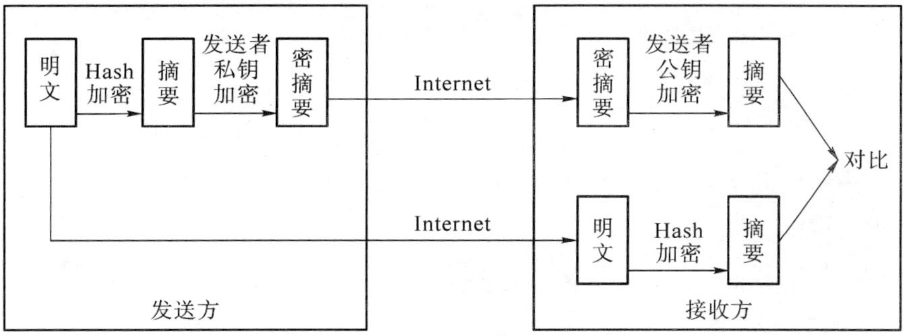

图5-5 数字签名过程

在电子商务安全保密系统中，数字签名技术有着特别重要的地位。完善的数字签名应具备签字方不能抵赖、他人不能伪造、能够验证真伪的能力。数字签名除了具有手工签名的全部功能外，还具有易更换、难伪造、可远程传递的优点，它是目前实现电子商务数据传输中安全保密的主要手段之一。

3. 数字时间戳

在电子商务交易过程中，时间同签名一样重要。与寄信的邮戳一样，数字时间戳服务也是用来证明信息的收发时间的。用户首先将需要加时间戳的文件用 Hash 函数加密形成摘要，然后将摘要发送到专门提供数字时间戳服务的权威机构，该机构对原摘要加上时间后，进行数字签名并发送给原用户，原用户就可以把它再发送给接收者，图5-6描述的是数字时间戳在第三方机构形成的过程。

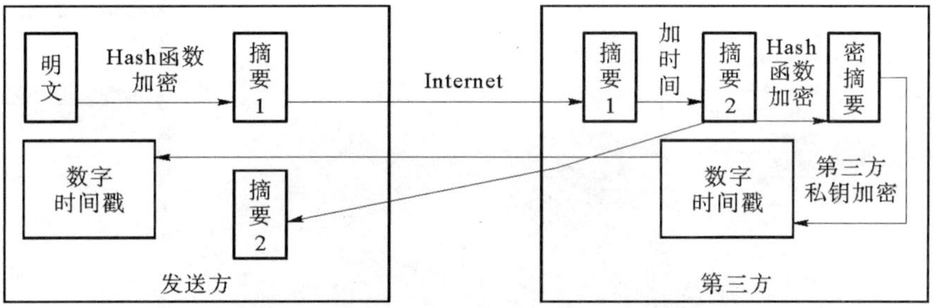

图5-6 数字时间戳过程

【任务实施】

可以使用 Foxmail 软件对电子邮件进行加密和数字签名来保护电子邮件的安全。对电子邮件进行签名需要一个属于自己的数字证书（数字证书的下载和安装详见任务5.3），对电子邮件进行加密则需要拥有对方的数字证书。

①首先从网上下载 Foxmail 6.5 软件安装包，并安装。

②安装 Foxmail，建立新的用户账户，如图5-7所示。

③在 Foxmail 中设置数字证书。进入 Foxmail 界面，选中“cjglx666@163.com”邮件地址，单击鼠标右键弹出快捷菜单，点击“属性”，如图5-8所示，弹出“邮件账户设置”对话框，单击“安全”设置，在该设置中点击“选择”按钮，进入“选择证书”对话框选中证书，并点击“确定”按钮，如图5-9所示。

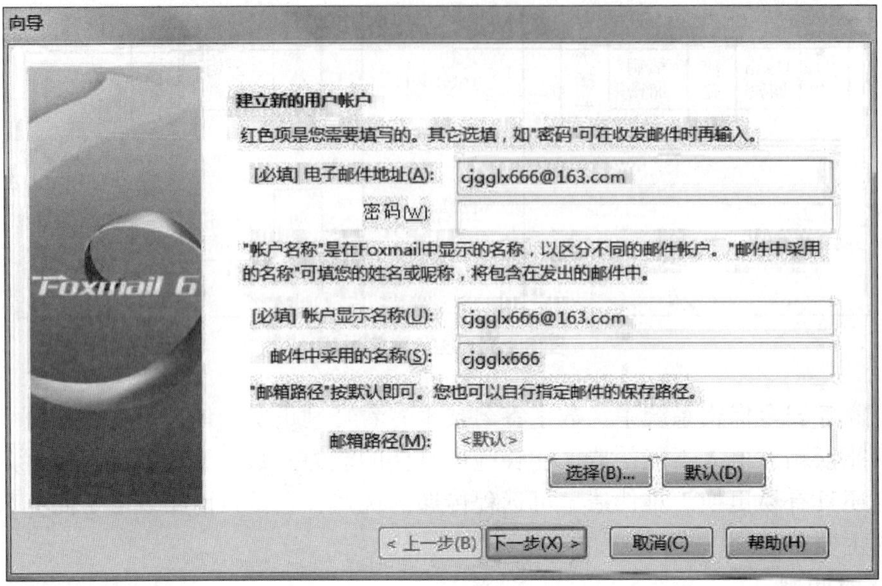

图5－7　建立新的用户账户

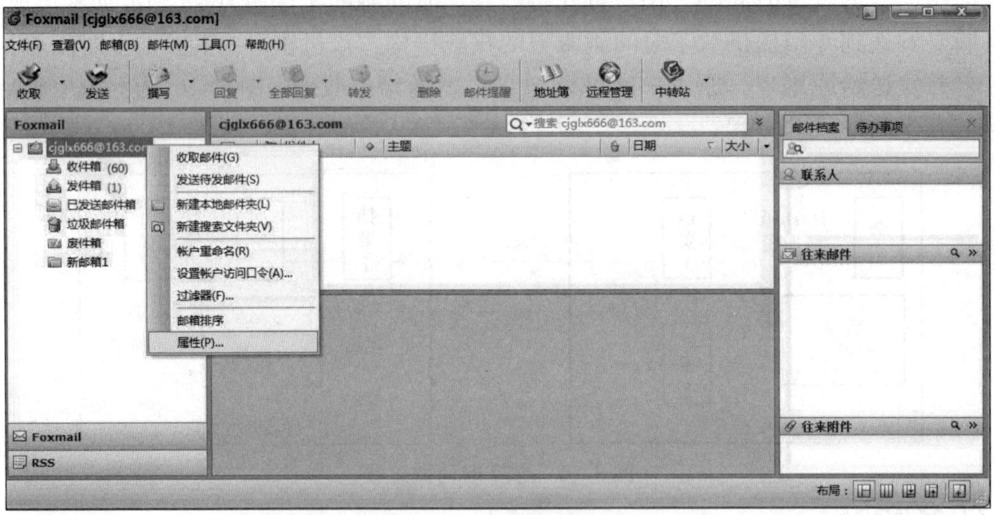

图5－8　属性设置

④使用Foxmail发送做了数字签名的电子邮件。在Foxmail界面中点击工具栏当中的“撰写”工具，进入“写邮件”状态，如图5－10所示。填写“收件人”地址和“主题”以及信件内容，点击“工具”菜单下的“数字签名”，然后点击“发送”，如图5－11所示。

⑤收到带有数字签名的电子邮件。点击“文件”菜单下“收取邮件”，可收取新邮件，如图5－12所示。打开做了数字签名的邮件，如图5－13所示，若邮件在传输过程中被他人篡改或发信人的数字证书有问题，页面将出现“安全警告”提示。将该邮件打开后，会看到对方的证书标识，点击该标识，可以查看“发件人证书”；点击“添加到地址簿”按钮，在地址簿中保存发件人的加密选项，这样对方数字证书就被添加到你的通讯簿中。

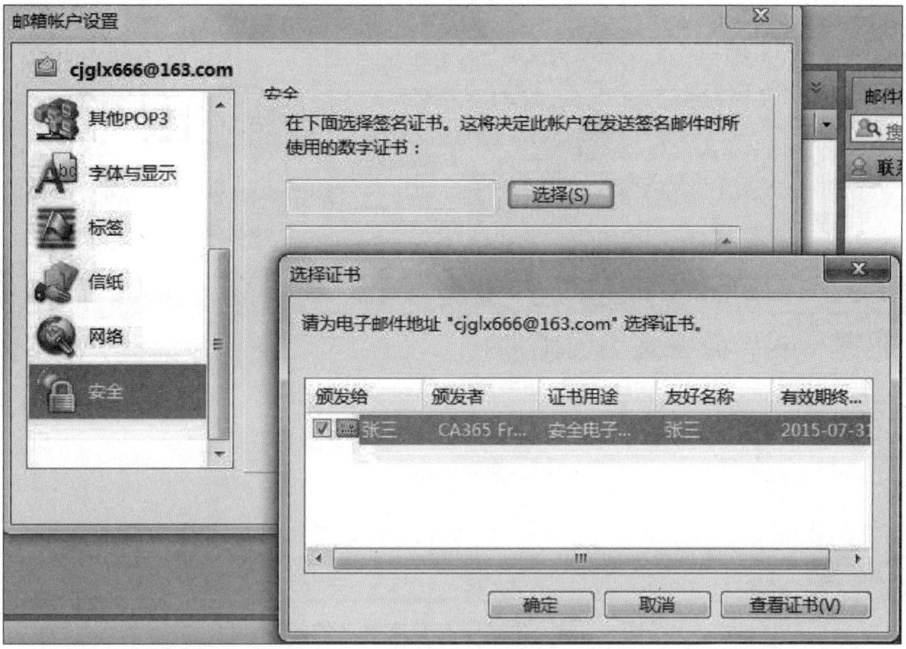

图 5 – 9　邮件绑定数字证书

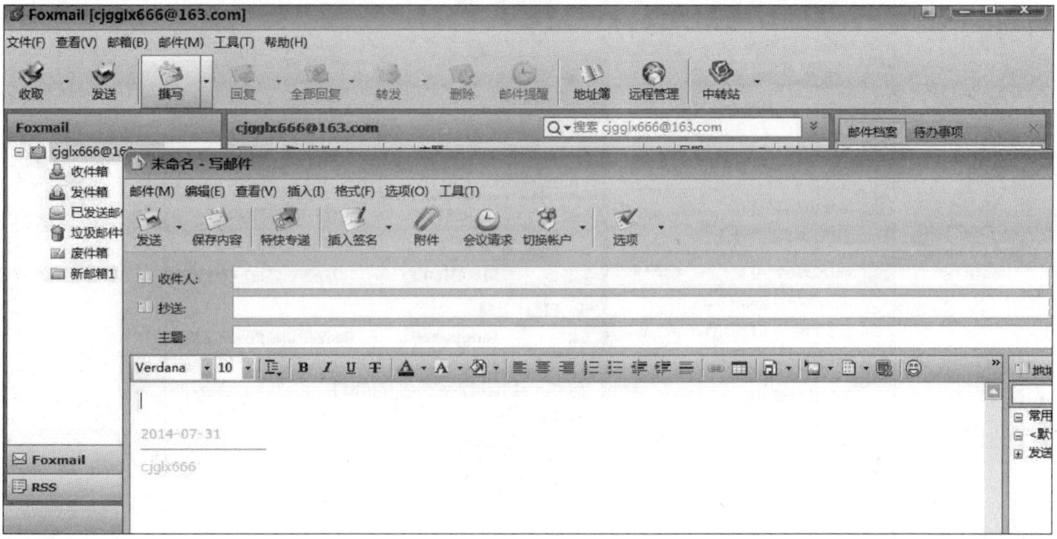

图 5 – 10　写邮件

⑥使用 Foxmail 发送加密电子邮件。要发送加密电子邮件，你需要有收件人的数字证书。想要获得收件人数字证书，可以让对方给你发送带有其数字签名的邮件。有了对方的数字证书，你就可以向对方发送加密邮件了。发送加密邮件，也可以同时使用发件人的数字签名，如图 5 – 14 所示。

如果发件人没有给自己的账号设置证书，那么就会出现下面的提示框，如图 5 – 15 所示。

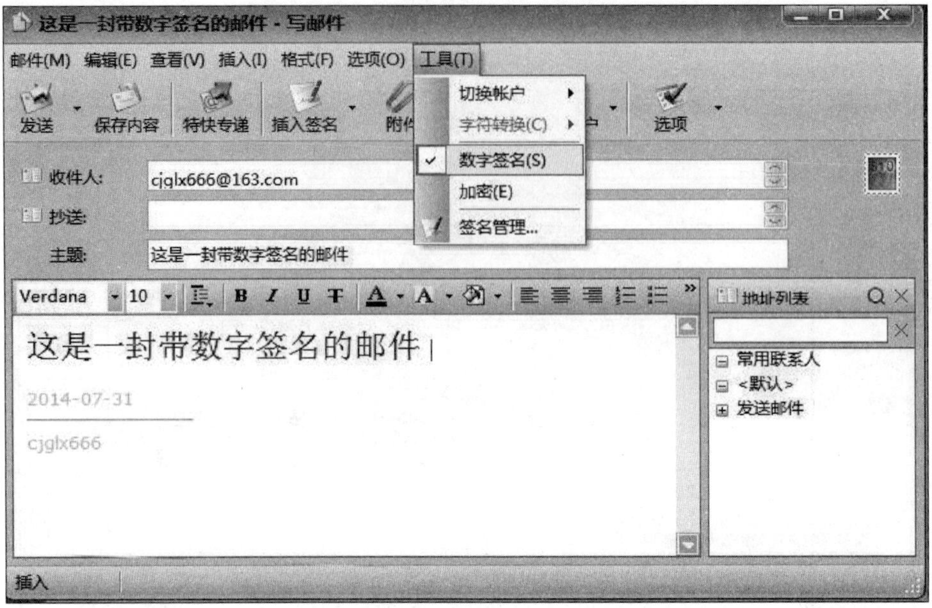

图 5－11　发送带有数字签名的邮件

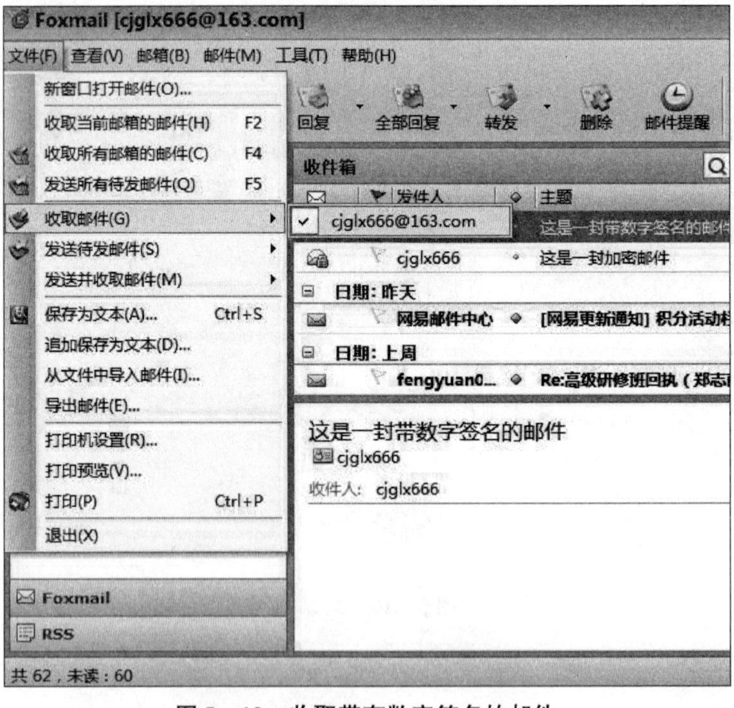

图 5－12　收取带有数字签名的邮件

⑦收到加密的电子邮件。当收件人打开已加密过的邮件时，只有在收件人自己的计算机上安装了正确的数字证书，Foxmail 才能自动解密电子邮件；否则，邮件内容将无法显示，如图 5－16 所示。

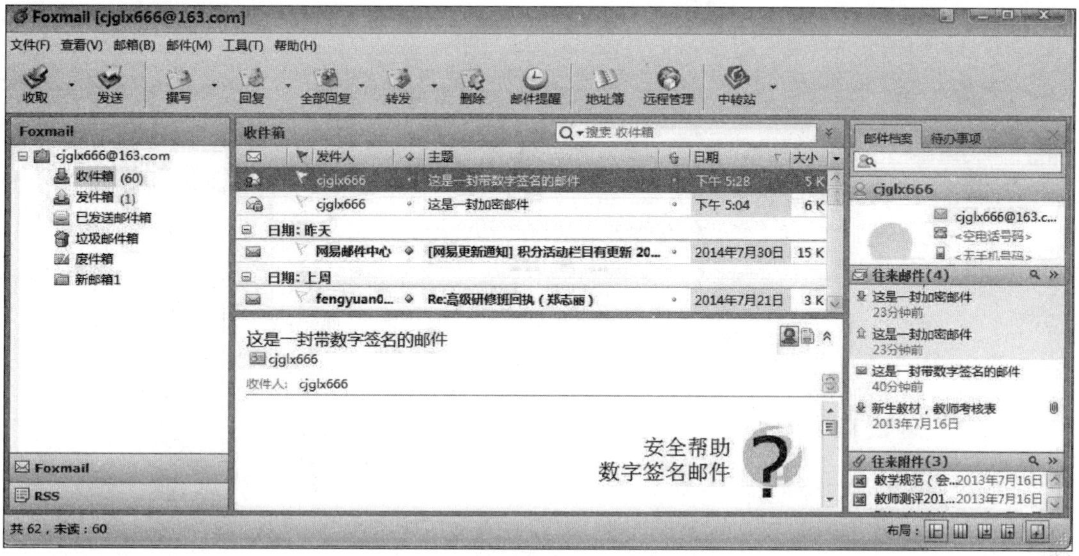

图 5－13　查看带有数字签名的邮件

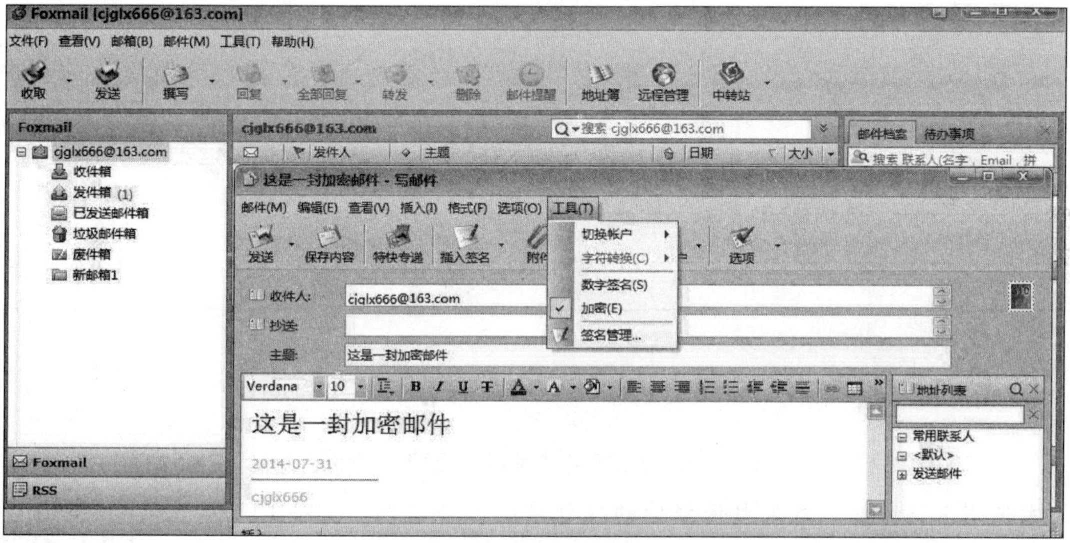

图 5－14　加密电子邮件

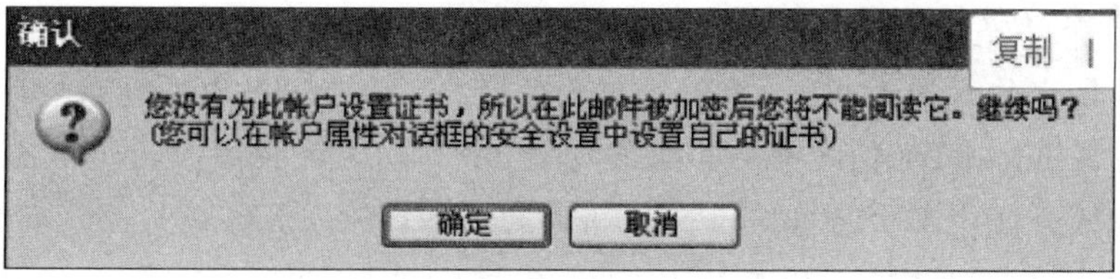

图 5－15　提示对话框

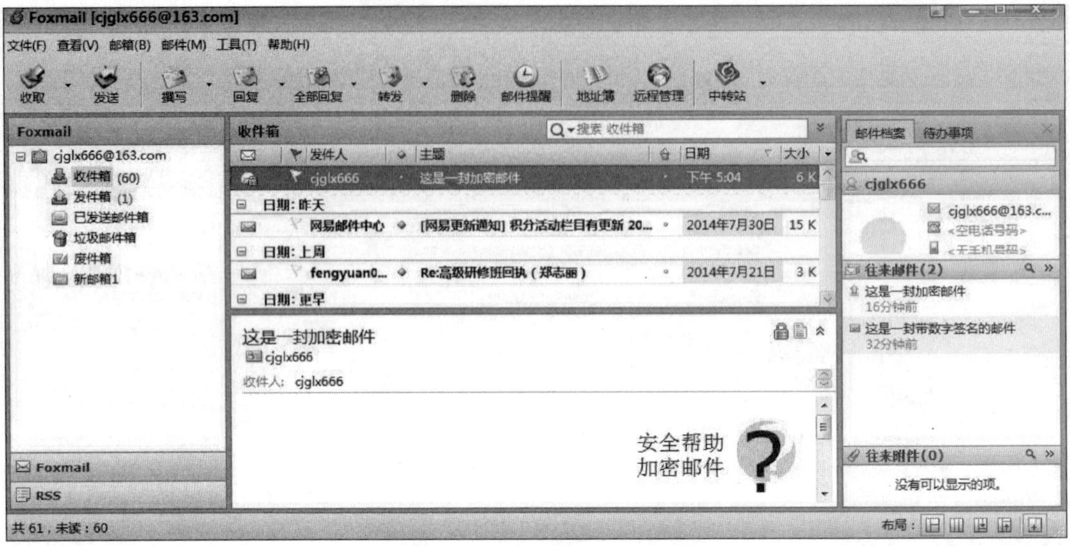

图5-16　查阅加密的电子邮件

【任务评价】

完成表5-2任务评价。

表5-2　任务评价

评定形式	自我评定（20%）	教师评定（80%）	任务总计（100%）
得分（100）			
总结			

【知识拓展】

如何使用加密文件系统（EFS）加密

EFS加密

要使用EFS加密，首先要保证你的操作系统符合要求。支持EFS加密的Windows操作系统主要有Windows 2000全部版本、Windows XP Professional、Windows Vista Business或更高版本、Windows 7 Professional或更高版本的操作系统，所有家庭版和入门版的Windows都不支持该功能。其次，EFS加密只对NTFS分区上的数据有效［注意，这里我们指的是NTFS 3.1分区，有时也称作NTFS5.0（指随同Windows 2000发布，其版本号是5.0），这是指由Windows 2000/XP/Vista/7格式化过的NTFS分区；而由Windows NT4格式化的NTFS分区格式，虽然同样是NTFS文件系统，但它不支持EFS加密］，你无法加密保存在FAT和FAT32分区上的数据。对于想加密的文件或文件夹，只需要用鼠标点击右键，然后选择“属性”，在常规选项卡下点击“高级”按钮，之后在弹出的窗口中选中“加密内容以保护数据”，然后点击“确定”，等待片刻数据就加密好了。如果你加密的是一个文件夹，系统还会询问你，是把这个加密属性应用到文件夹上还是文件夹以及内部的所有子文件夹。按照你的实际情况来操作即可。解密数据也是很简单的，同样是按照上面的方法，把“加密内容以保护数据”前的钩消除，然后点击“确定”即可。

任务5.3　CA认证技术应用

【任务描述】

中国数字认证网为个人或非营利性机构在线提供免费的数字证书，用户可以在线完成证书的自助申请，请申请一个免费的个人数字证书，并下载和安装。

【知识学习】

5.3.1　CA认证技术及数字证书

通过网络开展电子商务业务，身份识别问题是一个必须解决的问题。一方面，只有合法用户才可以使用网络资源，所以网络资源管理必须识别用户的身份。另一方面，传统的交易双方可以面对面地谈判交涉，很容易识别对方的身份。而通过网络交易却不同，交易双方不见面，通过普通的电子传输信息很难确认对方的身份。因此，电子商务中的身份识别问题显得尤为突出。只有采取一定的措施使商家可以确认对方身份，商家才能放心地开展电子商务业务。

1. 认证中心

认证中心（CA）是一个服务性的机构，承担网上安全电子交易的认证服务。其主要任务是受理数字证书的申请、签发并管理数字证书。CA之所以能充当认证中心，是因为它既有权威性又有公开性。

2. 认证中心的功能

（1）证书发放

向申请者发放证书，可以发给最终用户经过签名的加密证书。向持卡人只能发放签名的证书，向商户和支付网关可以发放签名并加密的证书。

（2）证书管理

①证书更新：证书的获得不是一劳永逸的，它有一定的期限。个人、商家和支付网关证书都应该定期更新。

②证书撤销：因多种原因如证书遗失、私钥被窃、证书到期等可导致证书需撤销。

③证书验证：进行交易时，通过出示某个认证中心签发的证书来证明自己的身份，持卡人可验证支付网关、商家的身份，商家可验证银行、个人的身份等。

3. 认证中心的结构

认证中心的结构是树型的，从上到下分成不同的等级，不同等级的认证中心负责发放不同的证书，如图5－17所示。

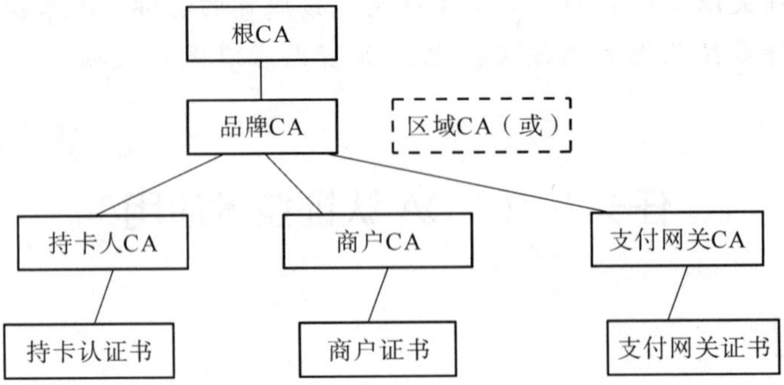

图5-17　认证中心的结构

4. 数字证书

（1）数字证书的内容

数字证书是一个担保个人、计算机系统或者组织的身份和密钥所有权的电子文档。它包括以下内容：

①证书所有者的姓名。

②证书所有者的公钥。

③公钥的有效期。

④颁发数字证书的单位。

⑤颁发数字证书单位的数字签名。

⑥数字证书的序列号。

（2）数字证书的类型

①个人数字证书。这种证实客户身份和密钥的所有权的证书，一般情况下安装在客户的浏览器上，以帮助个人在网上进行安全交易。用户可以向信用度好的CA申请证书，CA经过审查后决定是否向用户颁发证书。

②服务器数字证书。该证书为网上的某个Web服务器提供凭证，拥有服务器的企业就可以用具有凭证的Web网站进行安全电子交易。

③软件数字证书。软件数字证书为软件提供凭证，证明该软件的合法性。

④安全邮件数字证书。证明电子邮件用户的身份和公钥。

（3）世界著名的认证中心

Verisign（www. verisign. com）是软件行业第一家具有商业性质的证书授权机构，是著名的数字验证产品和服务的提供商。该公司成立于1995年，它为全世界50个国家提供数字证书服务。有超过45 000个互联网的服务器接受该公司的服务器证书，使用它提供的个人数字证书的人数超过200万。

（4）国内知名的认证中心

近年来中国也成立了一批认证中心，下面介绍其中几个比较知名的。

①中国数字认证网（www. ca365. com）提供数字认证、数字签名、CA认证、数字证书等。

②中国金融认证中心（www. cfca. com. cn）支持网上银行、网上证券交易、网上购物及

安全电子文件传递。

③天威诚信电子商务服务有限公司（www. itrus. com. cn）是提供虚拟网络空间身份认证、数据电文认证、证据认证及其应用的专业服务提供商，为办公网、业务网、互联网实现有效应用提供基于电子认证的安全与信任支撑服务。

④北京数字认证股份有限公司（www. bjca. org. cn）为网上政务和电子商务活动提供数字证书服务。

5.3.2 电子商务安全交易标准

电子商务安全研究机构对电子商务的安全需求做出了快速的反应，他们不断地修改和完善已有的身份认证和加密技术，以适应互联网的发展，与此同时还不断开发出新的安全产品。近年来，许多行之有效的安全交易协议发挥出重要的作用。

1. 安全套接层协议

安全套接层协议（SSL）是由美国 Netscape 公司 1995 年开发和倡导的，是目前安全电子商务交易中使用最多的协议之一。SSL 协议主要用于提高应用程序之间的数据的安全系数。它工作在网络模型的会话层，对计算机之间整个会话期进行加密，这样计算机之间传递的信息除了接收者和发送者之外就无法被其他人得到，大大提高了应用程序之间的数据传递的安全性。

SSL 协议对计算机之间的各种通信 HTTP、FTP、Telnet 等都提供安全保护，可以认证用户和服务器的合法性，提供对称密钥技术、公开密钥技术，还可以采用数字摘要技术来提供信息的完整性，建立客户机与服务器之间的安全通道，使所有经过安全套接层协议处理的业务在传输过程中能全部完整准确无误地到达目的地。

在电子商务交易中，由于有银行参与，按照 SSL 协议，客户的购买信息首先被发往商家，商家再将信息转发给银行，银行验证客户信息的合法性后，通知付款成功，商家再通知客户购买成功，并将商品寄送给客户。SSL 协议运行的基点是商家对客户信息保密的承诺，但它有利于商家而不利于客户，客户的信息要被商家阅读后再传递给银行，这样对客户的资料有安全的威胁。所以，整个过程中缺少了客户对商家的认证。随着电子商务参与的厂商迅速增加，对厂商的认证问题变得越来越突出，SSL 协议的缺点逐渐显露出来。

2. 安全电子邮件协议

随着网络的进一步发展，电子邮件成为互联网上主要的信息传输手段，但它不具备较强的安全防范措施，所以电子邮件的安全问题越来越受到使用者的重视。人们根据不同格式的电子邮件制定了多种安全标准。比较主流的是 PGP 和 S/MIME。

（1）PGP

PGP（Pretty Good Privacy）是一个基于公钥加密体系的电子邮件加密软件，它的主要功能是电子邮件的身份鉴别和保密。既可以对邮件加密以防止被非法授权者阅读，又可以对电子邮件加上数字签名，从而确认发邮件者的身份。

PGP 使用的算法经过大量的公共审查被认为是绝对安全的，它将对称密钥的快速与公钥加密的密钥管理的方便有机的结合起来，形成了一种更好的加密算法，然后用了一小组简单的命令将这些算法集成为小型的应用程序，这个小程序可以在各种平台上免费运行。多用于个人的安全电子邮件，其重点是局域网，适合在人数有限的情况下使用，人数猛增后，网络系统将难以支撑。

（2）S/MIME

S/MIME 是 Secure/Multipurpose Internet Mail Extensions 的简称，全称叫作安全多功能互联网电子邮件扩充，顾名思义，它是互联网中用来发送安全电子邮件的协议。S/MIME 为电子邮件提供了数字签名和加密功能，该标准允许不同的电子邮件客户程序之间收发安全电子邮件。

S/MIME 和 PGP 的功能非常类似，大体来说也是使用了多种加密手段的组合，能够为用户提供数字签名和保密等服务，但 S/MIME 的特点在于，它对邮件格式有明确的规范形式要求，目的是为了在不同系统间使用而进行的标准化。

S/MIME 的目的是在 MIME 上定义安全服务措施的实施方式。S/MIME 的证书格式也采用 X. 509，S/MIME 已成为产业界广泛认可的协议，如微软、Netscape、Novell、Lotus 等公司都支持该协议。在国外，VeriSign 免费向个人提供 S/MIME 电子邮件证书，国内也有公司提供支持该标准的产品。而在客户端，为了使用安全电子邮件 S/MIME，必须使用支持 S/MIME 功能的电子邮件程序，如 Outlook Express 4 等。

3. 安全电子交易协议

安全电子交易协议（Secure Electronic Transaction，SET）是 Visa 和 Master Card 于 1995 年 5 月联合开发的一个加密的安全规范，它具有很强的规范性，由于它得到很多大公司的支持，已成为事实上的工业标准。

（1）SET 协议的安全目标

①信息在互联网上安全传输却不被黑客窃取。

②订单信息和个人账号信息的隔离，当包含持卡人账号信息的订单送到商家时，商家只能看到订单而看不到账号信息。

③商家和持卡人相互确认对方的身份。

④要求软件遵循相同的协议和报文格式，并可以运行在不同的硬件和操作平台上。

（2）SET 的协议空间

①持卡人：即网上购物者、客户等，他们往往有一个或多个信用卡。持卡人要参与网上交易，首先要向发卡行申请，经发卡行认可，由发卡行委托第三方中立机构——认证中心发送数字证书后，持卡人才具备网络购物资格。

②商家：所有商业机构要取得网络交易资格，要向收单银行申请，通过审定，收单银行委托某 CA 发给商家数字证书，此时方可上网经营网络商店。

③支付网关：是由收款银行或指定的第三方操纵的设备，它负责处理商家和消费者的支付信息。支付网关一边连接互联网，一边通过银行专用网络与收单银行相连。从而完成 SET 协议和现存银行交易系统协议 ISO8583 之间的信息格式转换。

④发卡行：为持卡人建立账户的金融机构，它与本地认证组织和法律组织合作，保证使

用信用卡支付是授权交易的支付行为。发卡行一般建立信用卡品牌，并与其他网络机构相连，寻求广泛的业务支持。

⑤收单行：它是为商家开户的银行，它通过银行专用网络与发卡行验证支付信息的合法性，给商家发放授权许可命令。

⑥认证机构：它是交易中各方都信任的第三方中立机构，接受发卡行和收单行的委托，向持卡人、商家、支付网关发放数字证书，以证明交易中所有成员的身份。

（3）SET 协议安全措施

①利用加密技术保证信息的保密性。SET 使用对称和公共密钥技术保障数据的安全。发送方用对称密钥技术对信息加密，并用接收方的公钥加密这把对称密钥，如同把密钥放进一个袋子里。然后将这个袋子与已加密的信息一起发给接收方。接收方收到信息后，先用自己的私钥打开袋子，看到里面的对称密钥，再用这把密钥解开数据。

②利用数字摘要保证数据的完整性。

③应用数字签名技术进行鉴别。SET 协议不仅能进行数字签名，还能进行双重签名。双重签名是在客户、商户、和银行都在商务活动中发生作用时提出来的。例如，小王给大李发出一个订单，向银行发送一个确认信号，通知银行如果大李接受这个订单，那么可以给大李转移一笔款项。但是，小王不希望银行看见购买的商品的信息，也不希望大李看见有关小王的银行账号信息。此外，小王希望仅当大李接收订单时，银行才将款子划给大李，这个过程需要双重签名。

双重签名的实现需对两个信息生成两个数字摘要，将这两个数字摘要结合在一起，使用发送方的私钥加密，为让接收者验证双重签名，还必须将另外一条信息的数字摘要一同发送过去。任何信息的接收者都能通过生成它自己相关信息的数字摘要，再把它与另一部分数字摘要结合在一起得出最终的数字摘要。如果新生成的数字摘要与解密后的双重签名匹配，接收者就能完全相信信息的真实性。

如上例，假如大李同意了小王的购物请求，他能发送一个信息给银行，表明他的同意并且包含了订单的数字摘要。银行能验证小王的授权并确信接收与请求一致，通过大李提供的授权摘要和数字摘要，也是小王提供验证的双重签名。银行能用双重签名检查购物请求的可靠性，但看不到购物的细节。

④认证技术。SET 中，最主要的证书是持卡人证书、商家证书、支付网关证书。这些证书都是由不同层次的 CA 发放的，以保证安全电子交易。

自 SET1.0 发布以来，IBM 率先在其电子商务套件 Commerce Point 中使用了 SET 协议。符合 SET 规范的产品越来越多，SET 必将成为电子商务的基础。

【任务实施】

1. 免费数字证书的申请和安装操作

①访问中国数字认证网（http：//www.ca365.com）首页，选择“免费证书”栏目的“根 CA 证书”。如果是第一次使用个人证书则需要先下载并安装根 CA 证书，如图 5－18 所示。

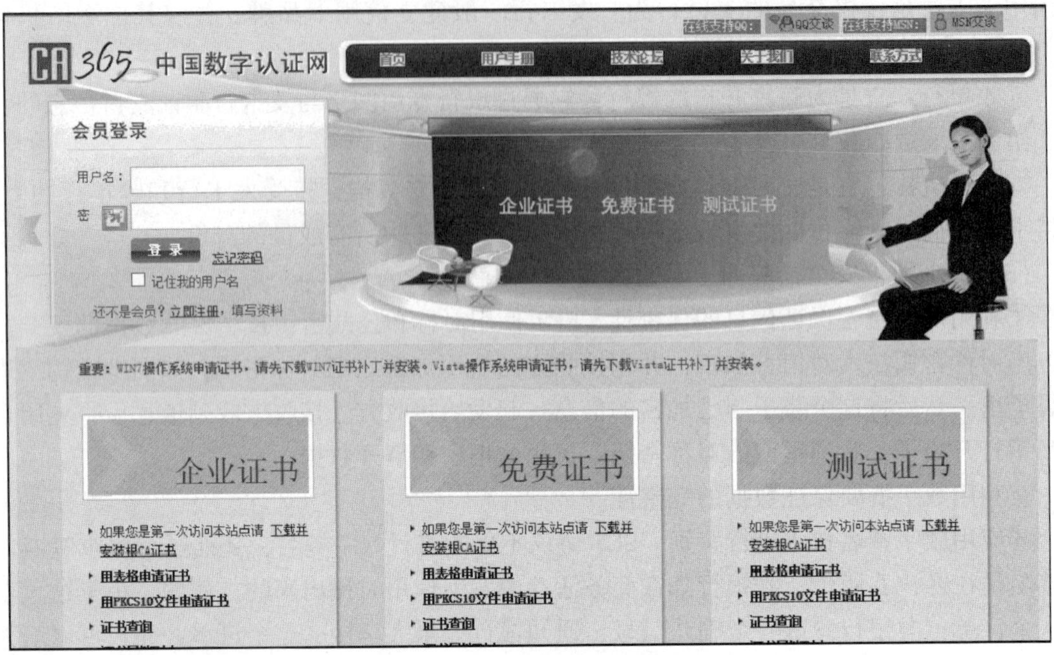

图5－18　中国数字认证网首页

②下载并安装根证书。只有安装了根证书的计算机，才能完成网上申请的步骤和证书的正常使用。安装证书时会出现“下载文件——安全警告”对话框，点击选择打开“rooftree. Cer”，点击“安装证书”按钮，根据证书导入向导提示，完成导入操作。

③在线填写并提交申请表。在首页选择“免费证书”栏目下的“用表格申请证书”，填写申请表。其中注意密钥选项（可以选择“Microsoft Strong Cryptographic Provider”）、密钥用法（可以选择“两者”）、密钥大小（填写“1024”），同时要选择“标记密钥为可导出”“启用严格密钥保护”“创建新密钥对”三项，Hash 算法（可选择“SHA－1”）。提交申请表后，出现“正在创建新的 RSA 交换密钥”的提示框，“确认”并将私钥的安全级别设为中级。

(4) 下载安装数字证书。提交申请后，证书服务器系统将立即自动签发证书。用户点击“直接安装证书”按钮，开始下载安装证书。（注：因为证书的公钥和私钥在本地生成，提交证书申请表时仅上传了证书的公钥，私钥仍保存在本地，因此，证书的下载安装需要在提交证书申请表的同一台电脑上完成。）

2. 数字证书的查看

在微软 IE8.0 浏览器的菜单栏“工具”—“Internet 选项”—“内容”—“证书”中，可以看到证书已经被安装成功，双击该证书可以查看证书内容，如图 5－19 所示。

3. 数字证书的导出和导入操作

为了保护数字证书及私钥的安全，需要进行证书及私钥的备份工作。如果需要在不同的电脑上使用同一张数字证书或者重新安装电脑系统，就需要重新安装根证书、并导入个人证书及私钥。

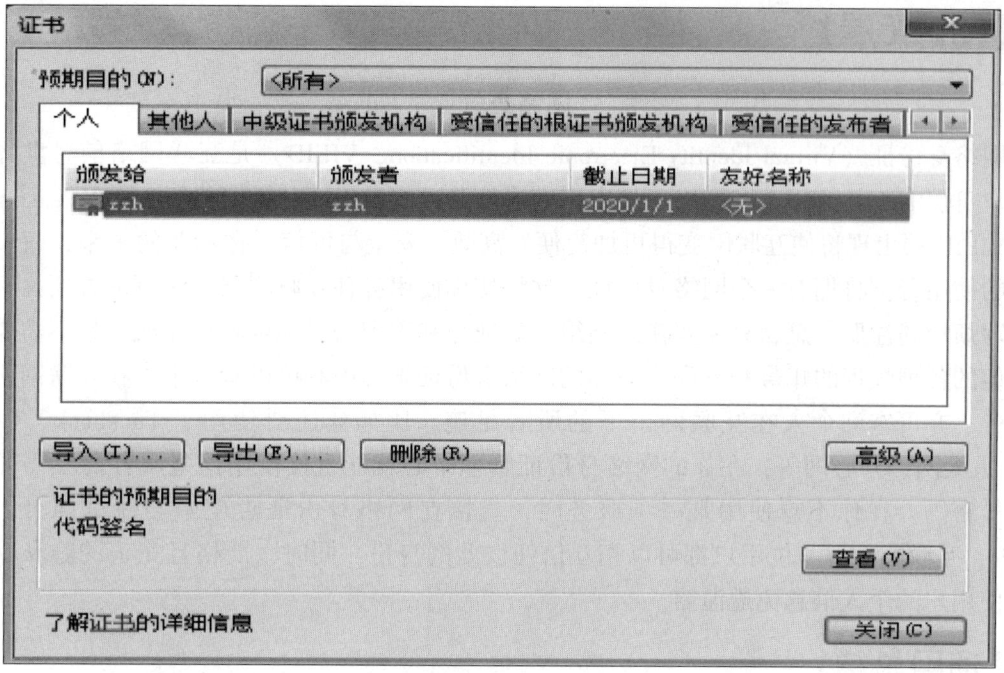

图5-19　证书对话框

①备份证书和私钥的操作步骤。选择需要备份的数字证书，单击“导出”按钮，出现“证书导出向导”，单击“下一步”按钮，可以选择将私钥根证书一起导出，选择“是，导出私钥”，单击“下一步”按钮，选择文件导出格式，可以选择“默认”选项，单击“下一步”按钮，键入并确认保护私钥的口令，单击“下一步”按钮，单击“浏览”按钮确定证书及私钥导出的保存路径和文件名，单击“下一步”按钮，提示已经成功完成证书的导出操作，单击“完成”按钮，提示证书导出成功，最后单击“确定”按钮。

②导入证书及私钥的操作步骤。在微软IE6.0浏览器的菜单栏“工具”—“Internet选项”—“内容”—“证书”对话框中点击“导入”按钮，出现“证书导入向导”，单击“下一步”按钮，单击“浏览”按钮确定证书及私钥文件的保存路径，查找到扩展名为“.pfx”的证书备份文件并打开，单击“下一步”按钮，输入私钥的口令，选择“启用强私钥保护”，单击“下一步”按钮，选择证书的存储区域，单击“下一步”按钮，提示证书导入成功，点击“确定”按钮，证书和私钥成功导入。

【任务评价】

完成表5-3任务评价。

表5-3　任务评价

评定形式	自我评定（20%）	教师评定（80%）	任务总计（100%）
得分（100）			
总结			

【知识拓展】

网络身份证

网络身份证（Virtual Identity Electronic Identification，VIEID）是互联网络信息世界中标识用户身份的工具，用于在网络通信中识别通信各方的身份或某种资格。

VIEID的出现将使互联网变得更加简便、高效、安全与可信。在不久的未来，每一位互联网的使用者都将拥有一个网络身份证。这将使你使用各种互联网服务时更加方便，不需要再填写烦琐的注册信息，只需要输入网络身份证号和管理密码即可轻松完成，且不需要再记住其他的各种烦琐的账号和密码。在你的网络身份证管理中心可以管理个人在互联网所使用的服务，亦可查询个人在互联网留下的所有足迹。比如你注册使用了Facebook、Twitter、QQ、人人网、开心网等，在你的网络身份证管理中心就能直接使用这些服务而不需要再输入账号密码。在你不想使用某一项服务时，直接在网络身份证管理中心注销即可。有了VIEID，互联网的每一位用户都可以相互信任彼此的身份，同时，严格且完善的隐私管理机制也使用户的个人信息免遭泄露。

【项目总结】

本项目通过“电子商务安全需求”“电子商务加密技术及数字签名技术”和“CA认证技术应用”任务的实施，学习了电子商务安全的概念和特点、电子商务安全要求、密钥技术、数字签名技术、CA认证中心和数字证书的概念和安全电子交易标准等基本知识。电子商务的安全是一个非常重要的问题，电子商务的安全技术是基于电子商务交易中的安全需求产生的。只有网上交易做到了安全可靠，客户才能接受和使用这种交易方式，电子商务才能顺利开展下去。

【课后习题】

一、填空题

1. 电子商务的安全主要体现在________，________，________，________，________。
2. 加密技术中有两对关键元素是________和________，________和________。
3. 认证中心的功能是____________和________。
4. 数字证书有______种类型，分别是________，________，________，________。

二、单项选择题

1. 在网络交易中，如果冒用别人的名义进行商务活动，就违背了电子商务安全需求中的(　　)。

A. 信息的保密性　　B. 信息的完整性
C. 信息的不可否认性　　D. 交易者身份的真实性

2. 为了保证信息在网上传递的完整性所采用的方法是(　　)。

A. 安全认证　　B. 加密技术　　C. 数字时间戳　　D. 数字摘要

3. 认证中心的核心职能是(　　)。

A. 签发和管理数字证书　　B. 验证信息

C. 公布黑名单　　D. 撤销用户的证书

4. 以下不是 SET 协议运行的目标是(　　)。

A. 保证信息在互联网上安全传输

B. 保证订单信息和个人账号信息相互隔离

C. 商家和持卡人可以确定对方的身份

D. 提供商品和服务

5. 安全套接层协议 SSL 是工作在网络模型的(　　)的协议。

A. 物理层　　B. 传输层　　C. 应用层　　D. 会话层

三、判断题

1. 在网络交易中，使用 SSL 协议能够完成多方的认证。(　　)

2. 密钥的长度即密钥的位数，加密信息的保密性与密钥的长度无关。(　　)

3. SSL 协议参与的交易中，能够使订单信息和账户信息相互隔离。(　　)

4. 公开密钥加密是指用户的加密与解密密钥相同。(　　)

5. 安全电子交易协议 SET 和安全套接层协议 SSL 相比，具有更高的安全性和效率。(　　)

6. SSL 协议可以对计算机之间的通信协议 HTTP、FTP、Telnet 等提供安全保护。(　　)

四、思考题

1. 电子商务安全具有哪些特点？

2. 什么是认证中心，认证中心的功能有哪些？

3. 数字证书的内容主要有哪些？

4. 为什么发送加密邮件需要对方的数字证书？其加密原理是什么？

【拓展学习】

1. 使用 Office 自带的证书生成工具生成名为自己学号的数字证书，为自己完成的 Word 文档的作业加上数字签名，修改加上数字签名后的 Word 文档，记录发生的情况，并给出解释。

2. 目前许多电子商务网站都使用数字证书来维护和证实信息安全，为了防范黑客假冒你的网站，你应该怎么做呢？

项目6

网络营销实践

项目情景引入

2018年3月，优衣库与小猪佩奇进行跨界合作，推出一系列服装产品。耳目一新的跨界效果引发了市场的轰动。在优衣库官方的一条微博中，“小猪佩奇穿上身……”的暗号引得评论区网友频频接梗，掀起了一波“社会热潮。”网友和各个品牌脑洞大开，纷纷较量谁更“社会。”

百度一下，小猪佩奇

优衣库选择与小猪佩奇合作，因为当时后者已经是一个很火的IP。小猪佩奇凭借常年的播放量已经在国内有一定影响力，之后通过微信表情包、方言版视频、大V参与等快速成为各大社交平台的焦点。除了优衣库之外，很多其他品牌也积极与小猪佩奇合作，都是看中了其强大的影响力。

优衣库官方微博发布了一条合作信息，其中“小猪佩奇穿上身……”的互动话题快速引爆粉丝讨论区，短短几分钟就已经超过500条。话题本身的趣味性和小猪佩奇的热度大大激发了用户的参与兴趣。如图6-1所示。

随着事件的发酵，“社会”一词早已登录全民话题榜。大家通过文身、服装、玩具等饶有兴致地参与其中。各大品牌也坐不住了，于是出现了网络上各种小猪佩奇版的LOGO。全民互动，将本次营销热点推向新高度，而优衣库的销量和影响力也得到了大幅提升。我们该如何通过网络营销提升企业的知名度和影响力？

项目学习目标

知识目标

1. 理解网络营销的概念和内涵
2. 掌握网络营销的职能
3. 了解网络消费者的需求特征和购买过程

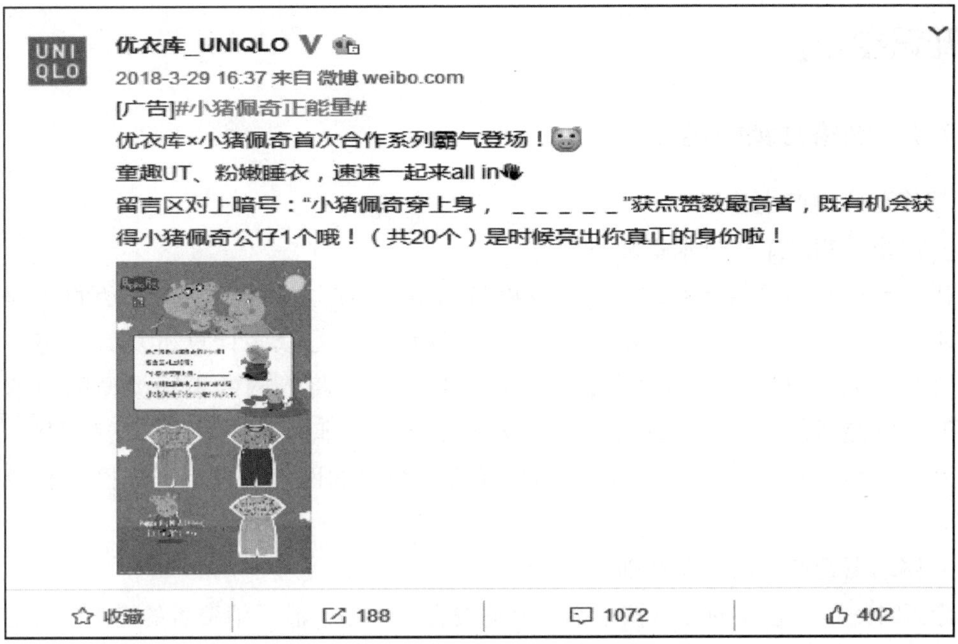

图6－1　优衣库微博

4. 掌握网络营销的4Cs的策略
5. 掌握常用的网络营销方法
6. 理解网络广告的特点和收费模式

技能目标

1. 能够灵活运用网络营销的策略帮助企业开展营销工作
2. 了解网络营销方法的优缺点，并选择合适的方法进行营销活动

素质目标

1. 利用互联网不断学习新知识、新技术，有一定创新意识
2. 具有一定的市场分析能力
3. 具有一定的团队合作精神，能够共同完成网络营销工作

核心知识点

4Cs网络营销策略　网络消费者购买过程　网络广告特点　网络广告收费模式

任务6.1　认识网络营销

【任务描述】

小赵是大二的学生，之前已经学习过市场营销这门课程，在学习电子商务知识时又遇到了"网络营销"这个概念，究竟什么是网络营销，它与市场营销相同吗？网络营销有哪些优势呢？带着这些问题，小赵开始了学习。

【知识学习】

6.1.1 网络营销概述

1. 网络营销的产生基础

（1）网络营销产生的技术基础

现代电子技术和通信技术的应用与发展是网络营销产生的技术基础。互联网是一种集通信技术、信息技术为一体的网络系统。简单地说，就是众多计算机及其网络，通过电话线、光缆、通信卫星等连接而成的一个计算机网。它将入网的不同类型网络信息进行共享。互联网是目前计算机之间进行信息交流和资源共享的最佳方式。互联网的商业化，掀起了互联网高潮，“虚拟市场”的逐步形成将为众多的网上经营者开展网络营销开辟广阔的前景。

（2）网络营销产生的观念基础

无论何时何地，企业的经营核心都是以消费者为中心，满足消费者的需求。随着互联网应用的普及，世界各地企业纷纷上网为消费者提供各种类型的服务，并把抢占这一科技制高点视为获得未来竞争优势的重要途径。

当前市场正由卖方垄断向买方垄断演变，消费将面对更多、更复杂的商品及品牌的选择，企业也将面临前所未有的竞争，这一变化使消费者心理与以往相比呈现出一种新的特点和趋势。

（3）网络营销产生的现实基础

随着商业竞争的日益激化，各企业为了在竞争中占据优势，不断推出各种营销手段来吸引顾客。经营者需要寻找变革，尽可能地降低商品成本，缩短商业运作周期，以增加企业的盈利。开展网络营销，可以节约大量的高昂店面租金，便于采集客户信息，可以使经营规模不受场地限制，减少库存商品资金占用等，这些都可以使企业的经营成本费用降低，缩短运行周期，并从根本上增强企业的竞争优势。

总之，网络营销的产生有其技术基础、观念基础和现实基础，是多种因素综合作用的结果。网络营销蕴藏着无限的商机。

2. 网络营销的概念

随着互联网作为信息沟通渠道的商业化应用，互联网商用潜力被挖掘出来，显现出巨大威力和发展前景。市场营销是为创造达到个人和组织的交易活动，而规划和实施创意、产品、服务观念、定价、促销和分销过程。网络营销则是以互联网络为媒体，以新的方式、方法和理念实施营销活动，更有效促成个人和组织交易活动的实现。网络营销在国外有许多翻译，如 Cyber Marketing、Internet Marketing、Network Marketing、e－Marketing 等。

从广义地说，凡是以互联网为主要手段进行的并为达到一定营销目标的营销活动，都可称之为网络营销，也就是说，网络营销贯穿于企业开展网上经营的整个过程，包括信息发布、信息收集，到开展网上交易为主的电子商务等。如图 6－2 所示。

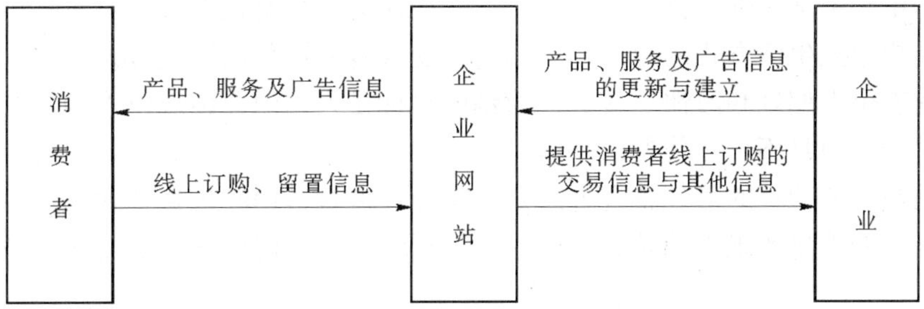

图 6－2　网络营销示意图

为了理解网络营销的全貌，我们有必要为网络营销下一个比较合理的定义。从“营销”的角度出发，将网络营销定义为：网络营销就是“营造网上经营环境”。所谓网上经营环境，是指企业内部和外部与开展网上经营活动相关的环境，包括网站本身、顾客、网络服务商、合作伙伴、供应商、销售商、相关行业的网络环境等，网络营销的开展就是与这些环境建立关系的过程，这些关系处理好了，网络营销也就卓有成效了。

3. 网络营销内涵

网络营销是企业整体营销战略的一个组成部分，是建立在互联网基础之上，利用现代信息工具，通过更好地满足顾客需求来实现企业市场营销目标的营销活动。对于网络营销内涵，我们应该从以下几个方面进行理解：

（1）网络营销并非网上销售

网络营销的效果可能表现在多个方面，如企业品牌价值的提升和加强、与客户之间的沟通、作为一种对外发布信息的工具等，网络营销活动并不一定能实现网上直接销售的目的，但是很可能有利于增加总的销售；网上销售的推广手段也不仅仅靠网络营销，往往还要采取许多传统的方式，如传统媒体广告、新闻、宣传册等。

（2）网络营销不等于电子商务

网络营销和电子商务是两个不同的概念，网络营销是电子商务的重要环节，企业在开展电子商务活动中会使用网络营销手段，但网络营销主要研究如何在交易过程中进行宣传和推广，是一种营销活动，而电子商务的核心是电子交易，强调的是各种交易方式和完整的交易过程。

（3）网络营销是现代企业整体营销的一部分

网络营销作为一种新的营销方式或技术手段，是营销活动中的一个组成部分。如果想用网络手段产生价值，就必须将网络与传统的企业营销方式结合起来。

（4）网络营销贯穿营销活动的全过程

网络营销贯穿于企业开展网上经营的整个过程，包括信息收集、信息发布、客户服务以及各种网上交易活动，都是网络营销的重要内容。

（5）网络营销不会取代传统营销，是对传统营销的整合

网络营销作为一种新兴的营销方式，和传统市场营销并不存在取代与被取代的关系，而是迎合信息科技的发展，来创新和重组营销方式，两者的关系如图 6－3 所示。完整的市场营销应该是传统营销与网络营销的整合过程。首先，互联网作为新兴的虚拟市场，它覆盖的

群体只是整个市场中某一部分群体。其次，互联网作为一种有效的渠道有着自己的特点，但由于互联网用户个人生活方式的原因，不愿意接受或者使用新的沟通方式。再次，消费者在信息沟通上有着个人偏好和习惯。最后，营销的目标是人，因此传统以人为主的营销策略所具有的独特的亲和力是不可替代的。

网络营销与传统营销的最佳整合方式是：企业在进行营销时根据企业的经营目标细分市场，利用整合营销策略实现以消费者为中心的传播统一、双向沟通，实现企业的营销目标。

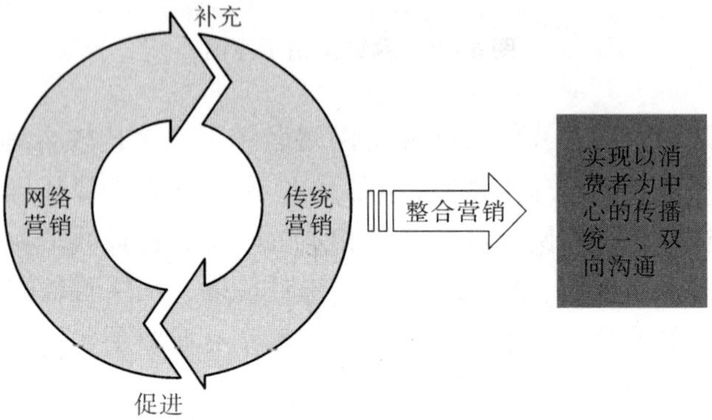

图6－3　网络营销和传统营销的关系

4. 网络营销的优势

相对于传统市场营销，网络营销具有独特的优势。表现在以下几个方面：

（1）网络营销具有极强的互动性，可以帮助企业实现全程目标的管理

现代营销管理必须遵循一个原则，即实行全程营销目标的管理，就是从产品的设计阶段就开始充分考虑消费者的需求和意愿。但是由于企业与消费者之间缺乏合适的沟通渠道或沟通成本过高，使这一理想无法很好地实现。

而在网络环境下，这种状况得以改观。企业可以利用电子公告栏、在线讨论系统和电子邮件方式，以极低的成本在营销的全过程之中收集消费者信息，也为消费者有机会对产品的设计、包装、定价、服务等问题发表意见提供了方便。通过这种双向互动的沟通方式，确实提高了消费者的参与性和积极性，而且提高了企业营销策略的针对性，有助于实现企业的全程营销目标。

（2）网络营销有助于企业降低成本费用

首先，利用网络营销降低企业的采购成本。企业原材料采购是一项程序繁杂的过程，通过网络营销活动，可以加强企业与主要供应商之间的协作关系，将原材料的采购与产品的制造过程有机结合，形成一体化的信息传递和信息处理体系。

其次，利用网络营销可以降低促销成本。尽管采用网络营销，建立和维护企业网站需要投资，但相对于其他销售渠道而言，成本已经大大降低。网络营销降低了材料费用、节省广告宣传费用、降低了调研费用，而且在提高售后服务的同时，大大降低了运营成本。

（3）网络营销能够帮助企业增加销售、提高市场占有率

首先，网络营销可以提供全天候的广告及服务而无须增加开支；其次，网络营销还可以将广告与订购连为一体，促成购买意愿，形成更快速、更直接的购买渠道；再次，通过互联

网络，可以即时连通国际市场，减少市场壁垒。互联网络创造了一个即时的全球社区，消除了不同国家的企业与客户之间贸易的时间和地域障碍。网络营销关键在于是否能切实满足消费者的需求，是否有独特的创意，减少了市场歧视，为中小企业带来了公平竞争的机会。

（4）通过互联网络可以有效地服务于顾客，满足顾客的需要

当今世界买方市场的形成更加突出了商业竞争的激烈，企业获得竞争优势的唯一出路是充分考虑顾客需求。网络营销正是实现这一目标的最好方式。

首先，网络营销是以顾客为导向，强调个性化的营销方式，比传统市场营销的任何一种方式或阶段都更能体现顾客的“中心地位”，顾客可以根据自己的特点和需求在全球范围内不受限制地寻找满意的商品。

其次，网络营销能满足顾客对于购物方便性的要求，提高顾客的购物效率。在销售之前，通过网络向顾客提供丰富生动的产品信息和相关资料，顾客可以在不受任何干扰的环境中理智地比较同类商品的优劣，做出购物决策；在销售过程之中，顾客无须花费时间去商场购物，只需通过网络付款就可以在家等待送货上门；在用户购买发生之后，如果发生任何问题，就可以随时与厂家联系，得到来自卖方及时的服务和技术支持。

最后，网络营销能使企业节省传统市场营销方式下不得不花费的巨额促销和流通费用，从而使商品成本和价格的下降成为可能。顾客还可以广泛寻求最优惠的价格，甚至可以绕过中间商直接向生产者订货，以更低的价格购买商品。

当然，就目前而言，网络营销还存在很多问题，包括网络安全问题、税收问题、企业与消费者的认知问题、网络基础建设问题等。但是，随着各方面条件的逐渐成熟，网络营销将成为企业市场营销的最主要方式，并得到迅猛发展。

5. 网络营销的职能

网络营销的基本职能主要有以下几方面：网络品牌、网站推广、信息发布、销售促进、网上销售、顾客服务、顾客关系、网上调研。网络营销的职能不仅表明了网络营销的作用和网络营销工作的主要内容，同时也说明了网络营销所应该可以实现的效果，对网络营销职能的认识有助于全面理解网络营销的价值和网络营销的内容体系，因此网络营销的职能是网络营销的理论基础之一。

（1）网络品牌

网络营销的重要任务之一就是在互联网上建立并推广企业的品牌，知名企业的网下品牌可以在网上得以延伸，一般企业则可以通过互联网快速树立品牌形象，并提升企业整体形象。

网络品牌建设是以企业网站建设为基础，通过一系列的推广措施，达到顾客和公众对企业的认知和认可。在一定程度上说，网络品牌的价值甚至高于通过网络获得的直接收益。

（2）网站推广

网站推广是网络营销最基本的职能之一，在几年前，甚至认为网络营销就是网站推广。相对于其他功能来说，网站推广显得更为迫切和重要，网站所有功能的发挥都要以一定的访问量为基础，所以网站推广是网络营销的核心工作。

（3）信息发布

网站是一种信息载体，通过网站发布信息是网络营销的主要方法之一，同时，信息发布

也是网络营销的基本职能，所以也可以这样理解，无论哪种网络营销方式，结果都是将一定的信息传递给目标人群，包括顾客和潜在顾客、媒体、合作伙伴、竞争者等。

（4）销售促进

营销的基本目的是为增加销售提供帮助，网络营销也不例外，大部分网络营销方法都与直接或间接促进销售有关，但促进销售并不限于促进网上销售，事实上，网络营销在很多情况下对于促进线下销售十分有价值。

（5）网上销售

一个具备网上交易功能的企业网站本身就是一个网上交易场所，网上销售是企业销售渠道在网上的延伸，网上销售渠道建设也不限于网站本身，还包括建立在综合电子商务平台上的网上商店及与其他电子商务网站不同形式的合作等。

（6）顾客服务

互联网提供了更加方便的在线顾客服务手段，从形式最简单的 FAQ（常见问题解答），到 BBS、微博、微信公众平台等各种即时通信服务，顾客服务质量对于网络营销效果具有重要影响。

（7）顾客关系

良好的顾客关系是网络营销取得成效的必要条件，通过网站的交互性、顾客参与等方式在开展顾客服务的同时，也增进了顾客关系。

（8）网上调研

通过在线调查表或者电子邮件等方式，可以完成网上市场调研，相对传统市场调研，网上调研具有高效率、低成本的特点，因此，网上调研成为网络营销的主要职能之一。

开展网络营销的意义就在于充分发挥各种职能，让网上经营的整体效益最大化，因此，仅仅由于某些方面效果欠佳就否认网络营销的作用是不合适的。网络营销的职能是通过各种网络营销方法来实现的，网络营销的各个职能之间并非相互独立的，同一个职能可能需要多种网络营销方法的共同作用，而同一种网络营销方法也可能适用于多个网络营销职能。

6.1.2 网络消费者行为分析

1. 网络消费者的概念

传统市场营销中，消费者是营销活动中重要的一环，公司是否在市场上实现其价值，关键在于有没有消费者购买其产品。飞速发展的互联网为人们提供了浩瀚的信息资源、方便快捷的通信方式以及强大的多媒体功能，使越来越多的人都感受到了互联网对社会发展的巨大推动力量，网络营销逐渐成为一种新型的营销方式，也随之出现了越来越多的网络消费者。

网络消费者有狭义和广义两种理解：狭义的理解指在网上购买网络产品的人。广义的理解指所有上网的人（网上购物者和网上冲浪者），即全体网民。虽然网上冲浪者更多的是浏览网页或玩玩游戏，并不是真正地去购买网络产品，但他们的存在刺激了网络的运用，使更多的人了解网络营销，进而成为网络消费者。

2. 网络消费者的需求

消费者购买行为的产生总是直接或间接地为了满足某种需求，由需求产生购买动机，进而导致购买行为。因此，研究消费者的购买行为首先要研究人们的购买需求。

（1）传统的消费者需求层次理论

美国心理学家马斯洛的需求层次理论对网络消费者的需求分析也有重要的指导作用。马斯洛把人的需求分为生理需要、安全需要、社交需要、尊重需要和自我实现的需要，其理论依据是两个基本假设：一是人的需要由低级到高级排成一定的层次，当人的某一层次需要得到满足以后才会追求高一层次的需要，网络消费者的需求同样如此。当消费者满足了一般购物需求后，就会对购物产生更多的要求，如购物环境、销售员、商店知名度等，并希望足不出户在家里就能购物或享受服务。网络营销的诞生满足了这种需要。

（2）虚拟市场中消费者的新需求

马斯洛的需求层次理论可以解释虚拟市场中消费者的许多购买行为，但是，虚拟市场与现实市场毕竟有很大并差别，马斯洛的需求层次理论也需要不断补充。信息网络的发展构成了一个虚拟社会，它不但在聚集信息而且在聚集人，因为这个虚拟社会提供了一个吸引人的环境。这种环境的维系，靠的是人们的互相联系，人们在虚拟社会中建立信息关系并进行信息交易。人们希望在虚拟市场中能满足以下三种基本的需要：兴趣、聚集和交流。

兴趣：每个人都有自己的兴趣，有的喜爱音乐，有的热衷于收藏，有的酷爱读书。如果同时有几种满足人们需求的目标可供选择，那么人们总是根据自己的兴趣而决定被选择的对象。互联网用户之所以热衷于网络漫游，是因为他们对网络活动有极大的兴趣。对网络活动的兴趣主要来自两种内在驱动力：一是探索，网络给人们展示了一个前所未有的广阔世界，从各种各样的科学知识、文化信息到眼花缭乱的网上商品，还有千奇百怪的娱乐活动等，网络上似乎无所不包，人们带着新奇的心理探究秘密，驱动自己在网络上尽情遨游；二是成功，当人们在网上购买到需要的商品，在网上找到自己需求的资料、软件、游戏等时，自然会产生一种成功的满足感，随着这种满足感的不断加强，人们对网络接受的程度也会不断增强，新知识的吸引力、创造性思维的兴奋感使用户对网络乐此不疲。

聚集：在现代社会中，由于工作强度的提高和工作范围的扩大，人们没有时间常常聚集在一起。虚拟的社会给人们提供了一个聚集的机会，特别是给那些具有相似经历的人们。如在网上开辟“在线投资”，为投资者或证券持有者提供支持。参加“在线投资”的人们聚集在一起，查阅或谈论有关上市公司信息，分析如何认识、对待目前的证券市场，如何进行证券投资等。在过去，他们只能从相关的书籍和资料上得到这方面的信息现在。现在，这种信息的来源可建立在能够使人们聚集在一起分享相关资料和个人经历的基础上。

交流：聚集起来的人们，自然产生一种信息交流的需求。随着信息交流的频率加快和范围扩大，使对某些种类的产品和服务有相同兴趣的成员聚集在一起，形成商品或信息交易的网络。在这个虚拟社会中，参加者大都是有目的的，所谈论的问题集中于商品质量的好坏、价格的高低、库存量的多少、新产品种类以及商品买卖的信息和经验等。

网络营销商要想在互联网上获得成功，网络营销计划除了需要考虑传统市场中顾客的各种需求外，还必须考虑到互联网用户的兴趣、聚集、交流等方面的需求。企业在设计网站时要注意调动顾客兴趣，创造和谐的气氛，提供丰富的信息资源共享源，以聚集顾客，最后达到扩大销售的目的。

3. 网络消费者的需求特征

电子商务的出现，使消费观念、消费方式、消费者的地位发生了前所有的变化，使当今的企业面临着前所有的激烈竞争，市场正由卖方垄断向买方垄断演变，消费者主导的营销时代已经来临。网络消费者心理与普通消费者相比呈现出新的特点：

（1）个性消费的回归

在短缺经济或垄断市场条件下，消费者可以挑选的产品很少，因而个性不得不被压抑。今天，市场经济迅速发展，产品品种丰富、数量充足，消费者能够以个人心理愿望为基础来挑选和购买商品或服务。每一个消费者都是一个细分市场，个性化消费正在成为消费的主流。

（2）需求的超前性和可诱导性

网络消费者的主流是具有一定超前意识的中青年，他们对新生事物反应灵敏，接受速度快。网络营销构造了一个世界性的虚拟市场。在这个市场中，最新最好的商品会以最快的速度与消费者见面，具有创新意识的网络消费者必然会很快接受这些新的商品，从而带动周围消费者新一轮的消费热潮。作为网络营销者应当采取相应的营销策略，设法刺激他们的购买欲望，诱导网络消费者的潜在需求，使之成为现实需求。

（3）消费的主动性增强

随着消费者购买商品可选择的余地越来越大，购买商品的风险也随之上升，因而对那种单向的“填鸭式”“轰炸式”的营销宣传越来越感到厌倦和不信任。消费者在购买商品时会主动通过各种可能的途径获取与商品有关的信息并进行分析比较，从中获得心理上的平衡，以减轻风险感和购买后的不满意感。消费者主动性的增强来源于现代社会不确定性的增加和人类心理稳定和平衡的欲望。

（4）消费需求的差异性

由于网络消费者所处的时代不同，又来自世界各地，国别不同，民族不同，风俗习惯和宗教信仰也不同，产生了不同的需求层次，即使在同一需求层次上的需求也会有所差异，网络消费者消费需求的差异性与普通消费者相比有过之而无所不及。

4. 网络消费者的需求动机

（1）理智动机

理智购买动机基本上受控于理智，而较少受到外界刺激的影响。这类网络消费者具有较高的分析判断能力，他们的购买行为是在反复比较各个网上商店的商品，并对要购买的商品的性能特点、使用方法、价格及保证等全面了解之后才发生的。理智购买动机具有客观性、周密性和控制性的特点。

（2）感情动机

感情动机是由人们的情绪和感情所引起的购买动机。这种动机可分为两种类型：一种是由于人们喜欢、满意、快乐、好奇而引起的购买动机，它具有冲动性、不稳定的特点。如在网络上突然发现一件漂亮的衣服、一件新产品或一本好书，产生了冲动性的购买动机。另一种是由于人们的道德感、美感、群体感而引起的购买动机，它具有稳定性和深刻性的特点。

（3）惠顾动机

惠顾动机是指网络消费者由于对特定的网站、商品产生特殊的信任与偏好，从而习惯性地经常访问并购买的一种动机。产生惠顾动机有多种原因，如某一名牌产品具有相当的知名度，某一产品质量在网络消费者心目中树立了可靠的信誉，某一网站搜索引擎的便利、图标的醒目、网页设计的艺术感等。具有惠顾动机的网络消费者往往是某个网站的忠实用户。

5. 网络消费者的购买过程

网络消费者的购买过程，就是网络消费者购买行为形成和实现的过程。与普通消费者购买行为类似，网络消费者的购买过程也可以分为五个阶段：确认需求、探索解决方案、评价解决方案、购买决策和购后评价。

（1）确认需求

网络消费者首先要确认自己想要购买的商品或服务。在传统的购物过程中，人们对衣、食、住、行等的生理需要可以引发需求，外部刺激也可以成为需求“诱因”。对于网络消费者而言，诱发需求的动因更重要的是视觉和听觉，如文字表述、图片设计、声音配置、网页设计等。因此，网络营销者必须了解如何刺激网络消费者的需求，把握诱因，巧妙地设计网络营销策略，诱导人们的需求欲望。

（2）探索解决方案

消费者的需求一旦确认以后，就会收集商品的有关资料，收集资料的态度往往随需要程度的不同而变化，当需要还没有达到强烈程度时，消费者并不很积极地寻找资料。反之，就会积极地收集资料，以便做出购买决策。在传统的购买过程中，消费者的信息收集大都带有被动性，而网络购买的信息收集则具有较大的主动性。网络消费者商品信息的收集主要是在互联网上进行，一方面可以对初步了解的信息进行跟踪查询；另一方面，还可以在网上不断寻找新的购买机会。同时，网络消费者通过网上广告和对比各商家价格与服务质量，以及个人接触的渠道来探索所需的解决方案。

（3）评价解决方案

消费者对由各条渠道汇集而来的资料进行比较、分析，研究，了解各种商品的性能、特点、品牌、价格和服务等，结合自己的喜好和购买能力选择最为满意的商品。网络消费者不直接接触商品，其对网上商品的比较很大程度上依赖于网络营销者对商品的描述。因此，如何恰到好处地描述本企业产品，对网络营销者来说是一个非常重要的问题。

（4）购买决策

决策基本上反映了网络消费者的购买行为，这是网络消费者购买活动最主要的组成部分。网络消费者在完成了商品的评价选择之后，便进入到购买决策阶段。与传统的购买方式相比，网络购买决策有其自身特点。

①网络购买以理智动机为主。

在互联网上，消费者有足够的时间仔细分析商品的性能、质量、款式、价格等，从而从容不迫地做出选择。

②网络购买受外界影响较小。

消费者操作计算机进行商品选择，不受购物现场环境与气氛的影响。大部分的购买决策是独自做出或与家人、同事商量后做出，因而不易受外界环境的影响。在虚拟市场中，网络消费者在做出购买决策时一般具备以下条件：即对商家的信任感，对支付的安全感，对产品的好感。所以网络营销者要树立企业形象，确保客户支付及传递的安全，全面提高产品质量，只有这样，才能刺激消费者的购买欲望，并迅速做出购买决策。

(5) 购后评价

消费者购买某种商品，往往在使用后会通过家庭成员、朋友、亲戚与自我评价来对自己的购买选择进行检查和反省，重新考虑购买这种商品是否明智，价格是否合算、效用是否合理等，从而形成购后评价或感受，消费者的购后感受主要表现之一是否定的感觉。消费者购买某种商品以后，往往会怀疑自己的选择是否明智，如果改买其他商品会不会使自己更满意，于是产生一种不安的感觉。

消费的购后感觉是客观存在的，而且会影响到消费者重复购买行为，并影响到他人购买。因而，消费者购后感觉是一种重要的反馈作用，企业应及时了解这方面的反馈信息，采取相应的措施，以便招揽更多的顾客。

6.1.3 网络营销策略

网络营销已经逐步改变了传统的4P网络营销模式，而成为基于4Cs的网络营销模式，即消费者的需求及欲望（Consumer's needs and wants）、消费者获取满足的成本（Cost to satisfy wants and needs）、消费者购买的方便性（Convenience to buy）及与消费者的沟通（Communication）。

1. 了解消费者的需求，产品和服务以消费者为中心

产品策略是企业根据目标市场定位和消费者需求所做出的与产品开发有关的计划和决策。企业不仅关心产品的功能如何、质量如何、包装如何，还要考虑产品是否符合消费者的需要，是否能够给消费者带来实际的价值；企业在设计和开发产品时要考虑消费者的需求，使消费者的需求真正融入企业生产、投资、开发与研究等计划的制订中。如美国Dell公司，在1995年还是亏损的，但在1996年，它们通过互联网络来销售电脑，业绩得到100%增长，由于顾客通过互联网络可以在公司设计的主页上进行选择和组合电脑，公司的生产部门马上根据要求组织生产，并通过物流公司送货，因此公司可以实现零库存生产，特别是在电脑部件价格急剧下降的年代，零库存不但可以降低库存成本，还可以避免因高价进货带来的损失。

2. 以消费者能接受的成本定价

对于企业来说，成本策略就是强调“忘掉价格，考虑消费者为满足需求而愿意支付多少”。新型的价格应是以消费者能接受的成本来定价，并依据该成本来组织生产和销售。企业以消费者为中心定价，必须测定市场中消费者的需求以及对价格认同的标准。在互联网时代，消费者可以通过互联网提出可接受的成本，企业可以根据消费者的需求提供柔性的产品设计和生产方案供用户选择，直到消费者确认后再组织生产和销售，所有这一切都是消费者在公司的网站上完成的，并不需要专门的服务人员，因此成本也极其低廉。目前，美国的通用汽车公司允许消费者在互联网络上通过公司的有关导引系统来设计和组装满足自己需要的汽车，用户首先确定接受价格的标准，然后系统根据价格的限定来显示满足要求式样的汽车，用户还可以进行适当的修改，公司最终生产的产品恰好能满足消费者对价格和性能的要求。

3. 为消费者提供方便的购买渠道和服务

方便策略是企业根据消费者的利益和需要构建分销渠道，以减少流通环节，降低流通成本，从而将流通成本让利给消费者。随着生产力的提高和竞争的加剧，商家越来越注重减少中间环节，降低成本，直接把产品提供给消费者。例如，网上商店减少了许多中间环节，使交易更直接，特别是制造商官方的商城，如图6-4所示。

图6-4　小米商城官网

此外，很多网上商店在用户登录系统时，都提供了使用微信、支付宝、微博等第三方账号登录的方式，方便消费者，如图6-5所示；支付货款时，唯品会提供网银支付、快捷支付、货到付款、唯品花等多种方式，让消费者有更多的选择。

图6-5　当当网登录页面

4. 与消费者沟通

传统市场营销中的促销以企业为主体，缺乏与消费者沟通和联系，消费者只是被动地接受，结果促销成本高，效果往往不理想。网络营销则可利用技术的双向交互性，让消费者参与企业产品定制设计、网页设计和市场信息收集等。企业从单向营销信息灌输转变到与消费者之间双向的、互动的信息交流，由“消费者请注意”改变为“请注意消费者”。企业要多关注消费者的意见、建议和投诉，不断维护和客户的良好沟通和关系，培养客户的忠诚度。

【任务实施】

1. 分析网络营销和传统营销的关系。
2. 网络营销能够取代传统营销吗？谈谈你的观点，并与同学们交流。

【任务评价】

完成表6－1任务评价。

表6－1　任务评价

评定形式	自我评定（20%）	教师评定（80%）	任务总计（100%）
得分（100）			
总结			

【知识拓展】

网络商务信息的收集

网络商务信息是指存储于网络并在网络上传播的与商务活动有关的各种信息的集合，是各种网上商务活动之间相互联系、相互作用的描述和反映，是对用户有用的网络信息，网络是其依附载体。其内容包括商务数据、商务报告、广告信息、产品信息、市场供求信息、商务情报信息、经营管理信息等，可以表现为文字、数据、表格、图形、影像、声音等具体形态。

网络技术和电子商务的迅猛发展，使网络成为世界范围内查寻商务信息最现代化、应用最广泛的手段和途径，如何运用有效的途径与工具，在无序的海量网络信息中搜集企业所需商务信息，已成为现代企业管理者和经营者的必备能力之一。然而网络商务信息资源与传统商务信息相比，呈现无序、分散、动态的特征，检索难度较大，用户需要掌握一定的专业知识，并经过一段时间的经验积累。

1. 网络商务信息收集的基本要求

网络商务信息收集是指在网络上对商务信息的寻找和调取工作。这是一种有目的、有步骤地从各个网络网站查找和获取信息的行为。一个完整的企业网络商务信息收集系统包括先进的网络检索设备、科学的信息收集方法和业务精通的网络信息检索员。

网络营销离不开信息，有效的网络商务信息必须能够保证源源不断地提供适合于网络营销决策的信息。网络营销对网络商务信息收集的要求是：及时、准确、适度和经济。

（1）及时

所谓及时，就是迅速、灵敏地反映销售市场发展各方面的最新动态。信息都是有时效性的，其价值与时间成反比。及时性要求信息流与物流尽可能同步。由于信息的识别、记录、传递、反馈都要花费一定的时间，因此，信息流与物流之间一般会存在一个时滞问题。尽可能地减少信息流滞后于物流的时间即提高时效性是网络商务信息收集的主要目标之一。

（2）准确

所谓准确，是指信息应真实地反映客观现实，失真度小。在网络营销中，由于买卖双方不直接见面，准确的信息就显得尤为重要。准确的信息才可能导致正确的市场决策。信息失真，轻则会贻误商机，重则会造成重大的损失。信息的失真通常有三个方面的原因：一是信源提供的信息不完全、不准确；二是信息在编码、译码和传递过程中受到干扰；三是信宿（信箱）接收信息出现偏差。为减少网络商务信息的失真，必须在上述三个环节上提高管理水平。

（3）适度

适度是指提供信息要有针对性和目的性，不要无的放矢。没有信息，企业的营销活动就会完全处于一种盲目的状态，信息过多过滥也会使营销人员无所适从。在当今的信息时代，信息量越来越大，范围越来越广，不同的管理层次又对信息提出不同的要求。在这种情况下，网络商务信息的收集必须目标明确，方法恰当，信息收集的范围和数量要适度。

（4）经济

这里的“经济”是指如何以最低的费用获得必要的信息。追求经济效益是一切经济活动的中心，也是网络商务信息收集的原则。应当明确，我们没有力量，也不可能把网上所有的信息全部收集起来，信息的及时性、准确性和适度性都要求建立在经济性基础之上。此外，提高经济性，还要注意使所获得的信息发挥最大的效用。

2. 网络商务信息收集的方法

网络商务信息收集的方法主要有以下几种：

（1）浏览网络商务信息资源库

通过直接浏览相关网站获取所需商务信息，这是最简单、最直接的信息检索方式。专业商务网站所提供的信息容量大、内容全面、数据准确，按其发布的信息内容可分为综合性商务信息网站、地区性商务信息网站和专业性商务信息网站。

①综合性商务信息网主要有：中国政府网、中国经济信息网，国务院发展研究中心信息网、中华商务网。

②地区性商务（经济）信息网：北京经济信息网、浙江经济信息网、广东经济信息网等各省市经济信息网站。

③专业性商务信息网站：这类网站由政府或一些业务范围相近的企业或某些网络服务机构组建，面对本专业技术领域，专业针对性强、内容翔实、信息面较窄，向精深方向发展。如中国价格信息网、中国纺织经济信息网、中国制造网等。

（2）利用搜索引擎

搜索引擎是网络搜索工具的通称。用户利用搜索引擎，只需在检索框内输入关键词及其组配，或者按照分层类目结构依次逐一选择，就可以获取含有相关信息的大量网站，它是利用 Internet 商务信息资源的有效方式。常用的搜索引擎有百度、搜狗、搜搜、必应、中国搜索等。

（3）利用网络数据库

网络数据库具有信息量大、更新快、品种齐全、内容丰富、数据标引深度高、检索功能完善等特点，是经济研究最重要的信息源，也是获取商务信息的一个有效方式。如中国知网、万方数据库、中宏数据库等。

（4）利用网上电子报刊资源

网上电子报刊资源可分为纯网络电子报刊资源和印刷型报刊的网络版资源两种，其查找途径有两种：一是报刊杂志社建立的相应网站，可输入杂志名直接访问浏览，如《经济日报》《中国证券报》《中国经济信息》等；二是报刊杂志社委托报刊代理商或中间商提供的电子报刊，如清华同方代理制作的中国期刊网全文数据库、中国重要报纸全文数据库等，用户可以免费搜索信息，有偿提供全文浏览服务。

任务6.2　学习网络营销常用的方法

【任务描述】

小林大学毕业后，应聘到一家服装公司，被安排在市场销售部工作。该公司主要生产某品牌的男装，有T恤、衬衫、休闲裤等产品，在全国有不少销售代理商。该厂2013年在天猫商城开了一家品牌直销店，如何在网上进行销售推广就是目前主要的工作，部门负责人让小林草拟一份网络营销方案。小林查阅相关资料和案例，想先了解一下主要的网络营销方法。

【知识学习】

6.2.1　网络营销常用的方法

网络营销的方法很多，下面主要介绍企业官方网站、搜索引擎营销、第三方电子商务平台、电子邮件营销、网络广告、社会化媒体营销等。

1. 企业官方网站

在所有的网络营销工具中，企业网站是最基本的一种方法。按照企业网站的功能，将企业网站分为两种基本类别：信息发布型和网上销售型。有的企业网站功能主要是产品服务展示、树立品牌形象、提供消费者服务但并不能进行在线销售，如娃哈哈官方网站（www.wahaha.com.cn），但有的网站则不仅有上述功能，还能够进行在线销售，如海尔网上商城（http：//www.ehaier.com/）。企业官方网站可以实现网络品牌、网站推广、信息发布、产品展示、顾客服务等多种功能，是企业最重要的网络营销工具之一，如图6－6

所示。

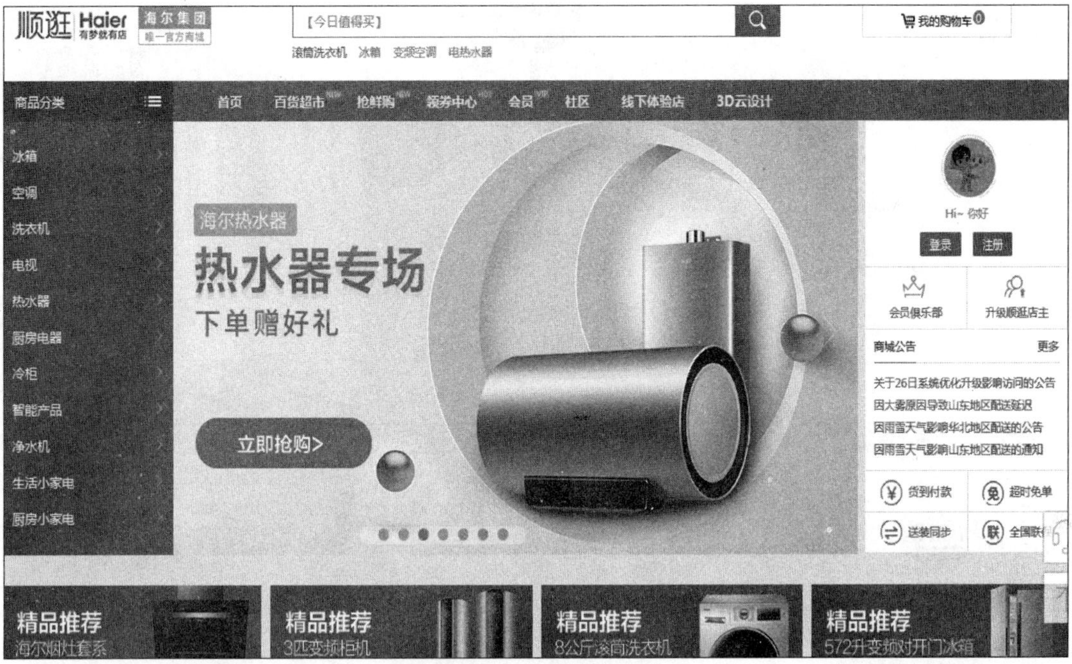

图 6－6　海尔官方商城

2. 搜索引擎营销

搜索引擎营销（Search Engine Marketing，SEM）是网络营销的一种新形式，SEM 就是企业有效地利用搜索引擎来进行网络营销和推广。搜索引擎营销的基本思想是让用户发现信息，并通过搜索点击进入网站（或网页），进一步了解他所需要的信息。简单来说 SEM 所做的就是以最小的投入在搜索引擎中获得最大的访问量并产生商业价值。

搜索引擎营销是网络营销的主要手段，对于网站推广、网络品牌、产品推广、在线销售等具有明显的效果。它通过较高的搜索引擎排名来增加网站的点击率，即浏览量，从而增加产品或服务销售额。根据网络调研数据，排名前 10 名的网站占据了 72% 的点击率，排名第 10～20 之间的网站拥有 17.9% 的点击率，而排名 20 以后的所有网站只有 10% 的点击率。但从实际情况来看，仅仅做到被搜索引擎收录并且在搜索结果中排名靠前还很不够，因为这并不一定能增加用户的点击率，更不能保证将访问者转化为顾客或者潜在顾客，还需要商家从产品或服务的质量、特色、满足消费者需求、营销策略等方面下功夫，吸引消费者购买，真正提高转化率。

SEM 营销方法内容包括：搜索引擎优化（搜索引擎自然排名）、分类目录登录、搜索引擎登录、付费搜索引擎广告、关键词广告、竞价排名、地址栏搜索、网站链接策略等，其主要内容如图 6－7 所示。

3. 第三方电子商务平台

第三方电子商务平台可以实现网上销售、信息发布、顾客服务等职能。入驻第三方电子商务平台，可以快速开店，进行在线销售、宣传产品和服务，并利用第三方平台流量大的特点提升品牌的知名度，如图 6－8 所示。

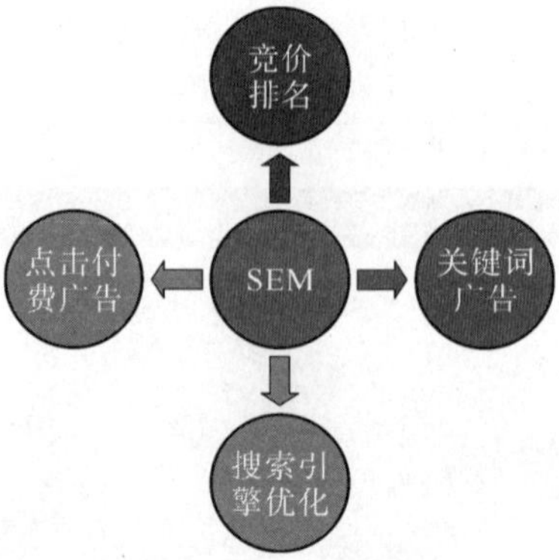

图6-7　搜索引擎营销

图6-8　海尔在天猫旗舰店首页

4. 电子邮件营销

电子邮件营销是通过电子邮件的方式向目标用户传递有价值信息的一种网络营销手段。电子邮件是一种有效、直接、低成本的信息传递工具，拥有用户的 E-mail 地址对企业开展网络营销具有至关重要的意义。电子邮件营销有三个基本因素：用户许可、电子邮件传递信息、信息对用户有价值，三个因素缺少一个，都不能称之为有效的电子邮件营销。电子邮件营销流程如图6-9所示。

5. 网络广告营销

网络广告是最常用的网络营销方法之一，在网络品牌宣传、网站推广、网络促销等方面均有明显的作用。与传统的四大传播媒体（报纸、杂志、电视、广播）广告及备受青睐的户外广告相比，网络广告具有得天独厚的优势——速度最快、效果理想，是中小企业提高知名度的很好途径，对于广泛开展国际业务的公司更是如此。网络广告常见的形式有按钮广告、文字链广告、旗帜广告、巨型广告、对联广告、摩天楼广告、视频广告、全屏广告等，如图6-10所示。

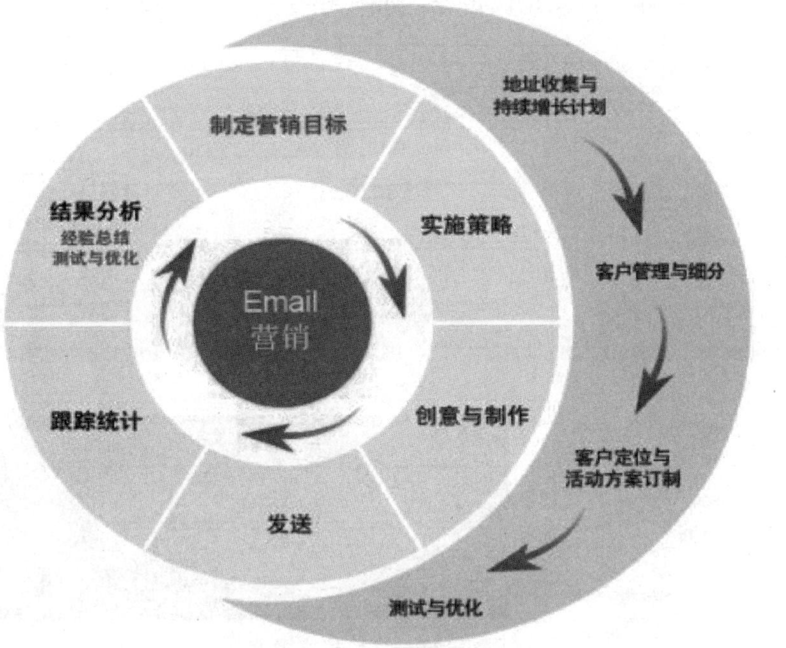

图 6－9　电子邮件营销流程图

图 6－10　网站页面中的网络广告

6. 社会化媒体营销

社会化媒体营销也被称为社交媒体营销，是指利用社交网站、在线社区、百科或者其他互联网协作平台和媒体来传播和发布资讯，从而形成的营销、销售、公共关系处理和客户关系服务维护及开拓的一种方式。一般社会化媒体营销工具主要包括微信、微博、论坛、问答社区、百科或通过自媒体平台发布视频等。如图 6－11、图 6－12 所示。

图 6－11　海尔官方微博

图 6－12　海尔社区

6.2.2　网络广告

1. 网络广告概述

网络广告是指在互联网上传播、发布的广告，或通过广告超级链接到广告主的网站上，让受众者了解广告销售商的更多信息，从而达到网络广告的目的。近年来，随着互联网经济的发展，互联网广告模式已经取代传统电视平台，成为重要的广告宣传渠道。2017 年中国网络广告市场规模达 3 828.7 亿元，在中国广告市场中占比超过 50%。随着互联网广告规模的不断扩大，预计到 2019 年中国网络广告市场规模将突破 6 000 亿元。2017 年中国各形式网络广告中，电商广告占比为 29.8%

2. 网络广告的特点

与传统的四大传播媒体（报纸、杂志、电视、广播）广告及备受垂青的户外广告相比，网络广告具有自己的特点。

（1）受众范围广且针对性强

网络广告通过互联网的传播全天 24 小时不间断地播出，任何人在任何地点随时可以阅读。在相关技术的支持下，广告主可将广告放在目标顾客喜欢的特定页面上。如企业的产品是面向女性的，那么其网络广告可以定位于女性，将广告放在受众是女性的一些网站上。

（2）形式灵活、修改方便、价格低廉

网络广告可以利用多媒体网络技术，以图文、声像等多种形式栩栩如生地展现信息。同时其制作费用相对于传统广告却非常低廉。此外，网络广告的修改和制作方便、灵活，随时可以进行。

（3）精确统计受众数量

在互联网上能通过权威公正的广告统计系统，提供庞大的用户跟踪信息库，从中找到很有用的反馈信息。网络广告商能统计出每个广告被多少个用户浏览过，这些用户查阅的时间和地理分布等信息，而传统的广告媒体是很难做到这一点的。

（4）灵活的交互方式

网络广告不同于传统媒体的信息单向传播，它是双向互动的传播。用户可选择自认为有价值的信息，商家也可获得用户的反馈信息。如除产品的概括介绍外，用户还可以选择更加详细的资料，或者进行在线咨询。

（5）可供选择的广告位置少

尽管网络广告影响力越来越大，但还有些网站的广告意识不强，页面上广告的位置不确定，使广告集中在知名的一些网站上，加剧了广告投放的紧张性；另外，网页上较好的广告位置只有顶栏和底栏处，所以常看到不同的广告在同一处轮换出现。

（6）创意空间的局限性

Web 页面上的旗帜广告效果好，但创意空间却非常小，大多只有 15 厘米宽、2 厘米高。在如此小的空间创意出有足够的吸引力、感染力的广告是极大的挑战。

网络广告的诞生使一些人认为大众传播的时代已经结束。《华尔街日报》曾危言耸听地预测：广告业可能没有机会延续到下一个世纪。但从广告媒体发展的历史来看，新媒体的出现只会为广告业拓展新天地，网络广告只是对传统广告的补充，只有掌握了网络广告的特点，扬长避短，才能给广告主和广告公司带来无限的商机。

3. 网络广告的类型

网络广告的表现形式丰富多彩，而且不断推陈出新。目前，主要的网络广告形式大致有以下几种：

（1）旗帜广告

网络媒体在自己网站的页面中分割出一定大小的一个画面（视各媒体的版面规划而定）发布广告，因其像一面旗帜，所以称为旗帜广告。如图6－13所示。

图6－13　旗帜广告

（2）按钮广告

按钮广告是最早和最常见的形式，它通常只显示公司、产品或者品牌的标志，点击它可以链接到广告主的主页或站点。如图6－14所示。

图6－14　按钮广告

（3）全屏广告

全屏广告通常在页面开始下载时出现，广告先把整个页面全部遮住，占据整个浏览器的幅面，并持续3秒以上。这种广告方式拥有很强大的视觉冲击力，但也可能招致网络用户的反感。如图6－15所示。

图6－15　全屏广告

（4）插页广告

插页广告又称弹出式广告，广告主选择某一网站或栏目之前插入一个新窗口显示广告内容，广告内容可能是文字、图片链接等多种形式。网络用户在登录网站的时候，会弹出广告页面。它们有点类似电视广告，都是打断正常节目的播放，强迫观看。插页广告尺寸大小不一，互动程度也不同。浏览者可以通过关闭窗口或者安装相应的软件来拒绝这些广告。如图6－16所示。

图6－16　插页广告

（5）漂浮广告

漂浮广告是指漂浮在网站首页或各版块页面的漂移形式的广告，可以是图片或是flash动画。

4. 网络广告的收费模式

网络广告的定价模式主要有千人印象成本、每次点击成本、每次行动成本、固定费率、每次购买成本等。

（1）千人印象成本（CPM）

印象指含有旗帜广告、图标广告和文字广告的页面被访问的次数，一次就叫一个印象。网站会使用程序来统计含有广告的页面被访问的次数，一般以广告网页被1 000次浏览为基准计价单位的收费模式，即CPM。例如，一个旗帜广告的单价是10元/CPM，意味着每一千人次看到这个广告就收费10元，依此类推，10 000人次访问的主页就是100元。若广告主购买20个CPM，那么他所投放的广告页面可以被浏览20 000次。

（2）每次点击成本（CPC）

点击次数是指网络广告被访问者点击浏览的次数，这种模式是按照广告被点击的次数来收取费用的。这种方式比 CPM 的费用要高得多，但广告主一般倾向于 CPC 的收费方式，因为它真实地反映了广告确实被看到了。

（3）每次行动成本（CPA）

广告主按照广告实际的投放效果缴费，而不计广告投放量。这种方式对网站有一定风险，但倘若投放成功，收益比 CPM 大得多。

（4）固定费率

有些广告商的广告费率是固定的，即每月或每年收取一笔固定数额的广告费。广告费的多少只和时间长短有关，与印象数、点击数无关。例如，搜狐网首页第一通栏广告，报价为 440 000 元/轮换·天。

（5）每次购买成本（CPP）

广告主为避免风险，只在用户点击广告并进行在线交易后，才按销售额付给网站费用。值得注意的是，在同一个网站中的不同页面层次和页面的不同位置，广告的效果和价格不同。目前国际通用的广告收费模式是 CPM 和 CPC，国内的网站广告提供商既有采用 CPM 的收费模式，也有采用固定费率、每次行动成本的收费模式的。但通常而言，CPM 和固定费率对网络广告提供商更有利，CPC、CPA、CPP 对广告主更有利。在不远的将来，总会有一个模式能满足双方的利益。

【任务实施】

小林撰写的网络营销方案可以采用哪些有效的营销方法呢？请给他提出建议，并与同学们讨论。

【任务评价】

完成表 6－2 任务评价。

表 6－2　任务评价

评定形式	自我评定（20%）	教师评定（80%）	任务总计（100%）
得分（100）			
总结			

【知识拓展】

抖音企业号，视觉场景营销红利时代不应该错过

进入 2018 年，“两微一抖”已经成为各大企业品牌营销的关注重点，在 2018 年 6 月 1 日抖音推出了企业号，对不同用户群提供不同价值的服务。当用户规模、使用习惯、人群画像等信息充足的情况下，商业运营的价值就越来越凸显，就如同微信当时推出公众号、朋友圈广告一样，只是此时的抖音在视觉场景营销上，形成了不一样的用户记忆点。

小米抖音号运营

一、抖音企业号的特点

品牌与用户连接离不开内容，古时用竹简、信，现代用报纸、广播、电视、互联网，如今媒介载体在变化，但是内容的核心都没有变，从文字到图片再到短视频，内容营销是品牌建设、品牌提升、品牌转化的重要方式，也是营销的内核，基于抖音企业号这个契机，我们来谈谈它的特点，希望给大家启发：

1. 品牌视频识别阵地

在用户越来越接受视频化表达时，品牌内容营销的核心表达方式在视频上也会随之增加比重，抖音短视频作为2018年第一季度苹果App Store下载排行榜冠军，其差异化的短视频UGC内容独树一帜，品牌以官方认证的企业身份在这样的阵地里通过视频与年轻用户沟通，传递品牌趣味化、实用化、娱乐化的一面。很多品牌的识别是通过一个LOGO、一个象征符号、一个直戳内心的口号、一条视频、一个活动……每一种表达方式都会加深用户对品牌的印象，尤其目前年轻化趋势下，用用户喜爱的方式传播，才是正道。

在抖音企业号中提升品牌视频识别的功能有哪些？

①蓝V官方认证标识：蓝V的认证标识、企业品牌头像、认证名称、头图等，这些都在增加品牌的权威性，如图6－17所示。

图6－17 企业抖音账号认证

②全昵称搜索置顶：认证后的抖音企业号在进行全昵称搜索中，会被置顶推荐，这种唯一性锁定可见抖音对此次企业号的重视。对于企业号有视频置顶服务，重点视频内容进行二次加热，带来更多曝光机会。

2. 品牌信息矩阵打通

抖音短视频与今日头条、火山小视频打通，平台间身份和权益同步，信息矩阵打通的思路有两点：

①平台间内容同步玩法：抖音短视频、今日头条、火山小视频，品牌用抖音或头条号账号申请认证通过后，平台间身份和权益同步。

②跨平台企业矩阵构建：不论在微博、微信，还是其他社交平台，再到抖音企业号，建立企业的官方号是矩阵的开始，对不同平台进行差异化定位，内容特点与平台相符，但是内

容风格要与品牌调性保持一致，使不同平台用户群对品牌都有统一认知，只是因不同的内容表达方式喜爱上了你的品牌。

3. 品牌转化的多元组合

抖音企业号相当于是给认证用户一个特权，链接跳转服务和垂直销售转化组件，在短视频吸引用户关注之后，探索转化是抖音在不断帮助企业提升的部分。

①链接跳转服务：目前这个地方可以把想放的链接、宣传内容（比如官网）都可以挂上，为品牌或产品呈现提供更多展示的机会和访问量。

②销售转化服务：赋予每一个行业的垂直转化组件，便于实现营销传播转化行为。

4. 品牌粉丝洞察与管理

对于品牌方来讲，都想了解当下年轻人在看什么内容、喜欢什么样的表达方式，怎么触及用户，让他们对品牌感兴趣，进而转化……当用户注意力发生不可逆的转移时，抖音已经形成独有的一二线城市年轻生态，95后、00后年轻用户带动80后、90后一起玩转抖音短视频“视界”。

抖音企业号也为品牌方提供：

①营销洞察：热点内容、视频数据、评论口碑等尽在掌握，专业洞察工具赋能企业高效营销；洞察这件事尤其是对品牌营销策略的制定有至关重要的作用，大家当下都在玩什么内容，企业可以参与借势，自己发布的内容视频数据分析，对优化调整内容策略有很大帮助。

②粉丝管理：粉丝画像分析，使企业更充分了解视频受众，便于调整推广策略，抖音快速得到用户的喜爱，也得到越来越多品牌的青睐。

二、抖音企业号的玩法

玩抖音企业号，针对玩法上有哪些建议？下面整理了比较容易上手且有效的7招，供您可参考：

第1招：玩产品

在产品上找卖点，比如抖音上面案例中的“飞机之家”就是直接把业务内容视频化，此类内容比较新奇容易引发大家关注，另外类似“海底捞”“答案茶”等品牌在抖音上的UGC内容也大都是源自产品，比如“海底捞的抖音吃法”，这种把原本产品的实现步骤、通过音乐短视频方式表现出来，实用且有趣。还有小米手机在抖音短视频的“玩产品”值得借鉴。如小米手机的抖音认证企业号中，短视频内容大都以产品功能、亮点为创意根本，比如六一儿童节，全选小米手机图标，留住抖音图标玩贪吃蛇……还有女生打开小米拍照录像功能录了一条视频等。

第2招：玩标签

在抖音上“玩标签”是指什么？通过发布系列内容形成用户对品牌的标签化认知，比如奥迪推出的系列剧情式短视频。

第3招：玩热点

在抖音中有很多热门的话题、热门的玩法、热门的音乐，企业号也可以选择适合的“拍同款”，那个“桃最娘子”就是这样的方式在运营抖音企业号。

第4招：玩达人

达人参与品牌的内容创作中，这样的玩法实现上不难，达人号直接参与创作是一种方式，可以植入产品，这种已经比较常见了，也可以自行发起挑战邀请达人参与，以及线下一起参加品牌活动一起玩抖音创作。如“抖音+必胜客”发起了“#DOU出黑，才够WOW#”挑战赛，必胜客针对年轻人推出WOW烤肉黑比萨，线上办公室小野、Hana大喵哥、宋秉洋、小安妮大太阳小土豆、Powerjun等6大达人明星引导示范，线下小安妮大太阳与小土豆两位红人分别带队，现场抖音挑战PK，知名歌手宋秉洋、冯建宇现场劲歌热舞表演互动，产生原创视频28 154个，挑战视频播放量1亿。

第5招：玩音乐

抖音上音乐已经成为很重要的流行指标，趣味音乐成为众多抖音达人模仿拍同款，品牌主也可以通过“玩音乐”的方式创造一首自己的趣味音乐，引爆流行。如宝骏汽车主打“刚刚好”的理念，推出了一首音乐《宝骏360真的刚刚好》，画面是一个跳舞的马，这也是宝骏汽车的LOGO形象演绎，歌词是“我有一点小肉肉，身材刚刚好，我有一点小放肆，尺度刚刚好……”截至目前已经吸引24.4万人使用。

第6招：玩特效

在抖音的玩法中，特效成为网友很喜欢的方式，短短的视频中可以有各种特效玩法，比如用贴纸的，还有拍摄技巧的，以及变幻莫测的特技效果，这些玩法企业号也可以玩起来，比如@智云稳定器就很喜欢用特效与产品结合。

第7招：玩仪式

品牌参与抖音创作，最好为产品创造一些仪式感，比如在抖音上火爆的“土耳其冰激淋”，还有“答案茶”品牌，所有内容中都有一些仪式感，且与产品符号、品牌调性相符，同时又易于在抖音传播。这种“仪式”的创造可以通过拆解产品使用步骤，或者放大产品某些环节，比如答案茶买茶提问的短视频，激发了大家的兴趣，这也是这个茶品牌的亮点。

三、抖音企业号注意事项

1. 趣味且实用，拒绝低俗模仿

品牌创造内容最好有趣，这也是在抖音上比较容易传播的内容，当然类似餐厅或者快消品推出的吃法类的实用短视频也大受欢迎，企业结合自身特点就可以创作很多内容。比如手机拍照方法、水的喝法和外包装创意等。

2. 巧妙结合热点，拒绝跟风无底线

热点话题、热门内容等可以参与，对于官方企业号有别于一般用户推出的作品，所以对于版权、底线一定要注意，针对地图规范使用、历史人物、竞争产品攻击等要提前做好规范。

抖音企业号来了，对于大多数品牌营销人来说是个不错的机会，趋势就像一匹马，你不能在后面追，而是要骑上去。抖音对于品牌主来讲，视觉的场景营销创新是值得大家关注与实践的，在这个红利阶段，你们都准备好了吗？

（摘自派代网，作者魏家东）

【项目总结】

网络营销是信息化社会必然产物，它是一种以互联网为营销环境、传递营销信息、沟通厂商及消费者需求的信息化过程，网络营销已成为企业在新一轮竞争中取胜的必由之路。本项目从网络营销职能和优势入手，对网络消费者进行了分析，介绍了网络营销的策略及常用方法，对网络广告的使用做了重点介绍。把网络营销理念和方法有效地运用到营销实践中，将会为企业带来丰厚的回报。

【课后习题】

一、单项选择题

1. 关于网络营销和传统营销的说法准确的是(　　)。

A. 网络营销暂时还是一种不可实现的营销方式

B. 网络营销不可能冲击传统营销方式

C. 网络营销最终将和传统营销相整合

D. 网络营销将完全取代传统营销

2. 4Cs 的营销策略包括欲望与需求、满足欲望成本、方便购买和(　　)。

A. 渠道策略　　B. 促销策略

C. 与消费者沟通　　D. 低价策略

3. 网络广告作为网络营销的重要手段，它所具有的特点是(　　)。

A. 受众数量不可准确统计　　B. 交互性强

C. 针对性不明确　　D. 高成本

4. 网络消费者由于对特定的网站、商品产生特殊的信任与偏好，从而习惯性地经常访问并购买的动机称为(　　)。

A. 理智动机　　B. 感情动机　　C. 惠顾动机　　D. 购买动机

5. 按千人印象成本收费模式，如广告提供商的千人印象成本广告价格为 100 元网站的访问率为 50 万人，那么广告主要付出（　　）购买广告

A. 5 000 元　　B. 5 万元　　C. 50 万元　　D. 2 000 元

6. 网络商务信息收集的要求是及时、准确、适度和（　　）。

A. 经济　　B. 合理　　C. 有效　　D. 真实

二、多项选择题

1. 网络营销与传统营销相比，变化表现在(　　)。

A. 网络营销下的生产商可以与最终用户直接联系

B. 网络营销改变了传统营销的销售方式

C. 网络营销使消费者有更大的选择范围

D. 网络营销将取代传统营销

2. 网络营销的职能主要有(　　)。

A. 网站推广　　B. 销售促进

C. 顾客服务　　D. 网上调研

3. 网络消费者的需求特征表现在(　　)。

A. 个性消费的回归　　B. 需求的超前性和可诱导性

C. 消费的主动性增强　　D. 消费需求的差异性

4. 网络营销常用的方法有（　　　　）。

A. 电子邮件营销　　B. 企业官方网站

C. 社会化媒体营销　　D. 网络广告

三、思考题

1. 试分析网络营销和传统营销的关系。
2. 4Cs 的网络营销策略的含义是什么?
3. 网络消费者的购买过程是什么?
4. 网络广告的收费模式有哪些?

【拓展学习】

1. 登录派代网（www. paidai. com）了解更多的网络营销案例。
2. 上网查找并学习搜索引擎优化的知识。
3. 登录搜狐网的广告服务中心，了解最新的网络广告的报价。

项目 7

电子商务物流

项目情景引入

“双十一”战绩背后：物流实力显著提升

2018 天猫双 11 总成交额达到 2 135 亿元，京东 11 · 11 全球好物节累计下单金额超 1 598 亿，苏宁拿出 4 秒破亿，50 秒破 10 亿的好成绩。

各电商平台实力都不容小觑，交易额屡破纪录，物流速度也显著提升。有网友称：“还没来得及退款，商家都已经发货了”。各电商平台拼完交易额后，剩下的就是拼“速度”，“双 11”当晚下的单，当晚就发货，这相比于前几年的“双 11”来说物流速度有了明显的转变。以往的“双 11”，消费者下单商家却迟迟不揽件，原本两三天就能到的快递，结果等了一星期快递还在路上。

各电商平台为了解决物流问题，都在发力分钟级配送，采取线上线下相结合的模式，借助快递物流数字化、智能化的升级，构建智能化物流体系。

菜鸟网络总裁万霖表示，天猫双 11 的包裹洪峰，是快递物流业的大考，更是一次提升能力的练兵场。天猫“双 11”全力打造智能物流骨干网，无论是物流园区、干线运输，还是中转分拨、末端配送，都通过技术高效连接，加快实现行业数字化、智能化升级。

京东物流启用机器人仓群，不同层级的无人仓数量达到 50 多个。在打包环节京东物流还最新投入应用高效环保的智能打包机，通过磁悬浮打包技术，智能打包机每小时打包量 1 000 件，较传统的打包作业提升 10 倍，一年可节省胶带约 2 500 千米，相当于 G7 高速全程。而在配送环节，京东物流研发团队则利用机器学习和运筹优化 VRP 技术，使京东每个车队每天可减少行驶路程 800 公里，全部车队可每天减少行驶 80 万公里，相当于绕地球 20 圈。还有无人车、无人机、外骨骼机器人、智能运筹系统等“黑科技”。据京东方面透露，京东“双 11”期间最快一单仅用时 4 分钟。

11 日凌晨，苏宁物流 79 个大小件中心仓，连同天天快递全国 100 多个分拨中心，超 10 万名物流人员，连夜投入到“双 11”订单分拣和发货工作中。据了解，苏宁易购“双 11”

第一单送达仅用了9分48秒，快递盒里装的是消费者刚抢购的新手机。

“双11”对于物流行业来说就是一次严峻考验，各电商平台纷纷采用智慧物流模式进行配送，将“黑科技”融入物流业，给整个物流行业带来新的转变，同时也为更多消费者带来更好的消费体验。

（摘自驱动中国）

项目学习目标

知识目标

1. 了解构成物流活动的要素
2. 熟悉物流的类别
3. 熟悉电子商务物流作业流程
4. 了解电子商务物流配送模式
5. 掌握快递业务的相关术语及电子商务快递的构成
6. 了解常用的电子商务物流技术，包括条形码技术、数据挖掘数据、射频识别技术、全球定位系统、自动跟踪技术等

能力目标

1. 熟悉物流的流程，理解物流与电子商务的相辅相成关系，具备电子商务物流管理策略分析能力
2. 能够结合具体企业说明电子商务物流配送的作业流程、物流配送模式
3. 掌握快递业务的总体流程
4. 具有初步物流信息采集设备的使用能力和物流信息处理能力

素质目标

1. 利用互联网不断学习新知识、新技术，有一定创新意识
2. 具有一定的归纳总结能力
3. 具有一定的团队合作精神和职业敬业精神

核心知识点

物流构成要素　物流类别　电子商务物流配送　快递业务流程　物流信息技术

任务7.1　认识电子商务物流

【任务描述】

“像送鲜花一样送啤酒，把最新鲜的啤酒以最快的速度、最低的成本让消费者品尝。”青啤人如是说。为了实现这一目标，青岛啤酒股份有限公司与香港地区招商局共同出资组建了青岛啤酒招商物流有限公司，双方开始了物流领域的全面合作。

自从合作以来，青岛啤酒运往外地的速度比以往提高了30%以上，山东省内300千米

以内区域的消费者都能喝到当天的啤酒，300千米以外区域的消费者也能喝到出厂一天的啤酒，而原来喝到青岛啤酒需要3天左右的时间。

同样，日本朝日啤酒的“总鲜度管理”为了实现生产8天内送到客户手里的目标，必须要考虑批发商的库存，如果工厂控制在5天以内，批发商必须在3天内出手，否则将无法达到目的。因此，公司在考虑批发商的库存等因素后决定控制出货量。为了实施“总鲜度管理”方案，朝日公司整体调整了管理体制。

决定物流速度的都有哪些物流环节（功能要素）？在电子商务环境下对物流有什么要求？

【知识学习】

随着电子商务的进一步推广与应用，物流对电子商务活动的影响日益明显。物流是信息流、商流和资金流最终得以实现的根本保证。物流是电子商务全过程中的关键环节，没有商品或服务的转移，信息流、商流和资金流无法真正实现。

7.1.1 物流概述

1. 什么是物流

物流（Logistics），简单地说就是货物从生产地到需求地的过程。以下分别介绍美国、日本、欧洲及中国对物流的定义：

（1）美国对物流的定义

原美国物流管理协会：“物流是供应链流程的一部分——从原产地到消费地的过程中，通过有效率和有效力的计划、实施和控制商品的储存和流动、服务和相关信息，以满足消费者的需要。”

美国后勤管理协会：“物流是有计划地对原材料、半成品和成品由其生产地到消费地的高效流通活动。这种流通活动的内容包括为用户服务、需求预测、情报信息联络、物料搬运、订单处理、选址、采购、包装、运输、装卸、废料处理及仓库管理等。”

美国物流学家查尔斯·塔夫：“物流是对到达以及离开生产线的原料，在制品和产成品的运输、存储和保护活动的管理。它包括运输、物料搬运、包装、仓储、库存控制、订货销售、选址分析和有效管理所必需的通信网络等。”

（2）日本对物流的定义

日通综合研究所：“物流是货物由供应者到需求者的物理性移动，是创造时间价值和场所价值的经济活动，包括包装、搬运、保管、库存管理、运输、配送等活动领域。”

日本工业标准的定义：“物流将实物从供给者物理性移动到用户这一过程的活动，一般包括输送、保管、装卸以及与其有关的情报等各种活动。”

早稻田大学教授阿保容司：“物流是克服时间和空间，连接供应主体和需求主体，创造部分形质效用的包括废弃和还原在内的一切有形无形资材的物理性移动的经济活动，具体地说有运输、保管、包装、搬运、流通加工等物资流通活动与之有关的信息活动。”

（3）欧洲对物流的定义

欧洲物流协会：“物流是在一个系统内对人员和商品的运输、安排及与此相关的支持活动进行计划、执行和控制，达到特定的目的。”

德国物流学者 R. 尤尼曼：“物流学是研究对系统（企业、地区、国家、国际）的物流及有关的信息流进行规划与管理的科学理论。”

（4）中国对物流的定义

《中华人民共和国国家质量标准物流术语》（GB/T 18354—2006）：“物流是物品从供应地向接受地实体流动过程。根据实际需要，将运输、仓储、装卸搬运、包装、加工、配送及信息处理等基本功能实施有机结合。”

2. 物流活动构成的要素

物流活动涉及面广、环节复杂，根据中国物流术语的定义，物流包括七个功能环节：运输、仓储、装卸搬运、包装、流通加工、配送及信息处理，具体介绍如下：

（1）运输

所有物品在发生流动的过程中，都离不开运输。运输是指用设备和工具，将物品从一地向另一地点运送的物流活动，其中包括集货、分配、搬运、中转、装入、卸下、分散等一系列操作。运输是物流的中心环节，也可以说是物流最重要的一个要素。在进行运输作业时主要考虑以下各方面的问题：运输方式（包括公路运输、铁路运输、航空运输、水路运输及管道运输）的选择、运输路线的确定、运输工具的配备、运输计划的制定、运输环节的减少、运输时间的缩减、运输质量的提高、运输费用的节约、作业流程的连续性和服务水平的提升等。

（2）仓储

仓储功能包括了对进入物流系统的货物进行堆存、管理、保管、保养、维护等一系列活动。仓储的作用主要表现在两个方面：一是完好地保证货物的使用价值和价值，二是为将货物配送给用户，在物流中心进行必要的加工活动而进行的保存。随着经济的发展，物流由少品种、大批量物流进入到多品种、小批量或多批次、小批量的物流时代，仓储功能从重视保管效率逐渐变为重视如何才能顺利地进行发货和配送作业。长期以来，仓储和运输被看作物流活动的两大支柱。

对储存系统进行设计时，应根据仓库所处的地理位置、周围环境及物流量的多少、进出库频度，考虑以下各方面的问题：仓库建设结构与合理布局；最大限度地利用仓库容积；货物堆码、存放的科学性；有利于在库物品的保养防护；加强入库验收、出库复核；加快出库、入库时间；降低保管费用；加强库存管理，防止缺货与积压；保证进出库方便和便于控制仓库容量。

（3）装卸搬运

装卸搬运是指在同一地域范围内（如车站范围、工厂范围、仓库内部等），改变“物”的存放、支承状态的活动。装卸是指物品在指定地点以人力或机械装入运输设备或卸下，是垂直方向的活动。搬运是指在同一场所内，对物品进行水平移动为主的物流作业，是水平方向的活动。搬运与运输不同，运输是对物品进行较长距离的空间移动为主的物流作业。

装卸搬运是各项物流过程中不可缺少的一项业务活动。特别是在运输和保管工作中，几乎都离不开装卸搬运，有时还是同步进行的。装卸搬运系统的设计，应根据其作业场所、所用机具及物流量的多少，考虑以下各方面的问题：装卸机械的选择；装卸机械化程度的确定；装卸辅助器具的选择：装卸搬运的省力化；制定装卸搬运作业程序；配合其他子系统协同作业；节约费用；操作安全。

（4）包装

在整个物流过程中，包装也是一个很重要的环节，是指为了在流通过程中保护产品、方便储运、促进销售，按一定技术方法而采用的容器、材料及辅助物等的总体名称。包装的作用是保护物品，使物品的形状、性能、品质在物流过程中不受损坏。通过包装还使物品形成一定的单位，便于作业。

包装分工业包装和商业包装。商业包装是以促进商品销售为目的的包装，这种包装的特点是：外形美观，有必要的装潢，包装单位应适合顾客购买量和商店设施的要求。工业包装又称为运输包装，是物资运输、保管等物流环节所需求的必要包装。工业包装以强化运输、保护商品、便于储运为主要目的。工业包装要在满足物流要求的基础上使包装费用越低越好。

（5）流通加工

流通加工是指物品在从生产地到使用地的过程中，为了促进产品销售、维护产品质量和实现物流效率化，根据需要施加包装、分割、计量、分拣、刷标志、拴标签、组装等简单作业的总称。流通加工是为了弥补生产过程加工的不足，更有效地满足用户或企业的需要，使产需双方更好的衔接。流通加工是生产加工在流通领域中的延伸，也可以看成流通领域为了更好地服务在职能方面的扩大。如对商品贴标签、分装等都属于流通加工活动。

（6）配送

配送是指在经济合理区域范围内，根据用户要求，对物品进行拣选、加工、包装、组配等作业，并按时送达指定地点的物流活动。配送提高了末端物流的经济效益。配送和运输不同，一般来说，运输指的是长距离大批量的运输，而配送是短距离小批量的支线运输、末端运输。运输和配送的区别如图 7－1 所示。

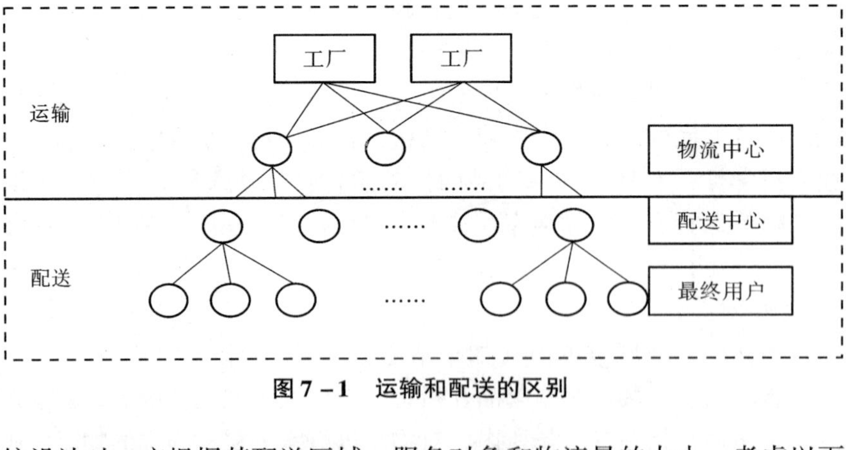

图 7－1　运输和配送的区别

配送系统设计时，应根据其配送区域、服务对象和物流量的大小，考虑以下各方面的问题：配送中心地址的选择；配送中心作业区的合理布置；配送车辆的配载；装卸机械的选用；配送路线的规划；配送作业的合理化；制定配送作业流程；配送及时性；收费便宜；服务水平高。

（7）信息处理

物流信息系统贯穿于物流各子系统业务活动之中，或者说物流信息系统支持着物流各项业务活动。通过物流信息的传递，把运输、储存、包装、装卸搬运、配送、流通加工等业务联系起来，协调一致，以提高物流整体作业效率，取得最佳的经济效益。在设计物流信息系统时，应考虑以下各方面的问题：处理收货业务各种信息；处理发运业务各种信息；选择运输车辆，计算装载效率；及时发出配送指示；按时计算费用，发出收费通知；汇集、整理费用资料，降低物流费用；及时反馈加强库存管理；处理往来顾客的信息；向生产部门反馈消费者意见；与社会其他情报部门进行交流；加强信息网络建设，使物流信息网络化；其他物流信息业务。

物流的各功能要素既相互区别又相互联系，以物资为工作对象，来完成物资物质实体流动为目的进行有机结合。

3. 物流的分类

现在，物流的理论在各个不同的社会经济领域中被应用，虽然不同领域中的物流存在着相同的基本要素，然而由于在不同领域中物流的对象、目的、范围和范畴的差异，就形成了不同的物流类型。但目前还没有统一的对物流进行分类的方法和标准。

物流的理论研究者将物流分为宏观物流和微观物流、社会物流和企业物流、国际物流和区域物流等。归纳起来，比较规范和便于研究的分类方法是按照物流系统的作用、属性及作用的空间范围等不同角度对物流进行分类。

（1）按照物流的作用分类

按照物流所起的作用可以将物流分为供应物流、销售物流、生产物流、回收物流、废弃物流，如图7－2所示。

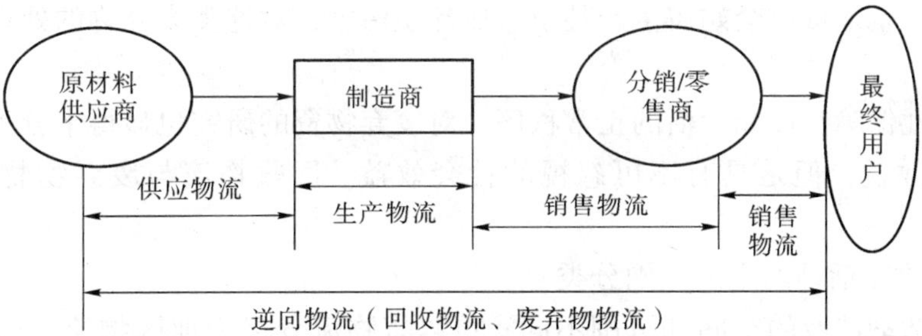

图7－2　供应物流、销售物流、生产物流、回收物流及废弃物物流的关系

①供应物流。

生产企业、流通企业或消费者购入原材料、零部件或商品的物流过程称为供应物流，也就是物资生产者、持有者至使用者之间的物流。工厂的供应物流是指生产活动所需要的原材料、备品备件等物资的采购、供应活动所产生的物流。流通领域的供应物流是指交易活动中从买方角度出发在交易中所发生的物流。对于一个企业而言，企业的流动资金十分重要，但大部分是被购入的物资和原材料及半成品等所占用的，因此供应物流的合理化管理对于企业的成本有重要影响。

②销售物流。

生产企业或流通企业售出产品或商品的物流过程称为销售物流，也是指物资的生产者或持有者与用户或消费者之间的物流。工厂的销售物流是指售出产品。流通领域的销售物流是指在交易活动中从卖方角度出发的交易行为中的物流。

企业通过销售物流，可以进行资金的回收并组织再生产的活动。销售物流的效果关系到企业的存在价值是否被社会承认。销售物流的成本在产品及商品的最终价格中占有一定的比例。因此，销售物流的合理化在市场经济中可以起到较大地增强企业竞争力的作用。

③生产物流。

生产物流包括从工厂的原材料购进入库起，直到工厂成品库的成品发送出去为止的物流活动的全过程。生产物流和工厂企业的生产流程同步，企业在生产过程中，原材料、半成品等按照工艺流程在各个加工点之间不停顿的移动、流转形成了生产物流，如果生产物流中断，生产过程也将随之停顿。

生产物流的重要性体现在如果生产物流均衡稳定，可以保证在制品的顺畅流转，缩短生产周期；如果生产物流的管理和控制合理，也可以使在制品的库存得到压缩，使设备负荷均衡化。因此，生产物流的合理化对工厂的生产秩序和生产成本有很大影响。

④回收物流。

商品在生产及流通活动中有许多要回收并加以利用的物资，例如：作为包装容器的纸箱和塑料筐等；建筑行业的脚手架；对旧报纸和书籍进行回收、分类再制成生产的原材料纸浆；利用金属废弃物的再生性，在回收后重新熔炼成有用的原材料等。

⑤废弃物流。

商品的生产和流通系统中所产生的无用的废弃物，如开采矿山时产生的土石、炼钢生产中的钢渣、工业废水以及其他各种无机垃圾等。这些废弃物已没有再利用的价值，但如果不妥善加以处理，就地堆放会妨碍生产甚至造成环境污染，对这类废弃物的处理过程产生了废弃物流。

为了更好地保障生产和生活的正常秩序，对废弃物资的研究也显得十分重要。虽然废弃物流没有经济效益，但是具有不可忽视的社会效益。回收物流与废弃物物流构成了逆向物流。

（2）按照物流活动的空间范围分类

按照物流活动涉及的空间和范围不同，可以将物流分类为地区物流、国内物流和国际物流。

①地区物流。

研究地区物流对于提高所在地区的企业物流活动的效率，以及保障当地居民的生活环境，具有不可缺少的作用。对地区物流的研究应根据所在地区的特点，从本地区的利益出发组织好相应的物流活动，并充分考虑到利弊两方面的问题，要与地区和城市的建设规划相统一。例如，某地区计划建设一个大型物流中心，这将提高当地的物流效率、降低物流成本；但也应考虑到会引起供应点集中所带来的一系列交通问题。

研究地区物流时对地区的划分，可以按不同的目的进行：比如按涉及行政区域划分；按一定的经济圈划分，如苏（州）（无）锡常（州）经济区、黑龙江边境贸易区等；按地理位置划分，如珠江三角洲地区、西部地区等。

②国内物流。

为国家的整体利益服务、在国家自己的领地范围内开展的物流活动称为国内物流，国内物流作为国民经济的一个重要方面，应该纳入国家总体规划。中国的物流事业是国家现代化建设的重要组成部分，因此国内物流的建设投资和发展必须从全局着眼，清除部门和地区分割所造成的物流障碍，尽早建成一些大型物流项目为国民经济服务。国内物流作为国家的整体物流系统，它的规划和发展应该充分发挥政府的行政作用，具体包括以下内容：

◇ 物流基础设施如公路、港口、机场、铁路的建设以及大型物流基地的配置等。

◇ 各种交通政策法规的制定，包括铁路、公路、海运、空运的价格规定以及税收标准等。

◇ 为提高国内物流系统运行效率，进行与物流活动有关的各种设施、装置、机械的标准化。

◇ 对各种物流新技术的开发和引进以及进行对物流技术专门人才的培养。

③国际物流。

对国家之间和世界各大洲之间进行的原材料与产品的流通称为国际物流。当前的世界已成为地球村，国家与国家之间的经济交流越来越频繁，各国的经济发展已经融入了全球的经济潮流之中；另外，企业的发展也走向社会化和国际化，出现了许多跨国公司，使一个企业的经济活动范畴遍布世界各大洲。因此，国际物流已成为物流研究的一个重要分支并显得越来越重要。

（3）按照物流活动的主体分类

按照物流活动的承担主体，物流可以分为企业自营物流、专业子公司物流和第三方物流。

①企业自营物流。

自营物流主要是指工业企业自己经营的物流，而它的主要的经济来源不在于物流。比如说海尔，就是自营物流。海尔的最大利润源不是物流，但它有能力自身承担物流业务并且从中获利。

企业自营物流有以下优点：掌握业务控制权，争取市场主动；盘活企业资源，开辟第三利润源泉；降低转置成本，减少外购交易风险；避免机密泄露，保护企业经营安全；降低系统运作成本，实施企业物流一体化管理；提升顾客满意度，提高企业品牌价值。

②专业子公司物流。

物流专业子公司一般是指从企业传统物流运作功能中剥离出来，成为一个独立运作的专业化实体。它与母公司（或集团）之间的关系是服务与被服务的关系。它以专业化的工具、人员、管理流程和服务手段为母公司提供专业化的物流服务。与传统企业的自营物流相比，专业子公司更加注重对物流过程一体化的管理和物流资源的合理化配置，能使物流效率最大化，并能有效地控制总成本达到最低水平。一些规模较大的专业化子公司还可以利用自身的专业化优势为同行业的其他企业提供第三方物流服务。如国美电器公司成立物流子公司，为自己主营业务提供物流服务。

③第三方物流。

第三方物流是指企业为了更好地提高物流运作效率及降低物流成本，而将物流业务外包给第三方物流公司的做法。这是跨国公司管理物流的通行做法。将非核心业务外包给在该领域具有专长或核心竞争力的专业公司相互协调和配合来完成，这样形成的供应链具有最大的竞争力。通过第三方物流企业提供的物流服务，有助于促进货主企业的物流效率和物流合理化。在中国发展现代物流的过程中，第三方物流将成为未来较大的市场潜在需求，如嘉里大通物流公司为云南白药提供物流服务。

7.1.2 电子商务与物流的关系

电子商务即利用电子信息进行商业活动的一种贸易形式，常见的有网上购物，网上投资，网上交易等活动形式。物流行业即利用交通运输和信息传递，进行物品的多地点运输和转移。电子商务和物流行业之间有密不可分的关系。

1. 物流对电子商务的作用

（1）物流是电子商务实现的关键环节

电子商务的任何一笔交易都由信息流、商流、资金流、物流等四个基本部分组成。信息流是指商品信息的提供、技术支持、物流状态信息、售后服务等内容，也包括诸如询价单、报价单、付款通知单、转账通知单等商业贸易单证以及交易方的支付能力和支付信誉。商流指商品在购、销之间进行的交易和商品所有权转移的运动过程，具体是指商品交易的一系列活动。资金流主要是指交易的资金转移过程，包括付款、转账兑换等过程。物流指商品和服务的配送和传输渠道，对大多数商品和服务来说，物流仍然经过传统的渠道——运输、储存、配送、装卸、保管、物流信息管理等环节来完成，而对有些商品和服务来说，可以直接以网络传输的方式进行配送，如各种电子出版物、信息咨询服务、有价信息等。

在电子商务交易中，强调信息流、商流、资金流和物流的整合，物流是商务活动实现的关键环节，而信息流作为连接的纽带贯穿于电子商务交易的整个过程中，起着串联和监控的作用。

（2）物流是实现电子商务的保证

无论是传统的贸易环境还是在电子商务的环境下，生产都是商品流通的开始，而商品生产及销售的顺利进行需要各类物流活动支持，整个生产过程实际上就是一系列的物流活动，包括供应物流、生产物流、销售物流、回收物流、废弃物流。

在商品生产及销售的过程中，现代化的物流活动可以降低生产成本、优化库存结构、减少资金占压和缩短生产周期，最终保障了生产及销售的高效进行。相反，如果没有现代物流的支持，商品的生产将难以顺利进行，电子商务交易模式将会先天不足，优势不复存在。

（3）物流为电子商务提供了很好的媒介

随着商业经济的高速发展，电子商务为消费者和卖家两者提供了很好的交易平台，物流成了电子商务的媒介。作为电子商务的重要媒介，物流进行卖家与买家之间的配送，保证了电子商务的良好运行。物流行业一旦出现配送慢，服务态度差等问题时，就会影响电子商务的效率和发展。因此，作为电子商务的重要媒介，物流不仅要保证配送的准确率和速度，而且还要注重其发展水平的提升，使企业保持良好的实力，从而更好地促进电子商务的发展。

2. 电子商务对物流的影响

（1）电子商务引领着物流的发展方向

随着科技的高速发展，电子商务逐渐取代传统商务模式。电子商务的主导地位对物流造成了很大的影响，使物流的产业结构、具体流程以及服务标准发生了很大的变化，电子商务的发展很大程度上引领着物流发展的方向。

（2）电子商务使物流行业的经营模式得到了很大改变

传统的物流行业仅限于简单的运输，且主要以长途运输为主，存在成本投入巨大且经济效益低的弊端。随着电子商务的出现，物流行业不仅仅局限于长途的单一运输，渐渐地进行短距离的配送，经济成本低且收效明显。电子商务的发展，使物流实现了集中运输，减少了运输成本，而且也使消费者的权益得到了很好的体现。

（3）电子商务使物流业发展观念发生改变

电子商务的高速发展，使人们的购物习惯和生活习惯发生了巨大的改变，同时也使得物流行业的发展观念发生了相应的改变。物流业作为电子商务的主要媒介，其商业运作模式也进行了深刻的改革，使其服务水平也进入了新的阶段，新兴物流行业也逐渐取代了传统物流产业。物流行业的行情受到电子商务的主导，每逢购物高峰期，物流的压力随之增大，出现了货物更新慢、运输慢等一系列问题，因此物流行业仍需要进行深刻的变革，尽快适应当前电子商务发展的速度。

（4）电子商务促进了物流经济的地位提升

随着电子信息技术的飞速发展和运输行业的更新换代，物流的地位也得到了非常显著的提升，同时物流行业也蕴藏着巨大的潜力和发展机遇。电子商务伴随着互联网的高速发展，对当前的经济模式造成了十分显著的影响。电子商务的发展使很多产业从无到有，带动了社会经济的发展，其中，物流行业得到最大的发展，物流的地位得到了很大的提升。离开了物流行业，电子商务的作用将得不到很好地发挥，物流作为连接卖家和买家的重要媒介，其发展水平直接影响着电子商务在消费者心中的地位。由此可见，物流在电子商务发展过程中具有至关重要的地位，在当前经济中占有重要地位。

国务院办公厅关于推进
电子商务与快递物流协同发展的意见

【知识拓展】

现代物流管理追求的“5S”目标和“7R”目标

1.“5S”目标

①服务目标（service）：物流系统是“桥梁、纽带”作用的流通系统的一部分，它具体地联结着生产与再生产、生产与消费，因此要求有很强的服务性。物流系统采取送货、配送等形式，就是其服务性的体现。在技术方面，近年来出现的“准时供货”。

②快速、及时目标（speed）：（快捷目标）及时性不但是服务性的延伸，也是流通对物流提出的要求。快速、及时既是一个传统目标，更是一个现代目标。其原因是随社会生产发展，这一要求更加强烈了。在物流领域采取的诸如直达物流、联合一贯运输、高速公路、时间表系统等管理和技术，就是这一目标的体现。

③节约目标（space saving）：（有效利用面积和空间目标）节约是经济领域的重要规律，在物流领域中除流通时间的节约外，由于流通过程消耗大而又基本上不增加或提高商品使用价值，所以通过节约来降低投入，是提高相对产出的重要手段。

④规模化目标（scale optimization）：（规模适当目标）以物流规模作为物流系统的目标，是以此来追求"规模效益"。生产领域的规模生产是早已为社会所承认的。由于物流系统比生产系统的稳定性差，因而难于形成标准的规模化格式。在物流领域以分散或集中等不同方式建立物流系统，研究物流集约化的程度，就是规模优化这一目标的体现。

⑤库存调节目标（stock control）：（库存控制目标）是服务性的延伸，也是宏观调控的要求，当然，也涉及物流系统本身的效益。在物流领域中正确确定库存方式、库存数量、库存结构、库存分布就是这一目标的体现。

2. "7R" 目标

将适当数量（right quantity）的适当产品（right product），在适当的时间（right time）和适当的地点（right place），以适当的条件（right condition）适当的质量（right quality）和适当的成本（right cost）交付给客户。

【任务实施】

1. 物流的七个功能要素分别是什么？解决物流最后一公里（末端物流）的是物流的哪项功能？

2. 电子商务与物流存在哪些相辅相成的关系？

【任务评价】

完成表7－1任务评价。

表7－1　任务评价

评定形式	自我评定（20%）	教师评定（80%）	任务总计（100%）
得分（100）			
总结			

任务7.2　电子商务与物流配送

【任务描述】

京东商城是全国最大的B2C网站之一，拥有自己的物流团队，有自己所独有的物流模式，物流的改变，使京东的信誉和订单量有了进一步增加。

随着电子商务的发展，目前物流问题一直是制约电子商务企业进一步发展的瓶颈，而在各种电子商务模式中，受物流配送影响和制约最大的是B2C企业，作为一家典型的B2C企业，京东商城也面临着同样的问题。为解决这一瓶颈，京东商城选择了自建物流体系，这样能够将物流最大限度地控制在自己手里，并且形成了对整个供应链链条的控制，自建物流体系为京东商城保持高速发展提供强有力的支撑，大幅提升其在全国的配送速度，服务质量更将得到改善，并能够帮助京东商城将物流从成本控制中心转变成未来新的盈利点。这也能够形成京东商城的差异化战略，提高了电子商务网站竞争的门槛。

京东商城的物流模式分别有什么优势和弊端？是否有其他可选择的物流模式？

【知识学习】

电子商务模式下，需求商与供应商、消费者与生产商直接交易，虽然少了中间环节，但由于需求商往往需要多批次、少批量的货物，而消费者所购的商品更是少而单一，而且供需双方所在地也不确定，能否快速、低廉地将产品交付就成了电子商务交易中急需解决的一个问题。建成一个高效、现代化的物流配送体系是解决这一问题的有效途径。

7.2.1　电子商务物流配送概述

1. 物流配送的概念

物流配送是物流活动的主要功能要素，是末端物流。配送几乎包括了所有的物流功能要素，是物流活动的一个缩影或在某个小范围中物流全部活动的体现，因此有人称配送为“小物流”。一般的配送集装卸、包装、保管、运输于一身，通过这些活动将货物送达目的地。特殊的配送则还要以配送加工活动为支撑（如生鲜食品），因此涉及的范围更广。但我们不能将配送等同于物流。因为，配送强调的是一种小范围、短距离的物流活动。同时，配送的主体活动也和一般物流不同。一般物流活动的主要工作是运输及存储，而配送则是运输及分拣配货，分拣配货是配送的独特要求，也是配送中心有特点的活动，以送达最终客户为目的的运输则是最后实现配送的主要手段。物流配送的一般流程如图7－3所示。

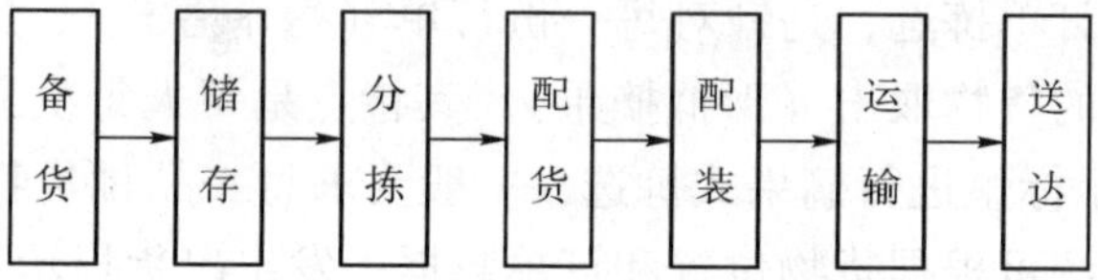

图7－3　物流配送的一般流程

2. 电子商务物流配送

电子商务中的物流配送是一种新型物流配送，它是指物流配送企业采用网络化的计算机技术和现代化的硬件设备、软件系统及先进的管理手段，针对社会需求，严格地、守信用地按用户的订货要求，进行一系列分类、编配、整理、分工、配货等理货工作，以定时、定点、定量地交给没有范围限制的各类用户，满足其对商品的需求。可以看出，这种新型的物流配送是以一种全新的面貌，成为流通领域的先锋。

电子商务物流配送的主要业务流程如图7－4所示。

下面将逐一介绍电子商务物流配送环节的各项业务。

（1）进货

为销售而购进货物或引进货物。可以预先设定一个订货点和最大库存，随时检查库存，当库存下降到订货点时发出订货（定量订货法），也可以预先设定订货间隔时间，常采取月

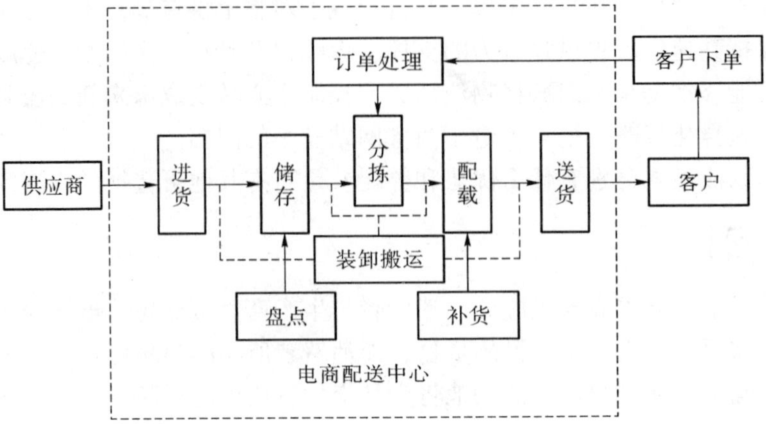

图7－4　电子商务物流配送的主要业务流程

或季度作为库存检查周期，或者计算使库存成本最有利的订货周期，每次进货数量可能发生变化进行补充库存（定期订货法）。

（2）储存

通过仓库对货物的保管活动，实现了商品的时间价值。储存功能是物流的一个功能环节，这部分内容已经在第一节做了介绍。

（3）配送分拣

配送分拣也称拣货，是指物流配送中心依据顾客的订单要求或配送计划，迅速、准确地将商品从其储位或其他区位拣取出来，并按一定的方式进行分类、集中的作业过程。分拣包括摘果式拣选和播种式拣选。

①摘果式拣选。

摘果式拣选也称按订单拣选，是针对每一份订单（每个客户），拣货人员或设备巡回于各个货物储位，将所需的货物取出（形似摘果）。其特点是每人每次只处理一份订单（或一个客户）。应用电子显示标签进行摘果式拣选，一般要求每一品种货物（货位）对应一个电子标签，控制计算机系统可根据货物位置和订单数据，发出出货指示并使货架位上的电子显示标签亮灯，操作员根据电子标签所显示的数量及时、准确地完成商品拣货。使用电子标签的摘果式拣选系统示意图如图7－5所示，电子标签分拣系统如图7－6所示。

图7－5　电子标签的摘果式拣选系统示意图

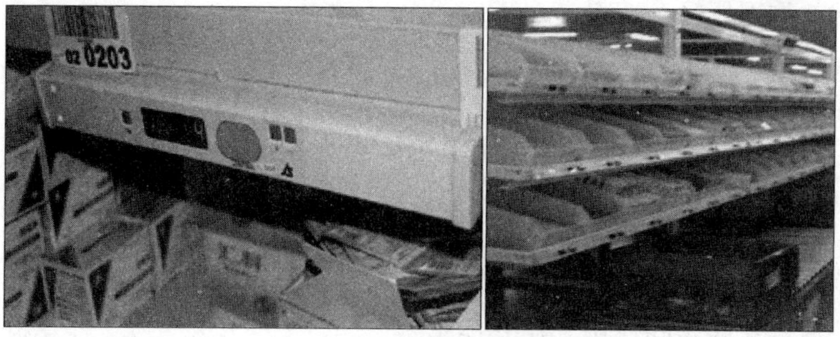

图7－6　电子标签分拣系统

②播种式拣选。

播种式分拣也称按商品汇总拣选，是把多份订单（多个客户的要货需求）集合成一批，把其中每种商品的数量分别汇总，再逐个品种对所有客户进行分货（形似播种）。所以，称其为“商品别汇总分播”更为恰当。应用电子显示标签的播种式分拣系统，其每个电子标签货位代表一张订单（一个客户），操作员先通过条码扫描把将要分拣货物的信息输入系统中，需要货物的（客户）分货位置所在的电子标签就会亮灯，同时显示出该位置所需分货的数量。载有一个品种货物的拣货人员或设备，巡回于各个客户的分货位置，按显示数量分货。图7－7是播种式分拣示意图。

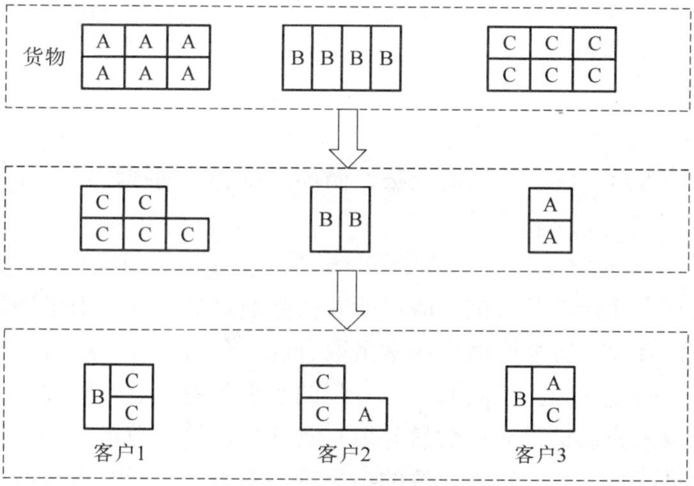

图7－7　播种式分拣示意图

（4）配载

配载又称配装，是指为具体的运班选配货载，即承运人根据货物托运人提出的托运计划，对所属运输工具的具体运班确定应装运的货物品种、数量及体积。配载的结果是编制运班装货清单。装货清单通常包括卸货港站、装货单号、货名、件数、包装、重量、体积及积载因素等，同时还要注明特殊货物的装载要求。

为了提高配送效率、降低配送成本和减少货损货差，车辆积载应遵循以下原则：

➢ 装车的顺序：先送后装；

➢ 轻重搭配：重不压轻；
➢ 大小搭配：大不压小；
➢ 货物性质搭配；
➢ 到达同一地点的适合配载的货物应尽可能一次积载；
➢ 确定合理的堆码层次与方法；
➢ 积载时不允许超过车辆所允许的最大载重量；
➢ 积载时车厢内货物重量应分布均匀；
➢ 应防止车厢内货物之间碰撞、相互玷污。

（5）盘点

盘点是指定期或临时对库存商品的实际数量进行清查、清点的作业，即为了掌握货物的流动情况（入库、在库、出库的流动状况），对仓库现有物品的实际数量与保管账上记录的数量相核对，以便准确地掌握库存数量。

盘点方式通常有两种：一种是定期盘点，即仓库的全面盘点，是指在一定时间内，一般是每季度、每半年或年终财务结算前进行一次全面的盘点，由货主派人会同仓库保管员、商品会计一起进行盘点对账；二是临时盘点，即当仓库发生货物损失事故，或保管员更换，或仓库与货主认为有必要盘点对账时，组织一次局部性或全面的盘点。

主要包括以下几个方面：

◇ 数量盘点；
◇ 重量盘点；
◇ 货与账核对；
◇ 账与账核对。

盘点方法包括期末盘点法、定期盘点法、循环盘点法、抽样盘点、临时盘点等，下面将逐一介绍。

①期末盘点法。

期末盘点是指在会计计算期末统一清点所有商品数量的方法。由于期末盘点是将所有商品一次点完因此工作量大、要求严格。通常采取分区、分组的方式进行。分区即将整个储存区域划分成一个一个的责任区，不同的区由专门的小组负责点数、复核和监督，因此，一个小组通常至少需要两人分别负责清点数量并填写盘存单，复查数量并登记复查结果，第三人核对前二次盘点数量是否一致，对不一致的结果进行检查。等所有盘点结束后，再与计算机或账册上反映的账面数核对。

②定期盘点法。

定期盘点法又称闭库式盘点，即将仓库其他活动停止一定时间，对存货实施盘点。一般采用与会计审核相同的时间跨度。

③循环盘点法。

循环盘点是指在每天、每周盘点一部分商品，一个循环周期将每种商品至少清点一次的方法。循环盘点通常对价值高或重要的商品检查的次数多，而且监督也严密一些，而对价值低或不太重要的商品盘点的次数可以尽量少。循环盘点一次只对少量商品盘点，所以通常只需保管人员自行对照库存数据进行点数检查，发现问题按盘点程序进行复核，并查明原因，然后调整。也可以采用专门的循环盘点单登记盘点情况。

④抽样盘点。

由审查单位或其他管理单位所发起的突击性质的盘点，目的在对仓储管理单位是否落实管理工作进行审核。抽样盘点可针对仓库、料件属性、仓库管理员等不同方向进行。

⑤临时盘点。

因为特定目的对特定料件进行的盘点等。要得到最正确的库存情况并确保盘点无误，可以采用账面盘点与现货盘点平等的方法，以查清误差出现的实际原因。盘点常用设备——手持终端如图7－8所示。

图7－8　手持终端

7.2.2　电子商务物流配送模式

电子商务物流的模式主要包括企业自营物流、物流联盟和第三方物流等形式。

1. 企业自营物流

企业自营物流是指电子商务企业借助于自身的物流设备、人员等完成物流活动。对于电子商务企业来说，自营物流容易启动，配送速度较快，但配送能力较弱，配送费用不易控制。如果企业有很迫切的顾客服务需求，且物流成本占总成本的比重较大，而自己的物流管理能力又比较强，一般会选择企业自营物流的方式。在自营物流中，电子商务企业也会向运输公司购买运输服务或向仓储企业购买仓储服务，但这些服务一般只限于一次或一系列分散物流功能，而且是临时的。物流公司并不按照电子商务企业独特的业务程序提供服务，因此物流服务与电子商务企业的价值链是松散的。

2. 物流联盟

物流联盟是指电子商务网站、电子商务企业、物流企业等各方面通过契约形成优势互补、要素双向或多向流动、互相信任、共担风险、共享收益的物流伙伴关系。组建物流联盟可以降低成本，减少投资，获得管理技术，提高物流水平，取得竞争优势，降低风险和不确定性。组建物流联盟可以吸收不同企业的优势和长处，在物流设备、运输能力、专业管理技巧上互补，取得较好的经济效益。但是另一方面，物流联盟的长期性、稳定性会使货主企业改变物流服务商的行为变得困难，货主企业必须对今后过度依赖某个供应商的局面做周全考虑。

3. 第三方物流

第三方物流是西方国家广泛采用的物流模式，是指由物流劳务的供方、需方之外的第三方去完成物流的运作方式。第三方物流是物流专业化的重要形式。如果物流在电子商务企业发展战略中的地位并不是很重要，且该企业自身的物流管理能力也比较欠缺，采用第三方物流模式是最佳选择，它能够大幅度降低物流成本，提高服务的水平。

欧洲的大型企业，使用第三方物流的比重高达76%，而70%的企业不只使用一家。欧洲国家第三方物流所占的市场份额分别是：英国为34%，法国为27%，德国为23%。美国和日本等国家使用第三方物流的比例都在30%以上。

第三方物流之所以在世界范围内受到广大企业的青睐，根本原因在于其独特的作用和经济价值。第三方物流能够帮助客户获得诸如利润、价格、供应速度、服务、信息的准确性和真实性及新技术的采用等潜在优势。

（1）第三方物流的成本价值

企业将物流业务外包给第三方物流公司，由专业物流管理人员和技术人员，充分利用专业化物流设备、设施和先进的信息系统，发挥专业化物流运作的管理经验，以求取得整体最优效果，企业可以不再保有仓库、车辆等物流设施，对物理信息系统的投资也可以转嫁给第三方物流企业来承担，从而可以减少投资和运营物流的成本；还可以减少直接从事物流的人员，从而减少工资支出；通过第三方物流企业广泛的结点网络设施共同配送，可以大大提高运输效率，减少运输费用等。

（2）第三方物流的服务价值

物流服务水平实际上已成为企业实力的一种体现。利用第三方物流企业信息网络和结点网络，能够加快对客户订货的反应能力，加快订单处理，缩短从订货到交货的时间，进行门对门运输，实现货物的快速交付，提高客户满意度；通过其先进的信息技术可以加强对在途货物的监控，及时发现、处理配送过程中的意外事故，保证订货及时并安全送达目的地，从而提高企业的客户服务水平。

（3）第三方物流的社会价值

第三方物流将社会上众多的闲散物流资源有效整合利用。通过第三方物流企业专业的管理控制能力和强大的信息系统，对企业原有的仓库、车队等物流资源进行统一管理、运营、组织共同存储、共同配送，将企业物流系统社会化，实现信息、资源的共享，可以极大地促进社会物流资源的整合和综合利用。

第三方物流有助于缓解城市交通压力。通过第三方物流的专业技能，加强运输控制，通过制定合理的运输路线，采用合理的运输方式，组织共同配送，可减少车辆运行数量，减少车辆空驶、迂回运输等现象，解决由于货车运输的无序化造成的城市交通混乱、堵塞问题，缓解城市交通压力。

【知识拓展】

如何选择电子商务物流模式?

根据规模经济原理，物流规模越大，物流集约化程度越高，物流营运越经济，因此企业生产经营达到一定的规模时，即企业自身物流拥有一定的规模时，自营才能发挥其系统管理的功效。否则，其降低物流系统总成本的目标就难以实现，规模效益自然成为自营物流的瓶颈。特别在消费者市场多样化、个性化需求的今天，社会需求的快速变化和技术的日新月异，制造企业的大量生产已不能适应市场发展的需求。差异化营销与柔性生产已成为企业的未来发展趋势，其结果是企业必须采取多品种、少批量、多批次的物流策略，如果企业欲贯彻其以服务改善为目的的物流管理宗旨，则其物流作业的分散度将会进一步扩大，分散的物流作业就会冲减系统管理的效益。因此，结合物流作业外包的规模优势与物流系统自营的管理价值，笔者认为，将部分非核心的物流作业功能外包而整个物流系统企业自我营运的“作业功能外包+系统管理自营”的混合物流模式，应该是企业今后物流发展的主营模式。

具体地说，自营物流模式包括一定的固定投资，因此有固定成本；第三方物流模式没有固定成本，但第三方物流模式随业务量增加成本的增加速度大于自营物流模式的总成本。自营物流总成本及第三方物流总成本与业务量的关系如图7－9所示，可见当物流业务量小于Q_0时，应该选择第三方物流模式，当物流业务量大于Q_0时，则选择自营物流模式。

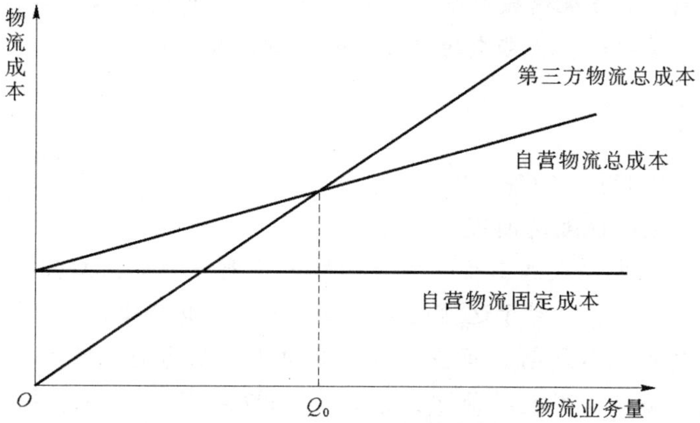

图7－9　电子商务物流模式的选择

B2C电子商务的主要物流配送模式

如何改进中国B2C电子商务的物流配送模式，降低物流成本，提高配送效率已成为B2C电子商务经营商的关注点和重视点。下面介绍目前几种典型的电子商务配送模式：

1. 国内邮政体系配送模式

指企业或厂商网站在其营业地点建立产品仓库，根据消费者网上购物清单和消费者家庭地址信息，通过邮局办理邮政递送手续将货物送到消费者手中。中国邮政具有方便，快捷，点多面广的特点，是中国覆盖面最广，资历最老的物流公司。但其不足之处主要是普通邮递速度慢，而EMS服务收费偏高，且邮政体系服务水平偏低，容易造成包装破损、货物损坏，从而导致配送服务质量的下降而造成顾客的不满。

2. 共同配送模式

指为提高物流效率对某一地区的用户进行配送时，多个配送企业联合起来在配送中心的统一计划、统一调度下开展的配送。这是一种企业之间为实现整体配送合理化，降低物流成本，以互惠互利为原则，互相提供便利的物流配送服务的协作型配送模式，其核心在于充实和强化配送的功能。共同配送的优势在于有利于实现配送资源的有效配置，弥补配送企业能力的不足，促使企业配送能力的提高和配送规模的扩大，更好地满足客户需求，提高配送效率，降低配送成本。缺点是不同企业商品的不同，管理规定的不同，经营意识的不同，相互的猜忌等可能从另一个方面带来阻碍。

3. 第三方物流企业配送模式

指企业或厂商网站根据消费者网上购物清单和消费者家庭地址信息，委托“第三方物流企业（非交易两方）”的交通、运输、仓储连锁经营网络，把商品送达消费者实现配送服务的模式。采用这种模式可以充分利用第三方物流企业的先进物流设施和专业经验进行规模性操作，带来经济利益，降低物流成本，合理利用社会资源。

4. 企业自营配送模式

指企业或厂商网站在其目标市场上设置的物流送货点。即在上网人群较密集的地区设置仓储中心和配送点，由消费者所在地附近的配送中心或配送点配货并送货上门。物流配送各环节均由企业自身筹建并组织管理。这种模式有利于企业供应、生产和销售的一体化作业，系统化程度相对较高，物流配送效率很高，可以克服前一种模式不够快的问题，但配送中心和配送点建设需要大量投资，将带来短期成本的大量增加。

【任务实施】

请先阅读下面的资料：

一、京东商城自营物流配送模式

2007年，京东公司刚刚成立三年，作为一家电子商务公司，刘强东做出一项让所有人都费解的决定——自建物流。对于这项决定，投资人都持有怀疑态度，传统认为做电子商务一般不做物流，毕竟物流不是电子商务的核心竞争力，亚马逊只做了仓储物流，没有做配送。而自建物流这个决定原因也很简单，京东在2007年年底，盘点2007年一年的客户投诉，其中70%都来自物流，速度慢，东西被摔坏，快递人员的无礼，这都是影响京东这样的自营商业模式的瓶颈。

2009年年初，京东商城就斥巨资成立自己的物流公司，分别在北京、上海、广州、成都、武汉设立了自己的一级物流中心，随后在沈阳、济南、西安、南京、杭州、福州、佛山、深圳8个城市建立了二级物流中心，这些城市的顾客是京东商城的主要顾客。以华东物流中心——上海为例，每日能正常处理2.5万个订单，日订单极限处理能力达到5万单。

京东商城筹建的新项目——亚洲一号，即在上海嘉定购置260亩土地用于打造亚洲最大的现代化B2C物流中心。“亚洲一号”将至少支持百万级的SKU（Stock Keeping Unit 库存量单位），目标是适应未来5到10年的发展。正是有了如此大规模的自营物流体系的支持，京东商城才敢在2010年4月正式推出了“211限时送达”服务，即指每天上午11点前下订单，下午送达；晚上11点前下订单，次日上午送达。

二、菜鸟网络科技有限公司

电子商务和物流之间的矛盾同样困扰着阿里这样的平台式电子商务公司。

2013年5月28日，阿里巴巴集团、银泰集团联合复星集团、富春控股、顺丰集团、三通一达（申通、圆通、中通、韵达），宅急送、汇通，以及相关金融机构共同宣布，“中国智能物流骨干网”（简称CSN）项目正式启动，合作各方共同组建的“菜鸟网络科技有限公司”正式成立。马云任董事长，张勇任首席执行官。

菜鸟网络计划首期投资人民币1 000亿元，希望在5～8年的时间，努力打造遍布全国的开放式、社会化物流基础设施，建立一张能支撑日均300亿（年度约10万亿）网络零售额的智能骨干网络。

中国智能物流骨干网不仅是电子商务的基础设施，更是中国未来商业的基础设施。中国智能物流骨干网将应用物联网、云计算、网络金融等新技术，为各类B2B、B2C和C2C企业提供开放的服务平台，并联合网上信用体系、网上支付体系共同打造中国未来商业的三大基础设施。菜鸟网络不会从事物流，而是希望充分利用自身优势支持国内物流企业的发展，为物流行业提供更优质、高效和智能的服务。

菜鸟网络方面表示，中国智能物流骨干网要在物流的基础上搭建一套开放、共享、社会化的基础设施平台。据悉，中国智能物流骨干网体系，将通过自建、共建、合作、改造等多种模式，在全中国范围内形成一套开放的社会化仓储设施网络。同时，利用先进的互联网技术，建立开放、透明、共享的数据应用平台，为电子商务企业、物流公司、仓储企业、第三方物流服务商、供应链服务商等各类企业提供优质服务，支持物流行业向高附加值领域发展和升级。最终促使建立社会化资源高效协同机制，提升中国社会化物流服务品质，打造中国未来商业基础设施。

请分析京东选择自建物流模式及阿里巴巴选择第三方物流模式的原因。自建物流和第三方物流的优势和劣势分别是什么？

【任务评价】

完成表7－2任务评价。

表7－2 任务评价

评定形式	自我评定（20%）	教师评定（80%）	任务总计（100%）
得分（100）			
总结			

任务7.3 快递业务及流程介绍

【任务描述】

快递打通乡村“最后一公里”，改变了村民的消费习惯

随着交通网络的不断完善以及移动互联网的迅速普及，一个连接国内城市乡村的智能物流骨干网正在形成，快递车开到田间地头成为现实，村里人也能买到外面的优质商品了。

在云南省西双版纳傣族自治州景洪市，就有这样一群乡村快递员，他们用车轮替代村民的脚步，把来自千里之外的商品送到村里，给村民们生活带来了越来越多的改变。

从建立乡村物流站开始，快递量不断增加，刚开始一天的收入还不够油钱，到现在每天送件量稳定在千件左右，要是碰到“双11”，送件量能接近4 000件。每天清晨，仓库绿色的地板上，就开始陆续卸下大批刚到的货品，把快递铺开，按着顺序分拣归类。

“‘北上广深快不叫快，新疆西藏云南快才叫快’，路通快递才通，路通快递就该通!”，“没通公路的地方其实网购需求更大，但是运输太困难，只能是将送件点安排在公路附近。”，现在的快递布点基本沿公路线布置。

现今的景洪市，菜鸟乡村物流已经从最初的覆盖30个村增加到了60个村。截至2018年年末，菜鸟乡村物流已进驻29个省份，建立了近3万个村级物流站点，每月仅送到乡村的农资农具就有近200万件。

电子商务的发展以及四通八达的快递服务，改变了人们的生活消费习惯。电子商务和快递有着怎样的联系，通过学习快递业务及流程介绍后，完成以下任务：

①解释快递业务的基本术语。

②绘制快递业务的流程图。

【知识学习】

7.3.1　快递业务基础知识

1. 快递业务的定义与特点

按照《快递市场管理办法》的规定，快递是指在承诺的时限内快速完成的寄递活动。寄递，是指将信件、包裹、印刷品等物品按照封装上的名址递送给特定个人或者单位的活动，包括收寄、分拣、运输、投递等环节。快递服务邮政行业标准对快件重量的规定为：国内单件快件重量不宜超过 50 kg；对快件的单件包装规格规定为：任何一边的长度不宜超过 150 cm，长、宽、高三边长度之和不宜超过 300 cm。

中华人民共和国国家邮政局
禁止寄递物品指导目录

与其他物流业务相比，快递服务具有以下特点。

①快递服务的本质反映在一个“快”字上，快速是快递服务的灵魂。

②快递服务是“门到门”“桌到桌”的便捷服务。

③快递服务需要具有完善、高效的服务网络和合理的覆盖网点。

④快递服务能够提供业务全程监控和实时查询。

⑤快递服务要求快件须单独封装、具有名址、符合重量和尺寸限制，并实行差别定价和付费结算方式。

2. 快递网络

快递服务是通过网络实现的，快递网络可分为快件传递网络和信息传输网络。快件传递网络是由快递呼叫中心、收派处理点或营业网点、分拨中心和运输线路，按照一定的原则和方式组织起来并在调度运营中心的指挥下，按照一定的运行规则传递快件的网络系统。快递信息网络是指在快件传递过程中伴随着相关信息的传输网络，这些信息包括单个快件运单的信息、快件总包信息、总包路的信息，以及快件传递过程中每个节点产生的信息等。

（1）网点

网点又可称为站点、分站、营业部等，负责该城市或城市某一区域内快件的揽收、运输、分栋与配送工作，是快递公司在单个城市中最小、最基本的操作单位。网点一般通过集散中心进行快件的运输，快件首先要通过始发网点的揽收、分拣、集装，通过转运到达集散中心，再由集散中心通过转运到达目的网点，最后由目的网点对其进行派送。但部分货量较大的网点也可直接进行网点与网点之间的快件运转，例如韵达快递开通了江西婺源与景德镇之间的网点直达班车，快件无须通过集散中心的中转便可直接由江西婺源送至景德镇。

（2）集散中心

集散中心又可称为转运中心、分拣中心或分拨中心等，主要是对自己辐射范围内网点的进出港快件进行集中，再根据路由规则，按照快件的目的地进行分拣归类后，转运到下一个集散中心、航空港或是网点。集散中心是快件转运的枢纽，全国的网点、航空港都是通过集散中心有机地结合在一起，从而形成快递网络。

(3) 航空港

航空港习惯上称机场，具有执行客货运业务和保养维修飞机及起飞、降落或临时停机等用途，是快递运输节点中唯一一个不属于快递公司所有的节点，主要用于航空运输。由于时效关系，对于距离较远的快件，快递公司选择先用航空运输方式转运，然后再进集散中心进行下一步的中转，通过航空和汽车两种运输方式的结合，有效地保障了快递送达的时效。

(4) 运输线路

国内的民营快递企业大多采用加盟的方式，通过建立自己的运输网络，依靠班车连接各个节点，实现货物的集散。通过对国内知名快递企业在国内运输网络发展状况的分析，我们可以把快递公路运输网络归纳为以下三个层面：

①终端取派：在业务开始时，快递公司各地的网点派出车辆上门从发货客户处收取货物；在业务后端，快递公司需要派出车辆上门向收货客户派送货物。这两个层面的运输从根本上是一体的，虽然对一票货物在甲地表现为取件，在乙地表现为派件，但对于另外一票货物则可能恰好相反。这一层面的运输一般由网点自行配置的交通工具来实现。

②支线运输：又称区内运输，是指网点与网点或网点与分拨中心之间的运输，保证分拨中心对于覆盖范围内的网点之间的物流量进行内部集散，并对进出枢纽点区域的货物进行中转处理。这一层面的运输一般由公路班车来实现。

③干线运输：又称区间运输，是指不同城市或不同省份的分拨中心之间的运输（距离一般不超过800 km），保证各分拨中心之间的物流量可以进行中转处理。这一层面的运输多由公路运输来完成，必要时需借助第三方运输。

3. 快递的分类

根据不同的分类标准，快递可分为不同的快递服务种类。

(1) 按照快件种类分类

①到付件：指由收件方付快递费用的快件。

②保价件：指客户在寄递快件时除缴纳运费外，还按照声明价值的费率缴纳保价费的快件。保价件使用特殊面单，面单上必须注明保价金额并按规定收取相应的保价费。

③VIP快件：指针对公司VIP客户所发的快件。VIP快件的面单颜色和条码都与普通快件不同，且面单上显示“VIP”字体标注。

④文件快件：指使用公司专用信封包装的重量小于0.5 kg的快件。

⑤代收货款快件：指发货客户将商品出售给到达客户，快递公司可替发货客户向到达客户收回货款的快件。

⑥电子商务快件：指“线上”下单的快件。

(2) 按网络规模分类

①国际快递：指在两个或两个以上国家（或地区）之间所进行的快递、物流业务。

②国内异地快递：寄件人和收件人分别在中华人民共和国内地不同城市的快递服务。

③同城快递：寄件人和收件人在中华人民共和国内地同一城市内的快递服务。

(3) 按送达时间分类

①当日达限时服务：要求在投递当天即完成货物的送达交付服务。

②次晨达限时服务：在当日截件时间前取件，于取件后下一个工作日中午12点前送达。

③次日达限时服务：在当日截件时间前取件，于取件后下一个工作日下午6点前送达。

④隔日达限时服务：在当日截件时间前取件，于取件后第二个工作日下午6点前送达。

⑤国内普达服务：在投递物品后按照客户的指定时间完成送达交付服务。

7.3.2 快递业务基本流程

快递业务始于客户寄件，终于客户收件签收，中间要经过网点揽收发件、分拨中心分拣发件和网点到件派送等环节，其核心流程如图7－10所示：

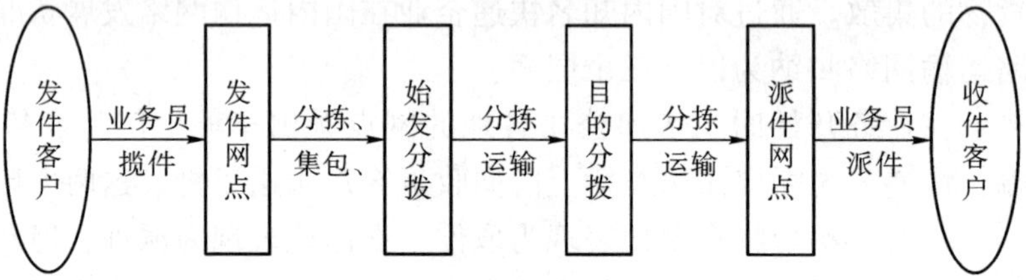

图7－10　快递业务核心流程图

在实际业务中，具体的操作则要复杂得多。在始发网点，接到客户的发件信息后，会通过电话或手持终端给递送员发出接件指令。递送员到客户处收好件，请客户填好面单（常用快递面单分为纸质面单和电子面单两种）后，应及时回网点进行快件交接，网点业务员对当天收集起来的快件进行检查分拣，然后安排装上分拨中心的小货车，同时在网上发出预报运单录入信息。

在终端网点的衔接上，有时由于路途比较遥远需要两个分拨中心进行中转。这两个分拨中心的流程基本是一致的，一般是先接收预报，然后进行提货交接，对快件进行分拣，按目的地进行集货装车，发往下一站。

在派件网点，业务员接到分拨中心的预报后，安排货车进站，按操作规定卸下属于本网点派送的快件。再根据终端具体目的地进行分拣后，交接给网点的递送员，他们将快件装上电动车、三轮车或小面包车等交通工具进行派送。在派件结束后，递送员应及时将派件信息通过手持终端或扫描仪扫描上传，整个快件业务流程结束。需要说明的是，终端网点同时具有收件和派件功能。

快件业务具体流程如图7－11所示。

7.3.3 电子商务快递

1. 电子商务快递的内涵

传统快递服务中，用户一般是通过电话、传真等传统线下下单的方式与快递公司发生业务联系，快递公司再结合自身网络建设情况，通过货运公司完成快件的中转。近几年，随着电子商务“网购”业务的兴起，一种新的快递产业模式——电子商务快递迅速进入人们的生活，消费者只需轻点鼠标完成购物活动。然后就可在家等待物流送货上门，而在整个活动流程中，快递服务成为其物流环节的首选。电子商务和快递相互促进，共赢发展，两者的紧密结合已成为新的经济发展方向。

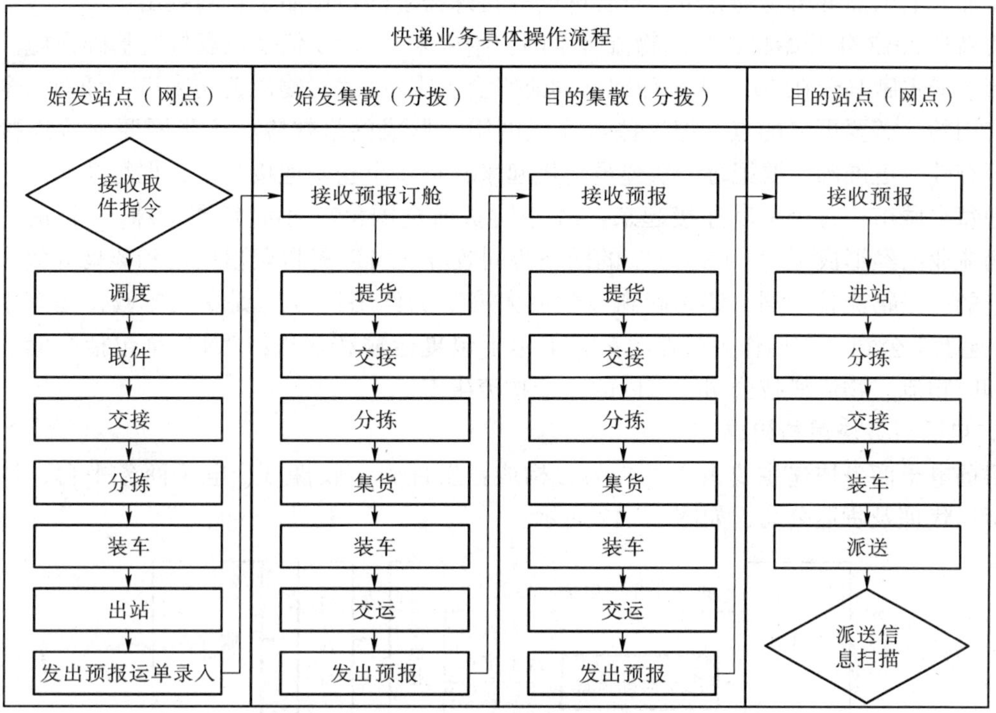

图7－11　快递业务操作流程

电子商务快递是快递服务组织（企业）受参与网上交易的用户的委托，对相关物品（包括纸质类物品如文件、书信、明信片等）提供快速传送的服务。

电子商务环境下，快递作为解决B2C或C2C电子商务模式中小规模物流的主要形式，其用户更多地来自包括淘宝网、拍拍网、当当网、京东等大型的电子商务服务平台，这些电子商务平台通常为用户提供了灵活方便的下单接口，因此越来越多的用户习惯于通过电子商务服务平台直接下达派发件业务。

从2018年的情况看，电子商务对快递服务的需求已经逐渐成为快递市场的主力，保守估计其业务量已经超过普通快递业务量的70%。据中商情报网数据，2018年全国网上零售额为90 065亿元，比上年增长23.9%，其中，实物商品网上零售额70 198亿元，增长25.4%，占社会消费品零售总额的比重为18.4%。由此带动包裹快递量逐年增长，从2013年开始，中国快递量自92亿起，进入增长快车道。2014年首次突破百亿大关，达139.6亿，超过美国跃居世界第一。此后连续五年每年都登上一个百亿级台阶。2018年中国快递量突破500亿。

为了适应市场的需求，越来越多快递企业开始重视电子商务带来的快递市场。例如，以“三通一达”为代表的快递企业已经开始针对电子商务的特点推出相应的运单。2013年5月28日，阿里巴巴集团、银泰集团联合复星集团、富春控股、顺丰集团、“三通一达”，宅急送、汇通，以及相关金融机构共同宣布，“中国智能物流骨干网”（简称CSN）项目正式启动，合作各方共同组建的“菜鸟网络科技有限公司”正式成立，这标志着阿里集团与众多快递巨头意图合力打造专业完善的电子商务物流。随着市场形式的明朗，将有越来越多的快递企业加入电子商务市场的竞争，符合网购等特殊需求的快递品也将陆续出现。

菜鸟从2013年开始打造智能物流骨干网，给未来一天10亿个包裹打造基础设施。阿里巴巴董事局主席马云在2018年全球智慧物流峰会上表示，“对物流公司来讲，任何一个单点是没有用的，需要更多的点，把这些点连成网络，形成网络效应。这张网要支持连接的更快、更有效、更准确，要把每个快递员连接起来，把每个仓库连接起来，把每个hub连接起来，把每个城市、每个家庭连接起来，24小时货通全国、72小时货通全球。”目前，中国快递物流业已经形成了“1+8+N”的网络协同效应。“1”是以阿里巴巴和菜鸟为代表，牵头打造的一张物流骨干网，菜鸟起到“物流大脑”的作用；“8”是中国邮政，还有中通等7家快递上市公司，它们作为行业龙头，承担了包裹运输和配送；“N”是包括仓储、落地配、即时物流、物流科技公司等在内的整个物流生态。

2. 电子商务快递的构成

目前电子商务快递主要由六类参与方构成：发件方、收件方、电子商务平台、快递企业、货运代理及货运公司，如图7－12所示：

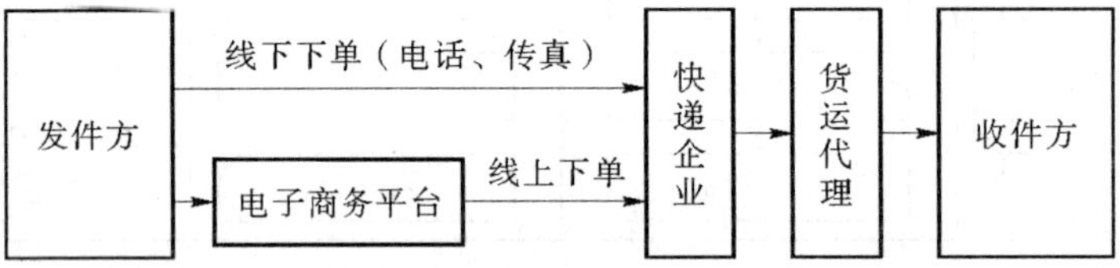

图7－12 电子商务快递构成

（1）发件方

发件方是指那些有实物递送需求的委托方。电子商务快递服务链中的发件方专指利用电子商务平台提供有形商品的企业或个人，即网商、常利用电子商务交易平台提供的数据接口直接向快递公司下单。

企业用户通常是指B2C或B2B电子商务模式中的B，由于B2B模式的电子商务交易大多涉及大批量有形物资的运送，通常以物流方式解决为主，只有产品样本或文件等小件物品借助快递通道。因此电子商务快递服务中的发件方以B2C中的B为主。个人用户则主要指C2C电子商务模式中的前一个C，国内包括淘宝在内的C2C电子商务交易市场为广大个体卖家提供了良好的经营平台和庞大的市场空间，他们只要有一台能上网的电脑，在C2C交易平台上进行认证注册，成为在线商家后就可以在线经营了，其中大多没有实体门店，有的甚至没有库房。

（2）收件方

收件方是指实物递送到达的目标对象。电子商务快递服务链中的收件方主要是指电子商务交易活动中的买方，即网络买家。

网络买家通过登录电子商务交易平台选购商品，确定支付方式后即可等待收货。由于快递区别于物流，以提供门到门或桌到桌的服务取胜，每一单快件都对应着不同的收件方和收件地址，加上电子商务交易全球性的特点，网络买家可能分布在全国乃至全球任何一个接入互联网的地方，这使得电子商务快递的送达对象地理分布非常广泛，同时也给快递公司服务网络的建设提出了更高的要求。

（3）电子商务平台

电子商务平台专指提供在线交易、在线支付、信息服务及应用服务的网络接入平台。作为发件方展示商品、收件方浏览和选购商品的基础，电子商务交易平台负责监控电子商务活动中信息流和线上资金流的转移，同时也负责监控商品递送过程中物流的转移和商品交付后商流的转移。其中淘宝作为C2C电子商务中介商的代表，为广大零散的、以个人为单位的交易主体提供了商品交易的平台，许多交易主体既是买家，又是卖家；既可能是发件方，又可能是收件方。这成为电子商务快递业务的一大特色。（思考：快递公司来自B2C电子商务交易平台和C2C电子商务交易平台的业务量，哪个更多？）

（4）快递企业

快递企业是整个服务链结构的核心，负责连接发件方和收件方、联系货运代理、协调货运企业、组织实现电子商务交易中实物商品的末端转移，也是物流环节的最终实践者。部分快递企业还为用户提供了代收货款、仓储保管等增值业务，大型综合快递企业甚至承担了货运代理、仓储企业甚至货运企业的角色。请扫描二维码，查看中华人民共和国国家邮政局快递企业名录。

中华人民共和国国家邮政局快递企业名录

（5）货运代理

货运代理简称货代，主要负责承担零散货源的集中、整合，寻找合适的货运企业，运输单证处理、地面收货及货物暂时存储，主要完成单证审核、货物出入港安全检验、货物暂时储存、货舱配载及货舱装卸等职能。

货运代理按运输工具可分为公路货代、铁路货代、海运货代和航空货代等形式。由于快递行业对于递送时效的严格要求，航空运输以其自身的速度优势在国际国内快递行业干线组织中起着至关重要的作用，电子商务快递也多以航空件为主，因此快递公司与航空货代接触最为频繁。

尽管电子商务的发展带来了快递业务的不断增长，但目前除DHL、UPS等国际快递巨头以及深圳顺丰快递在部分省会城市拥有自己的包机航线外，国内绝大部分快递公司的业务收入都还不足以维系全国范围内所有航线的经营，这就必须借助于货代的力量，航空货代依靠其代理多家航空公司航线的优势，整合来自各大快递公司的货源，灵活调度货舱配载情况，利用与航空公司间的协议关系，可以获得较好的运价，尽可能降低运输成本。

（6）货运企业

货运企业主要负责干线运输及单证的审核工作。在当今全球化经济的背景下，跨区域乃至跨疆域的经济活动极为活跃，相距上千千米，甚至数千千米的货物快递的传送需求也越来越普遍。在快递的远程运输中，主要依靠铁路运输和航空运输，其中又以航空运输为主，航空货运业承担了快递跨地区业务中最大量、最高效，同时也是最高附加值快件的干线运输任务，同时电子商务快递也为货运业的发展提供了更为广阔的市场，并贡献了较高的利润率。货运公司大多无法与货主直接接触，货物进入始发地机场或站台之前的操作都是由货代负责，其服务质量受货代影响。

【知识拓展】

快递业务基本术语

《快递暂行条例》
2018年5月1日实施

邮政企业，是指中国邮政集团公司及其提供邮政服务的全资企业、控股企业。

寄递，是指将信件、包裹、印刷品等物品按照封装上的名址递送给特定个人或者单位的活动，包括收寄、分拣、运输、投递等环节。

快递，是指在承诺的时限内快速完成的寄递活动。

邮件，是指邮政企业寄递的信件、包裹、汇款通知、报刊和其他印刷品等。

快件，是指快递企业递送的信件、包裹、印刷品等。

信件，是指信函、明信片。信函是指以套封形式按照名址递送给特定个人或者单位的缄封的信息载体，不包括书籍、报纸、期刊等。

包裹，是指按照封装上的名址递送给特定个人或者单位的独立封装的物品，其重量不超过50千克，任何一边的尺寸不超过150厘米，长、宽、高合计不超过300厘米。

平常邮件，是指邮政企业在收寄时不出具收据，投递时不要求收件人签收的邮件。

给据邮件，是指邮政企业在收寄时向寄件人出具收据，投递时由收件人签收的邮件。

邮政设施，是指用于提供邮政服务的邮政营业场所、邮件处理场所、邮筒（箱）、邮政报刊亭、信报箱等。

邮件处理场所，是指邮政企业专门用于邮件分拣、封发、储存、交换、转运、投递等活动的场所。

国际邮递物品，是指中华人民共和国境内的用户与其他国家的用户相互寄递的包裹和印刷品等。

邮政专用品，是指邮政日戳、邮资机、邮政业务单据、邮政夹钳、邮袋和其他邮件专用容器。

【任务实施】

请先阅读下面的资料：

互联网的发展趋势如日中天，淘宝、天猫、京东、拼多多等，可以说网购已经成为大家日常生活中不可或缺的一部分，电商行业的发展，也连带着快递行业的发展。在2018年，全国快递服务企业业务量累计完成了507.1亿件，同比增长了26.6%，其中浙江省的业务量超过了百亿。先前单一的邮政快递行业，如今已经有十几家的快递企业发展起来，且快递行业的市场集中度越来越高，在这507.1亿件中，圆通、韵达、申通、中通2018年业务量分别为66.65亿件、69.85亿件、51.11亿件，和85亿件，“三通一达”的业务量达到了272.61亿件，占据了一半多。

2018年“双十一”，淘宝发出快递包裹突破10亿，这超越了美国一个多月的包裹量，相当于英国4个月的包裹量。各大快递公司运用大数据和仓配体系优势，根据网络大数据预测，商家会提前锁定到区县的畅销型号，并把相关商品提前下沉到对应的中心、网点，让商品距离用户最近。快递公司在接到系统订单后，第一时间将商品出库装车，顺丰快递仅用0.6秒就发出了第一单，快件很快就送达客户手中。

请回答以下两个问题：

①简要分析快递行业与电商产业两者的关系。

②“双十一”快递企业为什么能做到高效作业？

【任务评价】

完成表7－3任务评价。

表7－3 任务评价

评定形式	自我评定（20%）	教师评定（80%）	任务总计（100%）
得分（100）			
总结			

任务7.4 电子商务物流技术

【任务描述】

小王可以从天猫网站跟踪自己购买商品的物流情况，请你帮小王分析一下，物流跟踪主要用到了哪些物流技术，这些技术是如何实现的？

【知识学习】

物流技术一般是指与物流要素活动有关的所有专业技术的总称，包括操作方法、管理技能等，如流通加工技术、物品包装技术、物品标识技术、物品实时跟踪技术等。随着计算机网络技术的应用普及，物流技术中综合了许多现代技术，如Bar Code（条码）、数据挖掘技术（大数据）、RFID（射频识别技术）、GPS（全球卫星定位系统）等。

7.4.1 条码技术

1. 条码技术概述

条码技术是在计算机的应用实践中产生和发展起来的一种自动识别技术，它是为实现对信息的自动扫描而设计的，是快速、准确而可靠地采集数据的有效手段。条码是由一组按特定规则排列的条、空及其对应字符组成的表示一定信息的符号。条码中的条、空分别由深浅不同且满足一定光学对比度要求的两种颜色（通常为黑、白色）表示。条为深色、空为白色。这组条、空和相对应的字符代表相同的信息。前者用于机器识读，后者供人直接识读或通过键盘向计算机输入数据使用。这种用条、空组成的数据编码很容易被译成二进制和十进制数。这些条和空可以有各种不同的组合方式，从而构成了不同的图形符号，即各种符号体系，也称码制，适用于不同的场合。目前，条码技术已经在商业零售、图书馆管理、仓储管理与物流跟踪、数据自动录入等方面得到广泛应用，条形码的构成如图7－13所示，物流条码示例如图7－14所示，二维条形码如图7－15所示，条码扫描器如图7－16所示。

图 7－13　条形码的构成

图 7－14　物流条码示例

图 7－15　二维条形码

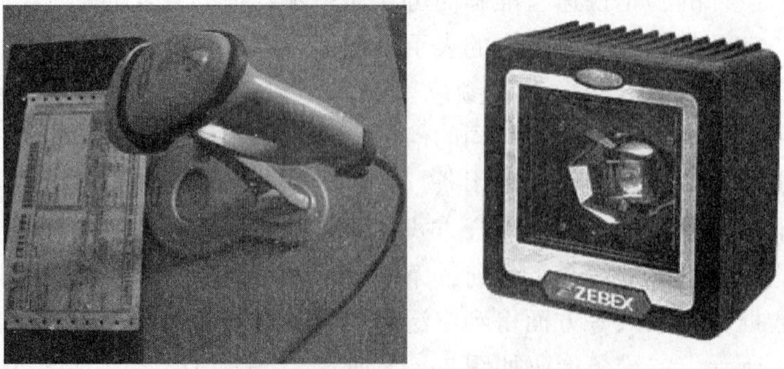

图 7－16　条码扫描器

条码技术为我们提供了一种对物流中的物品进行标识和描述的方法，条码是实现 POS 系统、EDI、电子商务、供应链管理的技术基础，是物流管理现代化、提高企业管理水平和竞争能力的重要技术手段。

物流条码是条码中的一个重要组成部分，它不但在国际范围内提供了一套可靠的代码标识体系，而且为贸易环节提供了通用语言，为 EDI 和电子商务奠定了基础。

2. 条码技术在物流中的应用

条码技术在物流中的应用包括配送中心的订货、进货、存放、拣货、出库等。

（1）库内科学编码、准确定位、快速采集和处理信息

根据管理目标定义条码规则，对库存货物进行科学编码，并贴上条码标签，以便后续仓库作业的各个环节进行相关数据的自动采集。同时，对仓库的库位也进行科学编码，并用条码符号加以标识，实现仓库的库位管理。入库时采集货物所入库位的条码，并导入管理系统。库位条码化管理有利于在大型仓库中快速定位库存品的位置，实现先进先出的管理目标，提高仓库作业的效率。仓库保管员使用带有条码扫描功能的手持终端进行相关数据采集，然后把采集到的数据上传到计算机系统集中批量处理，自动更新系统中的数据；也可以将系统中更新后的数据下载到手持终端，以便在现场进行查询和调用。

（2）配送中心的进货验收作业

对整箱进货的商品，其包装箱上有条码，放在输送带上经过固定式条码扫描器的自动识别，可接受指令传送到存放位置附近。对整个托盘进货的商品，叉车驾驶员用手持式条码扫描器扫描外包装箱上的条码标签，利用计算机与射频数据通信系统，可将存放指令下载到叉车的终端机上。

（3）拣货及补货作业

拣货有两种方式：一种是按客户进行拣取的摘果式拣货；另一种是先将所有客户对各商品的订货汇总，一次拣出，再按客户分配各商品量，即整批拣取，二次分拣，称为播种式拣货。

对于摘果式拣货作业，在拣取后用条码扫描器读商品上的条码，即可确认拣货的正确性。对于播种式拣货作业，可使用自动分货机，当商品在输送带上移动时，用固定条码扫描器判别商品货号，指示移动路线与位置。基于条码进行补货，可确保补货作业的正确性。有些拣货错误源于前项的补货作业错误。商品进货验收后，移到保管区，需适时、适量地补货到捡货区；为避免补货错误，可在储位卡上印上商品条码与储位码的条码，当商品移动到位后，以手持式条码扫描器读取商品条码和储位码条码，由计算机核对是否正确，这样就可保证补货作业的正确。

（4）交货时的交点作业

交货时的交点作业通常分为两种形式：一种是由配送中心出货前复点数量；另一种是交由客户当面或事后确认。

对于配送中心出货前的复点式作业，由于在拣货的同时已经以条码确认过，无须进行复点作业。对于客户的当面或事后确认，由于拣货时已用条码确认过，无须交货时双方逐一核对。

（5）在货物跟踪中的应用

物流跟踪信息系统是独立于企业自身管理系统的单独管理在途货物的信息平台。该平台利用条码技术，对货物的物流信息进行采集跟踪，满足公司对售后服务、质量控制等方面的管理需求和数据可追溯的需要。

（6）条码在仓储作业流程中的应用

产品入库时，验收人员按单验收货物，系统根据编码规则生成条码标签。首先给货物贴上条形码序列号标签，用以跟踪该物品在物流中的位置，从而进行实时监控。然后，操作员扫描该物品的条码标识实现该物品的入库操作，并将操作信息返回给管理系统。此时，用户或管理员登录中转库管理系统，即可迅速查询该货物的状态和位置。入库后，自动生成入库单号。同时，可以区分正常入库、退货入库等不同的入库方式。

产品出库时，按单据在指定货位进行拣货，并将所发的货送到公共发货区，使用手持终端扫描货位及货品条码，输入实发货品数量，如果所发的货品与出库单号数据不相符，终端会自动报警提示，避免错误操作。仓库人员或管理人员可以查询相关发货数据。销售出库或其他出库，自动生成出库单号，可以区分正常出库、赠品出库等不同的出库方式。

定期对库存货品进行清点。首先，扫描货位条码和货品条码，并输入货品盘点数量。当所有货品盘点完毕后，即可获得实际库存数量。同时，由计算机产生系统库存与实际库存的差异报表。如果库存差异在可接受范围内，并得到管理人员确认后，系统按盘点结果更新库存数据，否则中转库需要进行复盘处理。

（7）在运输中的应用

货物在运输途中，在每一个关键的监控点上，快递公司要求操作员扫描装箱单的条码标识，记录该货物的相应状况。操作信息返回给管理系统后，即可在系统中获得该货物的运输路径。

货物抵达目的地后，操作员扫描包装箱上的相应条码，将读取的信息与配送单据进行比对，确认该货物的目的地是否正确，并记录该货物入库状态。随后，操作员开箱扫描箱内货物的条码标识，根据读取的配送信息将货物放置在相应的送货区。将操作信息返回给管理系统，此时货物的状态为“抵达目的中转库”。

送货时，操作员扫描送货区的物品条码，并记录相应的送货员工号，将此信息返回给管理系统，就可以知道货物已在途中。送货员抵达客户处时，扫描物品条码，并记录相应的客户信息，系统自动记录送达时间。此时该物品就完成了一个完整的运输过程。

7.4.2 数据挖掘技术

1. 数据挖掘技术概述

数据挖掘（Data Mining，DM）是从大量的、不完全的、有噪声的、模糊的、随机的数据中提取隐含在其中的、人们事先不知道的、但又是潜在有用的信息和知识的过程。随着信息技术的高速发展，人们积累的数据量急剧增长，动辄以 TB（TB 是数据存储单位，1 TB = 1 024 GB）计，如何从海量的数据中提取有用的知识成为当务之急。数据挖掘就是为顺应这种需要应运而生发展起来的数据处理技术。

2. 数据挖掘技术在物流中的应用

一般来讲，数据挖掘在物流企业中可以应用在以下几方面：

（1）市场预测

产品在进入市场后，并不会永远保持最高销量。一般来讲，随着时间的推移，产品会遵守销量变化的模式，经历四个阶段，即导入期、增长期、成熟期和衰退期。在各个阶段，产品的生产要求和实物分拨策略是不同的。如在导入期，产品逐步得到市场的认可，销售量可能会快速的增长，这时需要提前的生产计划、生产作业安排以及适合的库存和运输策略，指导企业的生产，合理地控制库存和安排运输。数据挖掘可以作为市场预测的手段，通过聚类和预测工具，达到上述目的。

（2）物流中心的选择

物流中心（流通中心、配送中心）选址问题即求解运输成本、变动处理成本和固定成本等之和最小化的问题。

物流中心选址，需要考虑到中心点数量和中心点如何分布等情况。针对这一问题，可以用数据挖掘中的分类树方法来加以解决。

（3）优化配送路径

配送路径是个典型的非线性问题，它一直影响着物流企业配送效率的提高。在许多配送体系中，管理人员需要采取有效的配送策略以提高服务水平、降低货运费用。其中要考虑车辆的路径问题，车辆路径问题是为一些车辆确定一些客户的路径，每一客户只能被访问一次，且每条路径上的客户需求量之和不能超过车辆的承载能力。其次还应考虑车辆的利用能力，如果车辆在运输过程中的空载率过高或整车的承载力未完全利用，无疑会增加企业的运输成本；另外涉及车辆的运输能力，必须考虑货品的规格大小和利润价值的大小。

数据挖掘中的遗传算法为配送路径的优化提供了新的工具，它可以把在局部优化时的最优路线继承下来，应用于整体，而其他剩余的部分则结合区域周围的剩余部分（即非遗传的部分）进行优化。如此下去，逐渐把其他区域并入优化的范畴，最后扩展到整体，模型得出的信息即可用来决策输出，即根据每次配送顾客数量的不同、顾客位置的不同，以及相应订货量的不同，输出本次送货线路车辆调度的动态优化方案。

（4）合理安排商品的仓储

商品的合理储位对于仓容利用率、储存搬运分拣效率的提高具有重要的意义。对于商品量大、出货频率快的物流中心，商品储位就意味着工作效率和效益，要真正解决好这个问题，数据挖掘是必不可少的。

（5）顾客价值分析

根据市场营销的原则，对待不同类型的顾客所提供的服务水平也应该有所不同。通过分析客户对物流服务的应用频率、持续性等指标来判别客户的忠诚度，通过对交易数据的详细分析来鉴别哪些是物流企业希望保持的客户，通过挖掘找到流失客户的共同特征，就可以在那些具有相似特征的客户还未流失之前进行针对性的弥补。

（6）物流需求预测

物流企业规划和控制物流活动需要准确估计供应链中所处理的产品和服务的数量，这些估计主要采用预测和推算的方式。数据挖掘可以对物流活动中的产品和服务类型随时间变化的规律和趋势进行建模描述。时间趋势分析可以对现有商品在时间上的变化找出趋势，然后确定需要注意和开发商品的类型。空间趋势分析可以根据地理位置的变化找到趋势，然后确定以往重点发展的区域，这对于物流企业长远的发展也是至关重要的。

7.4.3 射频识别技术

1. 射频识别技术概述

射频识别技术的基本原理是电磁理论，利用无线电波对记录媒体进行读写。射频识别系统与条码、磁卡、IC卡等同期或早期的识别技术相比，具有非接触、工作距离长、适于恶劣环境、可识别运动目标等优点。此外，射频识别卡具有读写能力，可携带大量数据，难以伪造并且在一定程度上是智能的。

射频识别技术的主要核心部件是一个电子标签，直径不到2毫米。通过相距几厘米到几米距离内传感器发射的无线电波，可以读取电子标签内储存的信息，识别电子标签代表的物品、人和器具的身份。射频识别技术已经广泛应用于生产、物流、交通等需要收集和处理数据的应用领域，并被认为是条码标签的未来替代品。

2. 射频识别技术的应用

射频识别技术系统可以实现从原材料的采购，半成品与产成品的生产、运输、仓储、配送，一直到销售，甚至包括退货处理和售后服务等所有环节上的实时监控，提高业务运行的自动化程度，大幅降低差错率，显著提高物流与配送的透明度和管理效率。

（1）零售行业

零售行业采用射频标签可有效防止商品的丢失，降低丢失率，提高销售额。可以改进零售商的库存管理，实现适时补货，实时监控库存，有效跟踪运输，提高工作效率，减少差错。目前在各大型零售企业、仓储配送企业、超市已基本使用了射频标签，并有效应用了射频技术系统。

（2）仓储环节

射频识别技术使用最广泛的是在仓库存取货物和库存盘点等领域，它可以用来实现自动化的存货与取货等操作，增强作业的准确性和快捷性，减少整个物流过程中由于商品误置、送错、偷窃、出货错误等造成的损失。

（3）运输环节

射频识别技术应用在物流配送的运输车辆时，可以及时掌握在途货品，实时跟踪、监控运输车辆，保证货品按时、安全、无损地送达目的地。

（4）配送分销环节

在配送分销环节应用射频识别技术可以大大加快物流配送的速度，提高拣选作业与分发过程的工作效率，增加准确率，并能减少人工，降低物流配送成本。

（5）生产环节

在生产环节应用射频识别技术可以实现自动化生产线的运作，完成在整个生产线上对原材料、零部件、半成品和产成品的识别跟踪，减少人工识别成本，降低出错率，提高生产作业效率，增强企业的经济效益和竞争力。

此外，在一些高速公路的收费站口，使用射频识别技术可以做到不停车收费，如图 7－17、图 7－18 所示。铁路系统使用射频识别技术记录货车车厢编号的试点已开始运行。

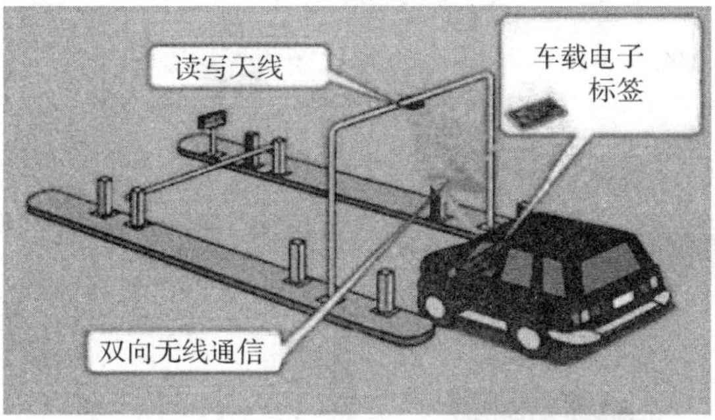

图 7－17　射频识别技术设备构成

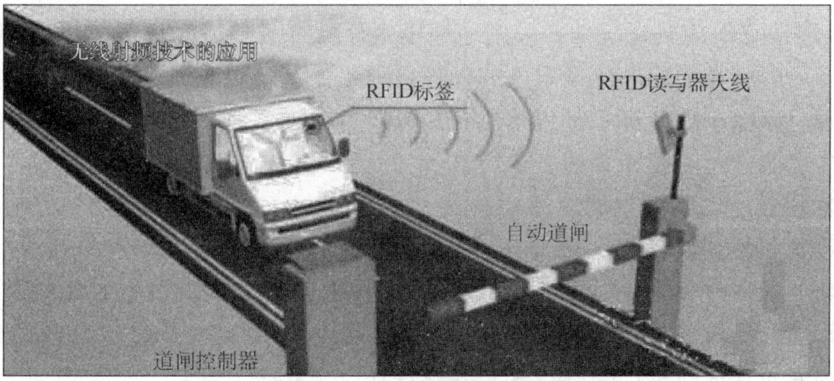

图 7－18　射频识别技术的应用

7.4.4　自动跟踪技术

1. 自动跟踪技术概述

运输是企业物流活动的一个重要因素，它占用的物流成本相当高。企业要想有效地控制运输系统和降低运输成本需要先进的信息技术来支持，而自动跟踪技术——GPS（全球定位系统）和 GIS（地理信息系统）可以解决企业物流管理中对运输车辆动态信息的实时监控，使得信息反馈及时、精确、全面，大大节约了企业的运输成本。

GPS 是英文 Global Positioning System（全球定位系统）的简称。GPS 始于 1958 年美国军方的一个项目，1964 年投入使用。20 世纪 70 年代，美国陆海空三军联合研制了新一代卫星定位系统 GPS。主要目的是为陆海空提供实时、全天候和全球性的导航服务，并用于情报搜集、核爆监测和应急通信等一些军事目的，经过 20 余年的研究实验，耗资 300 亿美元，到 1994 年，全球覆盖率高达 94% 的 24 颗 GPS 卫星星座已布设完成。GPS 导航系统是以全球 24 颗定位人造卫星为基础，向全球各地全天候地提供三维位置、三维速度等信息的一种无线电导航定位系统。它由三部分组成，一是地面控制部分，由主控站、地面天线、监测站及通信辅助系统组成。二是空间部分，由 24 颗卫星组成，分布在 6 个轨道平面。三是用户装置部分，由 GPS 接收机和卫星天线组成。民用的定位精度可达 10 米。GPS 在物流领域可以用于汽车自定位、跟踪调度、铁路运输管理和军事物流，如图 7－19 所示。

图 7－19　GPS 流程示意图

GIS 是以地理空间数据为基础，采用地理模型分析方法，适时提供多种空间的和动态的地理信息，为地理研究和地埋决策服务的计算机技术系统。通俗地讲，GIS 是整个地球或部分区域的资源、环境在计算机中的缩影。GIS 可以和 GPS、现代通信技术结合在一起使用，对车辆、货物运输进行监控和管理。

2. 自动跟踪技术在物流中的应用

（1）在汽车运输中的应用

自动跟踪技术在汽车物流运输业中的主要应用是 GPS 车辆调度监控管理系统。GPS 车辆调度监控管理系统对汽车运输物流行业最大的贡献之一是实现了对物流运输过程的掌控，解决了物流调度与管理的瓶颈问题。其主要体现在以下几个方面：

①导航功能。在货物运输过程中，司机可以利用车载 GPS 导航终端导航，查找、规划到达目的地快捷行车路线以及安排长途运输中的行车和住宿等，为司机的出行提供方便，提高运输效率，有效降低运输成本。

②车辆监控功能。利用 GPS 和电子地图可以在屏幕上实时显示车辆的位置、车辆运行状态、报警状态等详细信息并随目标移动，使目标始终保持在屏幕上；还可实现多窗口、多车辆、多屏幕同时跟踪，对重要车辆和货物运输进行实时跟踪监控，保障货物运输和车辆的安全。

③车辆调度功能。利用 GPS 车辆调度监控管理系统可以实时查询物流企业内部车辆在各个区域的运行情况并生成报表，企业可以根据生成的数据报表实现对车辆运力的有效管理，合理调配车辆运力，减少车辆空载运行，提高企业的运行效率，从而减少企业的运营成本。

④驾驶员管理功能。在企业中人的因素处处存在，而在物流企业中人的因素更是司空见惯。例如在运输过程中常常发生司机为了逃避过桥费而绕远路延误时间，私自拉货，途中私自停留等现象，物流企业不能有效监控司机的行为。而通过对车辆的监控可以有效规范司机的行为。

（2）在铁路运输中的应用

与汽车运输物流 GPS 车辆调度监控管理系统类似，利用铁路 GPS 车辆调度管理信息系统，可以实时收集全路列车、机车、车辆、集装箱及所运货物的动态信息，实现对列车及货物的追踪管理。通过这项技术，铁路部门可大大提高路网及运营的透明度，为货主提供更高质量的服务。

（3）在军事物流中的应用

全球卫星定位系统最初是为军事目的而建立的，主要为军队提供精确定位，为军用船舶、飞机提供导航信息，为导弹等武器提供精确制导信息等。随着 GPS 应用技术的发展，GPS 技术在军事物流中的应用也迅速普及起来。例如在后勤装备的保障等方面，通过采用 GPS 技术的现代后勤保障服务系统，可以准确地掌握和了解各地驻军的详细数据信息，无论在战时还是在平时都能及时、准确地对部队进行后勤补给。

自动跟踪技术在现代物流业的广泛应用，必然为物流企业进一步优化资源配置，降低成本，提高运行效率和服务水平、增强市场竞争力发挥巨大作用。

【知识拓展】

物流信息技术的应用

美国的沃尔玛公司在短短几十年间，由一家小型折扣商店发展成为世界上最大的零售企业。在沃尔玛实现短时间发展壮大、超越对手、坐上世界零售企业头把交椅的各种因素中，强大的物流信息系统起着至关重要的作用。依靠自身的、通过通信卫星建立的基于网络平台的物流信息系统，沃尔玛每年能够满足全球 5 000 多家连锁店对 8 万多种商品的配送需要，每年的运输总量超过 78 亿箱，总行程达 6.5 亿千米，所有这一切，如果没有完善的物流信息系统是根本不可能实现的。

物流信息系统在沃尔玛取得了很大的成功，国内企业成功案例也有很多，比如海尔集团、联想集团等。由浙江工商大学和浙江省烟草公司杭州分公司联合承担的 2003 年杭州市科技发展计划项目“基于现代信息技术的物流配送系统”获得了 2004 年中国物流与采购科技进步奖一等奖和全国商业科学技术进步奖一等奖。该项目在企业内部网和杭烟配送 GIS 的支持下，通过输入卷烟配送中心零售网点的数量、地理位置、历史需求量等参数，以配送车辆容载量和送货线路工作量为目标函数，系统运行后即输出所有配送网点的不同配送线路划分，指出不同配送线路包含的零售网点个数及名称，输出每日每次配送车辆的调度方案，并在 GIS 上可视化输出，实现卷烟配送车辆的实时优化调度。

【任务实施】

请说出下列四种物流技术的优缺点及在物流领域的应用举例，完成表 7－4。

表 7－4　物流技术优缺点及在物流领域应用举例

	条码技术	射频识别技术	数据挖掘技术	自动跟踪技术
优缺点				
物流领域应用举例				

【任务评价】

完成表7－5任务评价。

表7－5　任务评价

评定形式	自我评定（20%）	教师评定（80%）	任务总计（100%）
得分（100）			
总结			

【项目总结】

著名的物流专家詹姆斯·约翰的名言“物流学是一门充满活力的新的科学领域。为了使市场经济达到让适当的用户在适当的时候、支付最低的费用、获得他们所需要的产品和服务的目的，一个有效的物流系统是关键”。物流与电子商务相互影响、相互促进，本项目主要介绍了物流及电子商务物流的相关概念，电子商务环境下物流配送流程及物流配送模式，快递业务流程以及一些常用的电子商务物流技术。

【课后习题】

一、填空题

1. 物流的英文名称是________。

2. 物流包括运输、储存、________、________、________、装卸搬运、________七个功能要素。

3. 按物流所起的作用可以将物流分为供应物流、________、________、________、________、________。

4. 按照物流活动的承担主体，物流可以分为________、________、________。

二、单项选择题

1. 在制造业中，从工厂的原材料购进入库起，直到工厂成品库成品的发送为止，这一全过程的物流活动称为(　　)。

A. 回收物流　　B. 供应物流　　C. 销售物流　　D. 生产物流

2. 生产企业、流通企业或消费者购入原材料、零部件或商品的物流过程称为(　　)。

A. 回收物流　　B. 供应物流

C. 销售物流　　D. 生产物流

3. 下列(　　)不属于流通加工。

A. 钢材的集中剪切　　B. 木材的集中开木

C. 玻璃的集中套裁　　D. 电视机的制造过程

4. (　　)是指在经济合理区域范围内，根据客户要求，对物品进行拣选、加工、包装、分割、组配等作业，并按时送达指定地点的物流活动。

A. 仓储　　B. 包装　　C. 流通加工　　D. 配送

5. 以下(　　)不是仓库的功能。

A. 储存与保管　　B. 调节供需

C. 实现商品使用价值　　D. 调节货物运输

6. 对旧报纸、书籍通过回收、分类可以再制成纸浆加以利用，这种物流活动称为(　　)。

A. 回收物流　　B. 供应物流　　C. 销售物流　　D. 废弃物物流

7. 在同一地域范围内进行的，以改变物的存放状态和空间位置为主要内容和目的的活动称为(　　)。

A. 运输　　B. 装卸搬运　　C. 配送　　D. 流通加工

8. 批量拣取法又称为(　　)。

A. 播种式拣选　　B. 摘果式拣选　　C. 订单分拣　　D. 货物拣选

9. 寄件人和收件人在国内同一城市的快递服务称为(　　)。

A. 国际快递　　B. 国内（异地）快递

C. 国外快递　　D. 同城快递

10. (　　)是快递公司在单个城市中最小、最基本的操作单位，负责该城市或城市某一区域内快件的揽收、运输、分拣与配送工作。

A. 营业网点　　B. 分拨中心　　C. 集散中心　　D. 呼叫中心

三、多项选择题

1. (　　)被看作物流活动的两大支柱。

A. 仓储　　B. 配送　　C. 物流信息　　D. 运输

2. 包装的作用有(　　)。

A. 降低成本　　B. 保护产品　　C. 促进销售　　D. 便于储运

3. 盘点的内容包括(　　)

A. 数量盘点　　B. 重量盘点　　C. 货与账核对　　D. 账与账核对

4. 数据挖掘技术在物流中的应用包括(　　)

A. 市场预测　　B. 优化配送路径

C. 物流中心的选择　　D. 合理安排商品的仓储

四、简答题

1. 分析商流和物流的关系。

2. 电子商务与物流是如何互相影响、互相制约的？

3. 摘果式拣选和播种式拣选的区别是什么？

【拓展学习】

1. 请搜集阿里巴巴集团的相关资料，总结其电子商务物流模式。

(1) 该集团采用哪种物流模式？

(2) 其中由什么平台支持该种物流模式？

(3) 阿里选择该种物流模式对其自身的影响（分内部和外部）。

（例如：自营模式，第三方物流模式，企业联盟模式等）。

2. 阿里巴巴电子商务物流体系由什么构成？

（1）物流信息系统（订单信息，数据传递、搜集等）。

（2）物品配送体系，货物配送制等。

（3）阿里电商物流体系发展及存在的主要问题。

3. 电子商务与传统商务物流的区别与联系。

（1）电子商务物流与传统商务物流的区别。

（2）电子商务物流的特点。

（3）电子商务物流的优势。

（4）电子商务物流的劣势。

（5）电子商务面临的挑战及机遇。

（6）电子商务物流面临的最大难题（具体针对阿里分析）。

4. 请查找相关资料，区别以下三组概念。

（1）快递业务与零担快运业务有何区别？

（2）快递企业与货运代理企业的区别？

（3）货运代理企业与货运企业的区别？

项目8

跨境电子商务

项目情景引入

2018 年 7 月 13 日，国务院会议决定新设一批跨境电商综合试验区，涉及 22 个城市。

2015 年 3 月和 2016 年 1 月，国务院分两批批准设立杭州、天津等 13 个跨境电子商务综合试验区（以下简称综试区）。按照党中央国务院决策部署，两年多来，在各部门和地方共同努力下，13 个综试区建设取得积极成效，初步建立起一套适应跨境电商发展的政策体系，探索形成了一批可复制、可推广的经验做法，有力支撑了外贸转型升级和创新发展。

2017 年 9 月 20 日召开的国务院第 187 次常务会议决定，将跨境电商线上综合服务和线下产业园区“两平台”及信息共享、金融服务、智能物流、风险防控等监管和服务“六体系”等成熟做法面向全国复制推广。

入选的这个 22 个城市，基础条件好、发展潜力大。有良好的产业带基础，有成熟的电商氛围，区域辐射带动明显，有一定的国际物流条件，对外贸易发展好，城市发展跨境电商主观能动性强，同时兼顾分布平衡。

第二批 13 个试点城市，基本囊括了中国目前最发达的几个城市，经济基础、国际物流条件、电商氛围、城市人口都在该区域具有优势，总体分布为珠三角（广州、深圳）、长三角（杭州、上海、宁波、苏州）、中部（郑州、合肥）、西部（成都、重庆）、北部（天津、大连、青岛）。

而第三批主要向中西部和东北地区倾斜，在北京、呼和浩特、沈阳、长春、哈尔滨、南京、南昌、武汉、长沙、南宁、海口、贵阳、昆明、西安、兰州、厦门、唐山、无锡、威海珠海、东莞、义乌等 22 个城市新设跨境综合试验区。

跨境综合试验主要经验“六体系两平台”主要内容。

“六体系两平台”是跨境电商发展的基础框架。六体系包括信息共享、金融服务、智能物流、电商诚信、统计监测和风险防控体系，提供了涵盖跨境电商全流程、各主体的管理和服务。两平台包括线上综合服务平台和线下产业园区平台，提供了综试区建设的软件和硬件条件。实践证明，“六体系两平台”实现了政府与市场、部门与地方、线上与线下的有效结合，调动了各参与方积极性，催生了跨境电商生态圈。

一、“六体系”主要内容

信息共享体系，将实现企业、服务机构、监管部门等信息互联互通，解决了企业无法通过一次申报实现各部门信息共享的问题。

金融服务体系，在风险可控、商业可持续的前提下，鼓励金融机构、非银行支付机构依法合规利用互联网技术为具有真实交易背景的跨境电商交易提供在线支付结算、在线小额融资、在线保险等一站式金融服务，解决了中小微企业融资难问题。

智能物流体系，运用云计算、物联网、大数据等技术和现有物流公共信息平台，构建物流智能信息系统、仓储网络系统和运营服务系统等，实现物流运作各环节全程可验可测可控，解决了跨境电商物流成本高、效率低的问题。

电商诚信体系，建立跨境电商诚信记录数据库和诚信评价、诚信监管、负面清单系统，记录和积累跨境电商企业、平台企业、物流企业及其他综合服务企业基础数据，实现对电商信息的“分类监管、部门共享、有序公开”，解决了跨境电商商品的假冒伪劣和商家诚信缺失问题。

统计监测体系，建立跨境电子商务大数据中心和跨境电子商务统计监测体系，完善跨境电子商务统计方法，为政府监管和企业经营提供决策咨询服务，解决了跨境电商无法获取准确可靠统计数据的问题。

风险防控体系，建立风险信息采集、评估分析、预警处置机制有效防控综试区非真实贸易洗钱的经济风险，数据存储、支付交易、网络安全的技术风险，以及产品安全、贸易摩擦、主体信用的交易风险，确保了国家安全、网络安全、交易安全和商品质量安全。

二、“两平台”主要内容

线上综合服务平台，坚持“一点接入”原则，与商务、海关、税务、工商、检验检疫、邮政、外汇等政府部门进行数据交换和互联互通，在实现政府管理部门之间“信息互换、监管互认、执法互助”的同时，为跨境电子商务企业提供物流快递、金融等供应链服务。

线下产业园区平台，采取“一区多园”的布局方式，有效承接线上综合信息服务平台功能，优化配套服务，打造完整的产业链和生态圈。

项目学习目标

知识目标

1. 掌握跨境电子商务的概念和特征
2. 掌握跨境电子商务的模式
3. 了解跨境电子商务模式的主要代表企业
4. 了解跨境电商和国内电商的区别

能力目标

具有在跨境电子商务平台中获取信息的能力

素质目标

1. 利用互联网不断学习新知识、新技术，有一定创新意识
2. 具有一些开发海外市场的素质能力

核心知识点

跨境电子商务　跨境电子商务的模式

任务8.1　认识跨境电子商务

【任务描述】

进入21世纪以来，随着互联网的普及和快速发展，全球经济各个领域已经进入互联网时代，互联网已经成为国际贸易交易形式发展的新方向。接下来就让我们了解跨境电商的概念和特征等基础内容吧。

【知识学习】

8.1.1　了解跨境电商

跨境电商，是指分属于不同国家的交易主体，通过电子商务手段将传统进出口贸易中的展示、洽谈和成交环节电子化，并通过跨境物流或异地仓储送达商品、完成交易的一种国际商业活动。从狭义上看，跨境电商近似于跨境零售电商，第一印象会想到洋码头、网易考拉等“海淘”平台，主要向中国消费者进口海外商品。但从广义上看，跨境电商指的是电子商务在对外贸易中的应用，是传统国际贸易商务流程的电子化、数字化和网络化。

从业务模式的角度分类，跨境电商可分为跨境零售电商（B2C及C2C）和跨境B2B电商，其中跨境B2B电商不仅包括通过跨境交易平台实现的线上交易部分，还包括通过线上进行撮合实现线下交易的部分；从关境角度分类，跨境电商可分为出口跨境电商和进口跨境电商。

1. 跨境零售电商

跨境零售中的跨境B2C（Business – to – Consumer）电商是指分属不同关境的企业直接面向消费者个人开展在线销售产品和服务，通过电商平台达成交易、进行支付结算、并通过跨境物流送达商品、完成交易的一种国际商业活动。跨境C2C（Consumer – to – Consumer）是指分属不同关境的个人卖方对个人买方开展在线销售产品和服务，由个人卖家通过第三方电商平台发布售卖产品信息、价格等内容，个人买方进行筛选，最终通过电商平台达成交易、进行支付结算，并通过跨境物流送达商品，完成交易的一种国际商业活动。

跨境B2C电商有3种物流模式：国际小包和国际快递、海外仓储、聚集后规模化运输。

国际小包包括中国邮政小包、香港邮政小包和新加坡邮政小包等，特点是运输时间长。国际快递有DHL和EMS等，特点是成本较高。这两种是最为传统且直接的物流方式。对于众多未上规模的企业而言，国际小包和国际快递几乎是唯一可选择的物流方式。

海外仓储是在国外先租下仓库，以海运或空运的形式先把货物运达仓库，然后在接到客户订单后从仓库直接发货。要实现这一模式并不容易，因为虽然在海外建仓库运输成本会低很多，还可以提高物流速度，但建设成本和运营成本很高。

聚集后规模化运输有两种类型。一种是企业自身集货运输，这种物流运输模式主要适用于 B2C 平台本身即为外贸公司，企业自己从国内供应商处采购商品，通过自身的 B2C 平台出售给国外买家，通过买入卖出赚取利润差价。另一种是通过外贸企业联盟集货，主要是利用规模优势和优势互补的原理，将一些货物相似的小型外贸企业联合起来，组成 B2C 战略联盟，通过协定成立共同的外贸 B2C 物流运营中心。这种类型的缺点是有较长的运输周期和复杂的物流程序，并且企业在前期需要投入大量的资金，对于许多中小型外贸企业，这笔费用是难以承受的。

2. 跨境 B2B 电商

跨境 B2B（Business－to－Business）电商是指分属不同关境的企业对企业，通过电商平台达成交易、进行支付结算，并通过跨境物流送达商品、完成交易的一种国际商业活动，已纳入海关一般贸易统计。

3. 跨境进出口电商流程

从跨境电商出口的流程看，生产商或制造商将生产的商品在跨境电商企业的平台上上线展示。在商品被选购下单并完成支付后，跨境电商企业将商品交付给物流企业进行投递，经过两次（出口国和进口国）海关通关商检后，最终送达消费者或企业手中，也有的跨境电商企业直接与第三方综合服务平台合作，让第三方综合服务平台代办物流、通关商检等一系列环节，从而完成整个跨境电商交易的过程，如图 8－1 所示。跨境电商进口的流程除了与出口流程的方向相反外，其他内容基本相同。

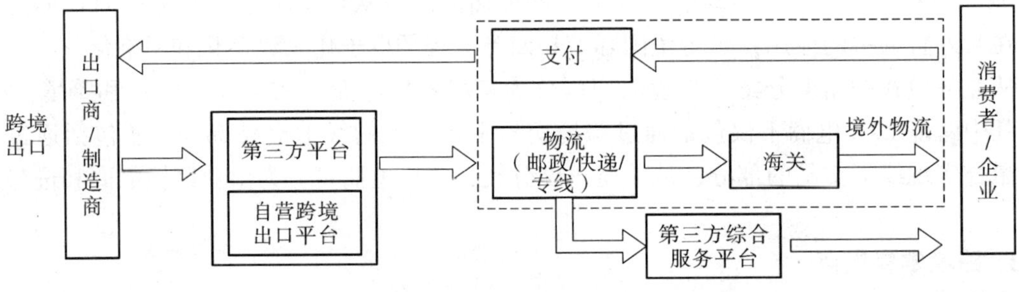

图 8－1 跨境出口流程

8.1.2 跨境电商的特征

跨境电子商务是基于网络发展起来的，网络空间独特的价值标准和行为模式深刻地影响着跨境电子商务，使其不同于传统的交易方式而呈现出自己的特点。基于网络空间分析跨境电子商务具有以下特征：

1. 全球性

网络是一个没有边界的媒介体，具有全球性和非中心化的特征，依附于网络发生的跨境电子商务也因此具有了全球性和非中心化的特性。电子商务与传统的交易方式相比，其一个重要特点在于电子商务是一种无边界交易，丧失了传统交易所具有的地理因素。互联网用户不需要考虑跨越国界就可以把产品尤其是高附加值产品和服务提交到市场。网络的全球性特征带来的积极影响是信息的最大程度的共享，消极影响是用户必须面临因文化、政治和法律的不同而产生的风险。任何人只要具备了一定的技术手段，在任何时候、任何地方都可以让信息进入网络，相互联系进行交易。美国财政部在其财政报告中指出，对基于全球化的网络建立起来的电子商务活动进行课税是困难重重的，因为：电子商务是基于虚拟的空间展开的，丧失了传统交易方式下的地理因素，比如，一家很小的爱尔兰在线公司，通过一个可供世界各地的消费者点击观看的网页，就可以通过互联网销售其产品和服务，只要消费者接入了互联网，很难界定这一交易究竟是在哪个国家内发生的。

这种远程交易的发展给税收当局制造了许多困难。税收权力只能严格的在一国范围内实施，网络的这种特性为税务机关对超越一国的在线交易行使税收管辖权带来了困难。而且互联网有时扮演了代理中介的角色。在传统交易模式下往往需要一个有形的销售网点的存在，例如，通过书店将书卖给读者，而在线书店可以代替书店这个销售网点直接完成整个交易。而问题是，税务当局往往要依靠这些销售网点获取税收所需要的基本信息，代扣代缴所得税等。没有这些销售网点的存在税收权力的行使也会发生困难。

2. 无形性

网络的发展使数字化产品和服务的传输盛行，而数字化传输是通过不同类型的媒介，例如数据、声音和图像在全球化网络环境中集中进行的，这些媒介在网络中是以计算机数据代码的形式出现的，因而是无形的。以一个 E－mail 信息的传输为例，这一信息首先要被服务器分解为数以百万计的数据包，然后按照 TCP/IP 协议通过不同的网络路径传输到一个目的地服务器并重新组织转发给接收人，整个过程都是在网络中瞬间完成的。电子商务是数字化传输活动的一种特殊形式，其无形性的特性使税务机关很难控制和检查销售商的交易活动，税务机关面对的交易记录都是体现为数据代码的形式，使得税务核查员无法准确地计算销售所得和利润所得，从而给税收带来困难。

数字化产品和服务基于数字传输活动的特性也必然具有无形性，传统交易以实物交易为主，而在电子商务中，无形产品却可以替代实物成为交易的对象。以书籍为例，传统的纸质书籍，其排版、印刷、销售和购买被看作是产品的生产、销售。然而在电子商务交易中，消费者只要购买网上的数据便可以使用书中的知识和信息。而如何界定该交易的性质、如何监督、如何征税等一系列的问题却给税务和法律部门带来了新的课题。

3. 匿名性

由于跨境电子商务的非中心化和全球性的特性，因此很难识别电子商务用户的身份和其所处的地理位置。在线交易的消费者往往不显示自己的真实身份和自己的地理位置，重要的是这丝毫不影响交易的进行，网络的匿名性也允许消费者这样做。在虚拟社会里，隐匿身份的便利迅即导致自由与责任的不对称。人们在这里可以享受最大的自由，却只承担最小的责任，甚至干脆逃避责任。这显然给税务机关制造了麻烦，税务机关无法查明应当纳税的在线交易人的身份和地理位置，也就无法获知纳税人的交易情况和应纳税额，更不要说去审计核实。该部分交易和纳税人在税务机关的视野中隐身了，这对税务机关是致命的。以 eBay 为例，eBay 是美国的一家网上拍卖公司，允许个人和商家拍卖任何物品，到目前为止 eBay 已经拥有1.5亿用户，每天拍卖数以万计的物品，总计营业额超过800亿美元。

电子商务交易的匿名性导致了逃避税现象的恶化，网络的发展降低了避税成本，使电子商务避税更轻松易行。电子商务交易的匿名性使应纳税人利用避税地联机金融机构规避税收监管成为可能。电子货币的广泛使用，以及国际互联网所提供的某些避税地联机银行对客户的“完全税收保护”，使纳税人可将其源于世界各国的投资所得直接汇入避税地联机银行，规避了应纳所得税。美国国内收入服务处（IRS）在其规模最大的一次审计调查中发现，大量的居民纳税人通过离岸避税地的金融机构隐藏了大量的应税收入。而美国政府估计大约三万亿美元的资金因受避税地联机银行的“完全税收保护”而被藏匿在避税地。

4. 即时性

对于网络而言，传输的速度和地理距离无关。传统交易模式，信息交流方式如信函、电报、传真等，在信息的发送与接收间，存在着长短不同的时间差。而电子商务中的信息交流，无论实际时空距离远近，一方发送信息与另一方接收信息几乎是同时的，就如同生活中面对面交谈。某些数字化产品（如音像制品、软件等）的交易，还可以即时清结，订货、付款、交货都可以在瞬间完成。

电子商务交易的即时性提高了人们交往和交易的效率，免去了传统交易中的中介环节，但也隐藏了法律危机。在税收领域表现为：电子商务交易的即时性往往会导致交易活动的随意性，电子商务主体的交易活动可能随时开始、随时终止、随时变动，这就使得税务机关难以掌握交易双方的具体交易情况，不但使税收的控管手段失灵，而且客观上促成了纳税人不遵从税法的随意性，加之税收领域现代化征管技术的严重滞后作用，都使依法治税变得苍白无力。

5. 无纸化

电子商务主要采取无纸化操作的方式，这是以电子商务形式进行交易的主要特征。在电子商务中，计算机通信记录取代了一系列的纸面交易文件。用户发送或接收电子信息。由于电子信息以比特的形式存在和传送，整个信息发送和接收过程实现了无纸化。无纸化带来的积极影响是使信息传递摆脱了纸张的限制，但由于传统法律的许多规范是以规范“有纸交易”为出发点的，因此，无纸化带来了一定程度上法律的混乱。

电子商务以数字合同、数字时间截取了传统贸易中的书面合同、结算票据，削弱了税务当局获取跨国纳税人经营状况和财务信息的能力，且电子商务所采用的其他保密措施也将增加税务机关掌握纳税人财务信息的难度。在某些交易无据可查的情形下，跨国纳税人的申报额将会大大降低，应纳税所得额和所征税款都将少于实际所达到的数量，从而引起征税国国际税收流失。例如，世界各国普遍开征的传统税种之一的印花税，其课税对象是交易各方提供的书面凭证，而在网络交易无纸化的情况下，物质形态的合同、凭证形式已不复存在，因而印花税的合同、凭证贴花（即完成印花税的缴纳行为）便无从下手。

6. 快速演进

互联网是一个新生事物，现阶段它尚处在幼年时期，网络设施和相应的软件协议的未来发展具有很大的不确定性。但税法制定者必须考虑的问题是网络像其他的新生儿一样，必将以前所未有的速度和无法预知的方式不断演进。基于互联网的电子商务活动也处在瞬息万变的过程中，短短的几十年中电子交易经历了从EDI到电子商务零售业的兴起的过程，而数字化产品和服务更是花样出新，不断地改变着人类的生活。

而一般情况下，各国为维护社会的稳定，都会注意保持法律的持续性与稳定性，税收法律也不例外。这就会引起网络的超速发展与税收法律规范相对滞后的矛盾。如何将分秒都处在发展与变化中的网络交易纳入税法的规范，是税收领域的一个难题。网络的发展不断给税务机关带来新的挑战，税务政策的制定者和税法立法机关应当密切注意网络的发展，在制定税务政策和税法规范时充分考虑这一因素。

跨国电子商务具有不同于传统贸易方式的诸多特点，而传统的税法制度却是在传统的贸易方式下产生的，必然会在电子商务贸易中漏洞百出。网络深刻地影响着人类社会，也给税收法律规范带来了前所未有的冲击与挑战。

【任务实施】

通过知识的学习，你认为跨境电商与国内电子商务有什么不同?

【任务评价】

完成表8-1任务评价。

表8-1　任务评价

评定形式	自我评定（20%）	教师评定（80%）	任务总计（100%）
得分（100）			
总结			

【知识拓展】

跨境电子商务与国内电商和传统国际贸易的区别

一、跨境电商与国内电子商务的区别

1. 业务环节的差异

国内电子商务属于国内贸易，而跨境电商实际上是国际贸易。较之国内电子商务，跨境电商业务环节更加复杂。需要经过海关通关、检验检疫、外汇结算、出口退税、进口征税等环节，在货物运输上，跨境电商通过邮政小包、快递方式出境，货物从售出到国外消费者手中的时间更长，因路途遥远，货物容易损坏，且各国邮政派送的能力相对有限，急剧增长的邮包量也容易引起贸易摩擦。国内电子商务发生在国内，以快递方式将货物送达消费者，路途近，到货速度快，货物损坏率低。

2. 交易主体差异

电子商务交易主体一般在国内，国内企业对企业、企业对个人或者个人对个人，而跨境电商交易的主体是在关境之间，可能是国内企业对境外企业、国内企业对境外个人或者国内个人对境外个人，交易主体遍及全球，有不同的消费习惯、文化心理、生活习俗。这要求跨境电商对国际化的流量引入、广告推广营销、国外当地品牌认知等有更深入的了解，需要对国外贸易、互联网、分销体系、消费者行为有很深的了解，要有“当地化/本地化”思维，这都远远超出日常国内的电商。

3. 交易风险差异

国内生产企业知识产权意识比较薄，再加上跨境B2C电商市场上的产品多为不需要高科技和大规模生产的日用消费品，很多企业缺乏产品定位的意识，什么热卖就上什么产品。大量的低附加值、无品牌、质量不高的商品和假货仿品充斥跨境电商市场，侵犯知识产权等现象时有发生。在商业环境和法律体系较为完善的国家，很容易引起知识产权纠纷，后续的司法诉讼和赔偿十分麻烦。国内电子商务行为发生在同一个国家，交易双方对商标、品牌等知识产权有统一的认识，侵权引起的纠纷较少，即使产生纠纷，处理时间较短，处理方式也较为简单。

4. 适用规则差异

跨境电商比一般国内电商需要适应的规则更多、更细、更复杂，首先是平台规则，跨境电商经营借助的平台除了国内的平台，还可能在国外平台上开展交易，国内的B2B及B2C平台已经很多，各个平台均有不同的操作规则，海外各国的平台及其规则更是令人眼花缭乱，跨境电商需要熟悉不同海内外平台的操作规则，需要具有针对不同需求和业务模式进行多平台运营的技能。

国内电子商务只需遵循一般的电子商务的规则，但是跨境电商要以国际通用的系列贸易协定为基础，或者是双边的贸易协定为基础，跨境电商需要有很强的政策、规则敏感性，要及时了解国际贸易体系和规则、进出口管制、关税细则、政策的变化，对进出口形势也要有更深入的了解和分析能力。

二、跨境电商和传统国际贸易的区别

跨境电商与传统国际贸易模式相比，受到地理范围的限制较少，受各国贸易保护措施影响较小。交易环节涉及中间商较少，因而价格低廉、利润率高。但同时也存在明显的通关、结汇和退税障碍，贸易争端处理不完善等劣势。通过对两者进行对比，可以看出其中的差异，如表8-2所示。

表8-2 跨境电商与传统国际贸易模式对比

对比内容	传统国际贸易	跨境电商
沟通方式	面对面、直接接触	通过互联网平台、间接接触
运作基础	商务合同	互联网平台
订单类型	批次少、批量大	批次多、批量少
价格、利润表	价格高、利润相对低	价格实惠、利润率高
产品类目	产品类目少、更新速度慢	产品类目多、更新速度快
规模、速度	市场规模大但受地域限制，增长速度相对缓慢	面向全球市场，规模大，增长速度快
交易环节	复杂（生产商-贸易商-进口商-批发商-零售商-消费者），涉及中间商众多	简单（生产商-零售商-消费者或生产商-消费者），涉及中间商少

续表

对比内容	传统国际贸易	跨境电商
支付与结汇	信用证、电汇等	信用证、电汇、互联网金融等，支付方式更多样
运输	空运、集装箱海运、铁路运输	空运、集装箱海运、铁路运输、邮政小包、快递、物流专线、运输方式更多样
争端处理	健全的争端处理机制	争端处理不畅，效率低

归纳来看，跨境电商呈现出传统国际贸易所不具备的5大新特征：多边化、小批量、高频度、透明度、数字化。

1. 跨境电商的多边化

多边化是指跨境电商贸易过程相关的信息流、商流、物流、资金流已由传统的双边逐步向多边的方向演进，呈网状结构，跨境电商可以通过A国的交易平台、B国的支付结算平台、C国的物流平台，实现其他国家间的直接贸易。而传统的国际贸易主要表现为两国之间的双边贸易，即使有多边贸易，也是通过多个双边贸易实现的，呈线状结构。

2. 跨境电商的小批量

小批量是指跨境电商相对于传统贸易而言，单笔订单大部分是小批量，甚至是单件。这是由于跨境电商实现了单个企业之间或单个企业与个人之间的交易，跨境电商与传统贸易方式相比，产品类目多、更新速度快，具有海量商品信息库、个性化广告推送、支付方式简便多样等优势，由于掌握更多的顾客数据，跨境电商企业更能设计和生产出差异化、定制化产品，更好地为顾客提供服务。

3. 跨境电商的高频度

高频度是指跨境电商实现了单个企业或消费者能够即时按需采购、销售或消费。传统国际贸易模式下，信息流、资金流和物流是分离的，而跨境电商可以将信息流、资金流和物流集合在一个平台上完成，而且可以同时进行，因此相对于传统贸易而言，交易双方的交易频率大幅提高。

4. 跨境电商的透明度

透明度是指跨境电商不仅可以通过电子商务交易与服务平台，实现多国企业之间、企业与终端消费者之间的直接交易，在跨境电商模式下，供求双方的贸易活动可以采用标准化、电子化的合同，提单、发票和凭证，使各种相关单证在网上即可实现瞬间传递，增加贸易信息的透明度，减少了信息不对称造成的贸易风险，特别是传统贸易中一些重要的中间角色被弱化甚至替代了，国际贸易供应链更加扁平化，形成制造商和消费者的“双赢”局面，通过电子商务平台，跨境电商大大降低了国际贸易的门槛，使贸易主体更加多样化，丰富了国际贸易的主体阵营。

5. 跨境电商的数字化

数字化有两层含义，一是越来越多的传统跨境贸易借助于电子化平台开展，传统的贸易环节相关信息也更好地以无纸化的方式呈现；二是指随着信息网络技术的深化应用，数字化产品（软件、影视作品、游戏等）的品类和贸易量快速增长，且通过跨境电商进行销售或消费的趋势更加明显。与之相比，传统的国际贸易主要存在于实物产品或服务中间。

任务8.2　跨境电商主要模式

【任务描述】

中国跨境电商的交易模式主要分为跨境一般贸易模式B2B（Business－to－Business）和跨境零售模式。跨境零售包括B2C（Business－to－Consumer）和C2C（Consumer－to－Consumer）。下面分别学习三种不同的跨境电商交易模式。

【知识学习】

8.2.1　跨境电商主要模式

1. 根据商品流向可分为跨境进口和跨境出口

（1）跨境进口

跨境进口的传统模式是“海淘”，即中国国内消费者直接到国外B2C电商网站上购物，然后通过转运或直邮等方式把商品邮寄回国的购物方式。除直邮品类之外，中国消费者只能借助转运物流的方式完成收货，简单讲，就是在海外设有转运仓库的转运公司代消费者在位于国外的转运仓地址收货，之后再通过第三方/转运公司自营的跨国物流将商品发送至中国口岸。

此外，主要的跨境进口模式还有“直购进口”模式和“保税进口”模式。“直购进口”模式是指符合条件的电商平台与海关联网，境内消费者跨境网购后，电子订单、支付凭证、电子运单等由企业实时传输给海关，商品通过海关跨境电商专门监管场所入境，按照个人邮递物品征税。

“保税进口”模式则是指国外商品整批抵达国内海关监管场所——保税港区，消费者下单后，商品从保税区直接发出，在海关、国检等监管部门的监管下实现快速通关，能在几天内配送到消费者手中。

与传统的“海淘”模式相比，“直购进口”模式货物符合国家海关监管政策，清关操作更为阳光，消费信息也更透明，同时，商品来源和服务都会比较有保障。

“保税进口”模式则借助了保税港区特殊监管园区的政策优势，采取“整批入区、B2C邮快件缴纳行邮税出区”的方式，大大降低了电商企业进口货品的价格。同时，从国内发货的形式也缩短了消费者从下单到收货的时间。

“直购进口”与“保税进口”是两种并行的跨境电商进口模式，适用于不同类型的电商企业。其中，“直购进口”模式对代购类、品类较宽泛的电商平台及海外电商来说比较适用，可从海外直接发货，在商品种类的多样性上具有优势。“保税进口”模式则在价格和时效上具有优势，适用于品类相对专注、备货量大的电商企业，其二者进口模式对比，如表8－3所示。

表8－3 直购进口模式和保税进口模式的对比

对比项目	直购进口	保税进口
模式类型	进口B2C模式	进口B2B2C保税备货模式
海关监管特色	电子订单、支付凭证、电子运单实时传输，实现阳光化清关	货物存放在海关监管场所，可实现快速通关
适用企业	代购，品类宽泛的电商平台、海外电商	品类相对专注、备货量大的电商企业
发货地点	国外	保税港、保税区
时效	7～10天	5天以内
商品种类	更丰富	有限制

（2）跨境出口

跨境出口是指国内电子商务企业通过电子商务平台达成出口交易、进行支付结算，并通过跨境物流送达商品，完成交易的一种国际商业活动，可以为跨境一般贸易的跨境零售。

2. 根据交易主体可分为跨境一般贸易和跨境零售

（1）跨境一般贸易

跨境一般贸易也称为跨境B2B贸易，是指分属不同关境的企业对企业，通过电商平台达成交易、进行支付结算，并通过跨境物流送达商品、完成交易的一种国际商业活动，已纳入海关一般贸易统计。

B2B跨境电商平台所面对的最终客户为企业或集团客户，提供企业、产品、服务等相关信息。目前，中国跨境电商市场交易规模中B2B跨境电商市场交易规模占总交易规模的90%以上，在跨境电商市场中，企业级市场始终处于主导地位。

（2）跨境零售

跨境零售又可分为跨境B2C和跨境C2C。跨境B2C电商是指分属不同关境的企业直接面向消费个人开展在线销售产品和服务，通过电商平台达成交易、进行支付结算，并通过跨境物流送达商品、完成交易的一种国际商业活动。B2C跨境电商所面对的最终客户为个人消费者，针对最终客户以网上零售的方式，将产品售卖给个人消费者。B2C模式下，中国企业直接面对国外消费者，以销售个人消费品为主，物流方面主要采用邮政物流、商业快递、专业及海外仓储等方式，其报关主体是邮政或快递公司，目前大多未纳入海关登记。

跨境C2C电商是指分属不同关境的个人卖方对个人买方开展在线销售产品和服务，由个人卖家通过第三方电商平台发布产品和服务，售卖产品信息、价格等内容，个人买方进行筛选，最终通过电商平台达成交易、进行支付结算，并通过跨境物流送达商品、完成交易的一种国际商业活动。C2C跨境电商所面对的最终客户为个人消费者，商家也是个人卖方。

3. 根据服务类型可分为信息服务平台和在线交易平台

信息服务平台主要是为境内外会员商户提供网络营销平台，传递供应商或采购商等商家的商品或服务信息，促成双方完成交易。

在线交易平台不仅提供企业、产品、服务等多方面信息展示，并且可以通过平台线上完成搜索、咨询、对比、下单、支付、物流、评价等全购物链环节，在线交易平台模式正在逐渐成为跨境电商中的主流模式。

4. 根据运营方式可分为第三方开放平台和自营型平台

第三方开放平台是指平台型电商通过线上搭建商城，整合物流、支付、运营等服务资源，吸引商家进驻，为其提供跨境电商交易服务。同时，平台以收取商家佣金及增值服务佣金作为主要盈利模式。

自营型平台是指自营型电商通过在线上搭建平台，平台方整合供应商资源通过较低的进价采购商品，然后以较高的售价出售商品，自营型平台主要以商品差价作为盈利模式。

8.2.2 不同模式的主要代表企业介绍

1. 阿里巴巴

阿里巴巴的跨境电商业务分为国际站和速卖通。阿里巴巴国际站是全球最大的B2B贸易市场之一，其注册企业会员超过230万人，覆盖超过200多个国家和地区，覆盖超过34个进出口行业。它曾连续7年被美国《福布斯》杂志评为全球最佳B2B网站，是帮助中小企业拓展国际贸易的出口营销推广服务，它基于全球领先的企业间电子商务网站阿里巴巴国际站贸易平台，通过向海外买家展示、推广供应商的企业和产品，进而获得贸易商机和订单，是出口企业拓展国际贸易的首选网络平台。

阿里巴巴国际站提供一站式的店铺装修、产品展示、营销推广、生意洽谈及店铺管理等全系列线上服务和工具，帮助企业降低成本、高效率地开拓外贸大市场，在阿里巴巴国际站，海外买家可以寻找搜索卖家并发布采购信息，卖家可以寻找搜索卖家并发布公司产品及产品信息。阿里巴巴国际站作为B2B交易平台，为买家、卖家提供了沟通工具、账号管理工具，为双方的网络交易提供了诸多便利。

速卖通也是阿里巴巴旗下面向全球市场打造的在线交易平台，自2010年4月上线以来，经过几年的迅猛发展，目前已经覆盖220多个国家和地区的海外买家，每天海外买家的流量已经超过5 000万。速卖通采用的商业模式从对成功交易收取5%手续费，不成功不收费，逐步向不同品类、不同支付方式、不同交易金额，收取不同手续费比率的模式发展。

速卖通是俄罗斯最受欢迎的跨境网购平台，交易额占俄罗斯跨境网购市场总值的35%，紧随其后的是eBay，所占的比率为30%，亚马逊为7.5%，速卖通不仅有英文主站，还拥有俄语、葡萄牙分站，并计划建立印尼分站，有向东南亚扩张的趋势。

速卖通的优势在于平台交易手续费率低，和其他竞争对手相比有明显的优势。丰富的淘宝商品资源，其淘代销功能使得卖家可非常方便地将淘宝商品一键卖向全球，速卖通为卖家提供一站式商品翻译、上架、支付、物流等服务。凭借其“阿里巴巴国际站”的知名度，再加上各大洲相关联盟站点、谷歌线上推广等渠道为速卖通引入源源不断的优质流量。

2. eBay

eBay是在线交易平台的全球领先者，利用其强大的平台优势和旗下全球市场占有率第一的支付工具Paypal为全球商家提供网上零售服务。通过eBay的全球平台，中国卖家的支付、语言、政策、品牌、物流等问题得到很好的解决，同时在出口电商网络零售领域发挥自身优势，将产品销售到世界各国，直接面对亿万消费者。中国卖家可通过 eBay 推广自有品牌，提升世界地位认可度。eBay 也帮助买卖双方削减中间环节，创造价格优势，降低运营成本。

eBay 对进驻其平台进行跨境电商交易的商家收取两项费用，一项是刊登费，即商家在 eBay 上刊登商品所收取的费用；另一项是成交费，即当交易成功时，会收取一定比例的佣金。

eBay 的优势在于品牌的国际影响力和全球市场覆盖率，健全的买家保障体系和 Paypal 支付的紧密合作。在物流方面，eBay 联合第三方合作伙伴中国邮政速递，为中国卖家提供便捷快速经济的国际 e 邮宝货运服务，并逐渐从美国、澳大利亚、德国等发达国家向俄罗斯等新兴市场延伸，eBay 推出卖家保护政策，通过大数据技术及买家质量评估，强化对卖家的支持和保护，助力卖家业务的快速发展。

3. 亚马逊

亚马逊以优质的仓储物流系统和售后服务体系闻名于世，除了自营业务外并对第三方卖家开放。根据卖家选择的服务不同，亚马逊采用不同的收费模式。卖家在亚马逊全球网站开店，亚马逊将收取平台月费和交易佣金，无交易则不收取交易佣金，选择亚马逊物流的卖家加收仓储和物流费用。自主配送的卖家选择的配送服务必须符合亚马逊对服务质量的相关要求。

亚马逊的优势在于品牌国际影响力和优质的买家服务体系，以及领先的国际物流仓储服务。亚马逊在北美市场提供 FBA 服务，能实现 2 ~ 3 天到货，最快次日送货。在欧洲市场，可以帮助卖家实现欧洲 5 国（英国、法国、德国、意大利、西班牙）的统一仓储和物流服务，并可配送欧盟其他国家，方便卖家向亚马逊欧洲网站的顾客提供本地化客户服务及快捷的送货服务。亚马逊平台提供免费的站内推广服务，以及向消费者精准的商品推荐服务。

4. 敦煌网

敦煌网 2004 年正式上线，是中国国内首个实现在线交易的跨境电商 B2B 平台，以中小额外贸批发业务为主，开创了“成功付费”的在线交易佣金模式，免卖家注册费，只有在买卖双方交易成功后才收取相应的手续费，将传统的外贸电子商务信息平台升级为真正的在线交易平台。

目前，敦煌网已经具备 120 多万家国内供应商在线，2 500 万种商品，遍布全球 224 个国家和地区的 50 万买家的规模。在 10 多年发展过程中，敦煌网实现了在物流、资金流和信息流三大环节的平台整合。敦煌网采取佣金制，免注册费，只在买卖双方交易成功后收取费用。其主要模式为在线交易平台型跨境 B2B 平台。

敦煌网提供第三方网络交易平台，中国卖家通过商铺建设、商品展示等方式吸引海外买家，并在平台上达成交易意向，生成订单，可以选择直接批量采购，也可以选择先小量购买样品，再大量采购。并且提供货源、海外营销、在线支付和国际物流、保险、金融、培训为一体的供应链整合服务体系，实现一站式外贸购物体验。

敦煌网于 2013 年上半年推出“在线发货”物流服务，通过线上申请、线下发货的方式，简化了发货流程，为外贸商家提供更为便捷的快递服务。妥投时间为 5 ~ 7 天，覆盖了全球 107 个国家及地区。而敦煌网综合物流平台 DHLink 与全球四大物流公司签约，目前可覆盖超过190个国家和地区，DHLink在物流渠道、价格等方面均具有明显优势。

敦煌网的优势在于较早推出增值金融服务，根据自身交易平台的数据为敦煌网商户提供无实物抵押、无第三方担保的网络融资服务。虽然速卖通后续也推出类似产品，但时间上晚于敦煌网。敦煌网在行业内率先推出APP应用，不仅解决跨境电商交易中的沟通问题和时差问题，还打通订单交易的整个购物流程。

5. 环球资源

环球资源成立于1970年，2000年在美国纳斯达克股票市场公开上市。环球资源是一家多渠道整合推广的B2B媒体公司，致力于促进中国的对外贸易。环球资源为其所服务的行业提供最广泛的媒体及出口市场推广服务，公司的核心业务是通过一系列英文媒体，包括环球资源网站、印刷及电子杂志、采购资讯报告、买家专场采购会、贸易展览会等形式促进亚洲各国的出口贸易。环球资源同时提供广告创作、教育项目和网上内容管理等支持服务。

未来规划方面，环球资源将继续扩大网上外贸交易中枢业务，在地区及行业层面上充分扩展其范围，以协助环球资源为贸易社群中所有成员提供一个全套的

网络市场交易中枢。同时，环球资源将继续发力跨境业务，积极适应经济全球化的浪潮，大力开拓海外市场。

6. 兰亭集势

兰亭集势成立于2007年，是整合了供应链服务的在线B2C企业，拥有一系列的供应商，并拥有自己的数据仓库和长期的物流合作伙伴。兰亭集势以国内的婚纱、家庭、3C产品为主，这些产品毛利相对来说比较低，盈利主要来源于制造成本的低廉与价格差。

兰亭集势的企业宣言是“ One World One Market”，公司目标是通过创新的商业模式、领先的精准网络营销技术、世界一流的供应链体系，为全世界中小零售商提供一个基础互联网的全球整合供应链。在近期规划上，兰亭集势希望能把多年来精心打造的配送体系、本地化体系、客户支持体系及数据分析系统开放出来，为卖家所用。同时，随着国家对跨境电商的重视与扶持，兰亭集势已经与多地合作，走通了跨境电商出口退税流程。在不久的将来，平台商家也有望自动享受到跨境电商的出口退税政策优惠。此外，基于现有顾客群和中国产品的特点，兰亭集势的开放平台刚开始将专注于服装品类，以15%分成方式与商家结算，不收取年费。

7. 焦点科技（中国制造网）

焦点科技前旗下代表性B2B跨境电商平台是中国制造网。中国制造网创建于1998年，是国内最早专业从事电子商务开发及应用高新技术的企业之一，主要为中国供应商和全球采购商提供信息发布与搜索等服务，已成为全球采购商采购中国制造产品的重要网络渠道之一。

2015年6月，焦点科技境外仓储、物流系统成功打通，未来公司将在中国制造网上直接提供外贸综合服务，进一步加速外贸综合服务平台的增长。除自建海外展示仓外，公司还积极寻找并购标的，筹建海外销售网络。同时，焦点科技拟设立互联网科技小额贷款公司，为中国制造网上的企业提供供应链金融服务，一方面，可以完善公司的产品服务线，增强客户黏性；另一方面，将有效增强公司盈利能力。

8. Wish

作为较新的电商平台 Wish，不得不说它是跨境电商移动端平台的一匹黑马，从下面几个数据我们就可以看出它到底有多“黑”。凭借仅 50 个人的团队，只用了 3 年时间，就成为北美最大的移动购物平台，95% 的订单量来自移动端，89% 的卖家来自中国，APP 日均订单量定在 10 万左右，注册用户数超过 3 300 万，日活跃用户 100 万，重复购买率超过 50%，向卖家收取高达 15% 的佣金费率，也让 Wish 在中国跨境电商中迅速蹿红。

Wish 的优势在于坚持追求简单直接的风格，不讨好大卖家，也不扶持小卖家，全部通过技术算法将消费者与想要购买的物品连接起来。卖家进驻门槛低、平台流量大、成单率高、利润率远高于传统电商平台。与 PC 端展开差异化竞争，利用移动平台的特点，卖家不用以牺牲产品价格来取胜。

【任务实施】

通过知识的学习，你认为跨境电商的交易模式有哪些，并举例说明？

【任务评价】

完成表 8－4 任务评价。

表 8－4　任务评价

评定形式	自我评定（20%）	教师评定（80%）	任务总计（100%）
得分（100）			
总结			

【知识拓展】

跨境电商的发展状况

跨境电子商务

随着 2015 年“互联网＋”时代的来临，跨境电商已经站到了资本市场的风口上。跨境电商有望成为对冲出口增速下台阶的利器。近年来，随着国际贸易条件的恶化，以及欧洲、日本的需求持续疲弱，中国出口贸易增速出现了下台阶式的减缓。而以跨境电商为代表的新型贸易近年来的发展脚步正在逐渐加快，并有望成为中国贸易乃至整个经济的全新增长引擎。

2017 年跨境电商整体交易规模（含零售及 B2B）达 7.6 万亿元人民币，增速可观。在“新消费”观念和消费升级潮流的冲击下，商品质量更有保障的跨境电商市场交易规模保持快速增长。从结构上看，跨境出口电商的比例将长期高于跨境进口电商的比例，中国跨境电商的发展将始终以出口为主，进口为辅。国家近年来力促跨境电商的发展，更多旨在扶持传统外贸企业借助互联网的渠道实现转型升级。中国跨境电商的交易模式中跨境电商 B2B 交易占据绝对优势。未来几年跨境电商将快速发展，2017 年跨境电商交易额占进出口贸易总额的 20%，而其中主导仍是出口电商，占比保持在 80% 以上，预计未来几年我国出口电商交易规模仍将保持 20% ~25% 的增速，未来随着跨境物流、支付等环节问题的进一步突破和跨境电商企业盈利能力的进一步提升，行业将迎来黄金发展期。

2018年11月21日，主持召开国务院常务会议，决定延续和完善跨境电子商务零售进口政策并扩大适用范围，扩大开放更大激发消费潜力。

一是从2019年1月1日起，延续实施跨境电商零售进口现行监管政策，对跨境电商零售进口商品不执行首次进口许可批件、注册或备案要求，而按个人自用进境物品监管。

二是将政策适用范围从之前的杭州等15个城市，再扩大到北京、沈阳、南京、武汉、西安、厦门等22个新设跨境电商综合试验区的城市。非试点城市的直购进口业务可参照执行相关监管政策。

三是在对跨境电商零售进口清单内商品实行限额内零关税、进口环节增值税和消费税按法定应纳税额70%征收基础上，进一步扩大享受优惠政策的商品范围，新增群众需求量大的63个税目商品。提高享受税收优惠政策的商品限额上限，将单次交易限值由目前的2 000元提高至5 000元，将年度交易限值由目前的每人每年2万元提高至2.6万元，今后随居民收入提高相应调增。

四是按照国际通行做法，支持跨境电商出口，研究完善相关出口退税等政策。

五是按照“包容审慎”监管原则，依法加强跨境电商企业、平台和支付、物流服务商等责任落实，强化商品质量安全监测和风险防控，维护公平竞争市场秩序，保障消费者权益。

商品清单的调整，将部分近年来消费需求比较旺盛的商品纳入清单商品范围，增加了葡萄汽酒、麦芽酿造的啤酒、健身器材等63个税目商品；根据税则税目调整情况，对前两批清单进行了技术性调整和更新，调整后的清单共1 321个税目。

【项目总结】

本项目通过“跨境电商的概念与特征”和“跨境电商主要模式”任务的实施，学习了跨境电子商务的概念和特征、跨境电商主要模式以及目前不同模式下的典型平台等基本知识。跨境电商的发展已经得到各级政府和社会的高度重视，目前中国各类跨境平台企业已超过数千家，存在极大的人才缺口，因此，普及跨境电子商务的知识具有重要的现实意义。

【课后习题】

一、单项选择题

1. 跨境电子商务是基于(　　)发展起来的。

A. 网络　　B. 全球化

C. 科技　　D. 人们不断增长的需求

2. 跨境电子商务活动中，进出境商品的管制政策主要体现在(　　)。

A. 对外贸易经营者管理制度　　B. 其他进出境商品管理制度

C. 出入境检验检疫制度　　D. 进出口许可管理制度

3. B2B模式下的跨境交易具有规模大、种类多、(　　)等特点。

A. 及时快捷　　B. 不具备最终消费

C. 全球化　　D. 灵活化

4. 由于跨境电子商务的(　　)和全球化的特征，很难识别电子商务用户的身份和其所处的地理位置。

A. 无纸化　　B. 非中心化　　C. 信息化　　D. 跨境

5. 跨境电商目前的主要运营方式不包括(　　)。

A. B2B　　B. B2C　　C. C2C　　D. A2C

二、思考题

1. 什么是跨境电子商务？
2. 跨境电子商务的特征有哪些？
3. 举例说明跨境电子商务的主要类型有哪些？有哪些平台？

【拓展学习】

请浏览阿里巴巴国际站、速卖通、亚马逊、环球资源等知名跨境电商网站，并从服务对象、提供的服务内容、佣金收取等方面进行分析。

项目9

电子商务法律法规

项目情景引入

中国电子商务发展迅速，电子商务领军企业已经在企业规模、创新能力、技术水平、盈利能力等方面走在了世界前列。伴随电子商务交易，很多问题正变得越来越突出，如网络欺诈、虚假促销、售后服务不当，个人信息被泄露，电子商务引发的合同问题、知识产权问题、信息安全问题、纳税问题，第三方电子交易平台的责任和义务、以及围绕互联网支付、理财发展起来的互联网金融问题等。电子商务立法的必要性、重要性和紧迫性已经取得社会各界的认同。目前中国电子商务立法的现状如何？作为电子商务的参与者，你能否有效地利用现有的法律分析和解决实际的问题呢？

项目学习目标

知识目标

1. 掌握数据电文、电子签名的概念
2. 掌握数据电文、电子签名有效的条件
3. 掌握数据电文、电子签名的效力
4. 掌握电子签名的特点
5. 理解电子签名人的义务
6. 理解电子商务法对电子商务经营者应承担责任的相关规定
7. 理解电子商务合同的订立与履行要求和经营者的义务
8. 了解国内外电子商务法律法规的现状
9. 了解数据电文、电子签名的适用范围
10. 了解违反电子商务法应承担的责任

技能目标

1. 能够认识电子商务活动中存在的法律问题，树立电子商务法律意识
2. 能够利用法律中的相关规定分析并解决实际问题

素质目标

1. 利用互联网不断学习新知识、新技术，有一定创新意识
2. 具有电子商务行业敏感度，善于捕捉相关电子商务行业、企业的最新信息
3. 树立电子商务法律意识，在实际工作中注重合法性、规范性

核心知识点

数据电文　电子签名　电子商务参与者

任务9.1　了解电子商务交易的法律法规

【任务描述】

从腾讯与360大战要求用户在QQ和360管家之间“二选一”到阿里、京东、苏宁易购等电商平台在“618”“双11”大战中要求商家站队；从在线旅游平台同程指责途牛旅游网要求供应商“二选一”到腾讯旗下的超市禁用支付宝……近年来，电商平台强迫商家或消费者“二选一”站队的事件屡次发生。激烈的竞争甚至发展到了强迫商家站队的地步。据媒体报道，商家在使用滴滴外卖后，发现自己在美团外卖和饿了么的商铺被无故下架，无法登录。甚至有外卖平台的市场经理表示：“如果你要上滴滴，就把美团和饿了么都关掉。”电商平台的“二选一”触犯了哪部法律？你还知道目前中国有哪些规范电子商务交易的法律和法规？

【知识学习】

网络信息技术和电子商务日新月异、蓬勃发展，全面融入人们生产生活，深刻改变经济社会发展格局。在中国经济发展新常态下，在“互联网+”政策的推动下，电子商务正在成为中国经济发展的新动力。电子商务在加快工业化和信息化的深度融合，加快转变经济发展方式，促进经济结构转型升级的同时，也面临管理方式不适应、诚信体系不健全、市场秩序不规范等问题，亟须通过立法予以规范。

9.1.1　电子商务立法情况概述

1. 电子商务立法的重要性、必要性和紧迫性

随着电子商务的深入发展，个人信息被非法收集、滥用、泄露等事件层出不穷，侵害知识产权以及利用网络销售假冒伪劣产品等行为时有发生，特别是原有管理方式不能完全适应电子商务快速发展的需要，交易安全亟待加强，管理体制有待理顺，迫切需要通过制定电子商务法以回应电子商务持续健康发展的需求。

2. 电子商务立法的指导思想

中国电子商务法充分借鉴了国外立法的成功经验，明确制定电子商务法的根本目的在于

促进电子商务持续健康发展，规范电子商务市场秩序，保障电子商务各主体特别是消费者的合法权益。

9.1.2 国内外电子商务法律法规概况

1. 国外电子商务法律法规概况

（1）联合国国际贸易法委员会

1996年通过了《电子商务示范法》；2001年审议通过了《电子签名示范法》。这两个示范法是各国共同排除电子商务的法律障碍的重要途径，在国际上的重要性得到了各国的认可，为各国所广泛借鉴，影响深远。在此基础上形成了《联合国国际合同使用电子通信公约》，该公约有16个国家签署，在3个成员国正式批准之后，已于2013年3月1日生效，现有7个成员国。

（2）世界经济合作与发展组织

1998年10月该组织就电子商务问题召开部长级会议，会议推出了《全球电子商务行动计划》，并就电子商务的规则与保护网上消费者的合法权益，通过了具体的实施宣言和实施报告，即《在全球网络上保护个人隐私宣言》《关于在电子商务条件下保护消费者的宣言》《关于电子商务身份确认宣言》《电子商务：税务政策框架条件》等报告。

（3）欧盟

1997年提出了《欧洲电子商务行动方案》，1998年11月18日发表《发展电子商务法律架构之指令》，1999年11月3日正式通过了《电子签名指令》，1999年12月13日颁布了《关于在欧盟范围内建立有关电子签名共同法律框架的指令》。2000年通过了《电子商务指令》。2015年11月，欧盟委员会通过了关于在线提供数字内容和销售货物的两份电子商务法律建议。两份建议旨在消除成员国合同法不统一等影响欧盟内跨境电子商务的主要障碍，解决企业经营成本居高不下、消费者跨境消费缺乏信任等问题。2018年5月实施《统一数据保护条例》。

（4）美国

美国在电子商务立法方面是以各州的立法为先导的，其中犹他州1995年颁布了一部在美国乃至在全球范围内的第一部全面确定电子商务运行规范的法律文件——《数字签名法》。美国政府在1997年7月颁布了《全球电子商务纲要》。《全球电子商务纲要》是全球第一个官方正式发布的关于电子商务立场的文件。1999年，颁布《统一电子交易法》。2000年6月颁布《电子签名法案》，是在全美生效的联邦正式法律，使电子签名和传统方式的亲笔签名具有同等的法律效力。2016年2月以美国为首的12国签署的《跨太平洋伙伴协议》，其中“电子商务”章节是迄今为止出现的关于电子商务的综合化、体系化、系统化立法的最突出例证。

（5）其他

德国于1997年6月13日通过了《信息与通信服务法》，这是世界上第一部对网络应用与行为规范提出法律架构的成文规范，该法内容广泛，涉及了与电子商务相关的各个方面，并对整个法律体系进行了调整。新加坡于1998年6月29日通过了《电子交易法》，又于1999年制定了《电子交易（认证机构）规则》和《认证机构安全方针》。英国制定了《电子商务条例》，澳大利亚制定了《电子交易法》。

2. 中国的电子商务法律法规

（1）地方性法规

2000年1月，香港特别行政区通过了《电子交易条例》，用以规范区内电子商务的活动。

北京市工商局在2000年出台了几个重要规定：《关于在网络经济活动中保护消费者合法权益的通告》《网络名称注册管理暂行办法》《网络名称注册管理暂行办法实施细则》等。2002年6月又出台了《北京电子商务监督管理暂行办法》。2008年7月，北京市工商局公布了《关于贯彻落实《〈北京市信息化促进条例〉加强电子商务监督管理的意见》，自2008年8月1日起，北京地区的网店经营者从事买卖前必须先注册营业执照，否则将被工商部门查处。这是全国首部针对网店的地方性法规。

广东省2002年12月6日通过了《广东省电子交易条例》，深圳2013年10月29日通过了《深圳市网络交易合同规则》。

（2）全国性法律法规

2004年8月28日，第十届全国人民代表大会常务委员会第十一次会议通过了《中华人民共和国电子签名法》（以下简称《电子签名法》，该法于2005年4月1日起施行。

2005年10月26日，中国人民银行公布并实施规范性文件《电子支付指引（第一号）》。

2008年4月24日，商务部起草了《电子商务模式规范》和《网络购物服务规范》。

2010年6月21日，中国人民银行出台《非金融机构支付服务管理办法》，并于2010年9月1日起实施。

2011年4月12日，商务部出台《第三方电子商务交易平台服务规范》。

2012年3月12日，国家工商行政管理总局颁布了《关于加强网络团购经营活动管理的意见》。

2013年10月25日新修订的《中华人民共和国消费者权益保护法》由第十二届全国人民代表大会常务委员会审议通过，自2014年3月15日起施行。

2013年10月31日，商务部印发《关于促进电子商务应用的实施意见》。

2014年2月，国家工商行政管理总局出台了《网络交易管理办法》，并于2014年3月15日起实施。

2014年3月21日，海关总署发布《关于跨境贸易电子商务服务试点网购保税进口模式有关问题的通知》。

2014年5月28日，国家工商行政管理总局出台了《网络交易平台经营者履行社会责任指引》。

2014年7月24日，财政部、商务部印发了《关于开展电子商务进农村综合示范的通知》。

2014年12月24日，商务部发布《网络零售第三方平台交易规则制定程序规定（试行）》，自2015年4月1日起施行。

2015年3月4日，国家工商行政管理总局发布《关于完善消费环节经营者首问和赔偿先付制度 切实保护消费者合法权益的意见》。

2015年8月21日，商务部等部门联合印发《关于加快发展农村电子商务的意见》。

2015年9月2日，国家工商行政管理总局发布了《网络商品和服务集中促销活动管理暂行规定》，自2015年10月1日起施行。

2015年12月28日，中国人民银行发布《非银行支付机构网络支付业务管理办法》，自2016年7月1日起施行。

2016年4月21日，国务院印发《关于深入实施“互联网+流通”行动计划的意见》。

2016年11月4日，国家互联网信息办公室发布《互联网直播服务管理规定》。

2017年9月5日，《网络餐饮服务食品安全监督管理办法》发布，自2018年1月1日起施行。

2017年11月4日，《中华人民共和国反不正当竞争法（2017年修订）》公布，自2018年1月1日起施行。

2018年8月31日，第十三届全国人民代表大会常务委员会第五次会议通过《中华人民共和国电子商务法》（以下简称《电子商务法》），自2019年1月1日起施行。

【任务实施】

登录中国电子商务法律网（www. chinaeclaw. com. cn），了解《电子签名法》《非金融机构支付服务管理办法》《非银行支付机构网络支付业务管理办法》《电子商务法》的内容，并查找电子商务交易相关案例，与同学们讨论。

【任务评价】

完成表9-1任务评价。

表9-1　任务评价

评定形式	自我评定（20%）	教师评定（80%）	任务总计（100%）
得分（100）			
总结			

【知识拓展】

专家权威解读新修订的消费者权益保护法

2013年10月25日，150票赞成、2票反对、1票弃权，全国人大常委会表决通过了关于修改消费者权益保护法的决定。这是中国全国人大常委会对实施近20年的消费者权益保护法的首次大修订。在网络购物已经走进千家万户的背景下，此次新修改后的《消费者权益保护法》着重对网络购物等非现场购物形式进行规范，新增了网购等“七日无理由退货”等规定。

那么，新修改后的《消费者权益保护法》将对中国电子商务带来什么影响？在具体网购过程中容易出现哪些需要解释的问题？

一、关于第二十五条的七天无理由退换货的三款规定

原文：经营者采用网络、电视、电话、邮购等方式销售商品，消费者有权自收到商品之日起七日内退货，且无须说明理由，但下列商品除外：

（一）消费者定做的；

（二）鲜活易腐的；

（三）在线下载或者消费者拆封的音像制品、计算机软件等数字化商品；

（四）交付的报纸、期刊。

除前款所列商品外，其他根据商品性质并经消费者在购买时确认不宜退货的商品，不适合无理由退货。

消费者退货的商品应当完好。经营者应自收到退货商品之日起七日内返还消费者支付的商品价款。退货商品的运费由消费者承担；经营者和消费者另有约定的，按照约定。

分析：

①关于“无理由有条件”：简单地概括，《消费者权益保护法》的“七天无理由退换货”是“无理由有条件”，不可理解为无理由无条件。对于条件，包括四个：七日内、鲜活易腐等部分商品除外、商品完好和运费由消费者承担。七天是指自然日，不是工作日，遇到节假日顺延一天。七天应自消费者收到货物时起算。另外，如果是商品有质量问题的，就是“有理由无条件”了，适用的是《消费者权益保护法》第二十四条的规定，这个需要特别区分。

②商家需要提前声明并一对一确认：不适用无理由退换货的商品除了前款列出的四种外，商家和消费者还可以另行约定。但是需要商家在消费者购买前明示，事后告知的无效，而且还需要一对一的明示。比如，除了事前的声明告知外，还需要通过在程序设计上，在消费者下单前或下单同时弹出窗口，明示消费者。

③其他不适宜的商品，服务不在此列：其他不适宜执行无理由退换货的商品包括哪些？一般来讲，主要看商品性质和交易时双方的约定，比如内衣等不适宜无理由退货的商品、其他的保质期少于七天的商品、团购等附带条件交易的商品等。

还有，对于已消费过的餐饮、娱乐等服务，由于不具有可退性，也不在此列；至于代购，由于一般的代购者都是以帮助消费者采购的角色出现的，不是严格意义上的卖方，所以也不在此列。

④商品应当完好：可以退的商品应当完好，一方面是指包装损坏不属于不完好；另一方面是完好是指在消费者手里是完好的就行，退回中物流的损坏不属于不完好；还有就是商品的自然损耗不属于不完好。

⑤C2B不在此列：我们知道，C2B是网购发展的趋势之一，由于C2B中的商品属于定制商品，所以也不在七天无理由退货之列。

⑥非专门针对网购，源自目录销售：需要特别强调，第二十五条规定并非特意针对网购，而是所有的非现场购物。如邮购、电话购物、电视购物。网购只是其中的一种表现形式。这样的规定起源于欧美发达国家，当时是针对邮购等目录销售为消费者设置的特殊的反悔权利，后来自然延伸到电话、电视购物，已经有几十年的历史。电视购物中也存在很多侵犯消费者合法权益的行为。

⑦运费消费者承担，有质量问题的不在此列：退货费用由消费者承担，这样的规定也符合国际惯例，有助于扼制消费者滥用权利。当然，如果是因为商品有质量问题的退货，则不

需要消费者承担运费。关于运费消费者承担的规定，双方另有约定的除外。

二、关于第四十四条的平台责任的两款规定

原文：消费者通过网络交易平台购买商品或者接受服务，其合法权益受到损害的，可以向销售者或者服务者要求赔偿。网络交易平台提供者不能提供销售者或者服务者的真实名称、地址和有效联系方式的，消费者也可以向网络交易平台提供者要求赔偿；网络交易平台提供者做出更有利于消费者的承诺的，应当履行承诺。网络交易平台提供者赔偿后，有权向销售者或者服务者追偿。

网络交易平台提供者明知或者应知销售者或者服务者利用其平台侵害消费者合法权益，未采取必要措施的，依法与该销售者或者服务者承担连带责任。

分析：

①关于销售者或者服务者的真实名称、地址和有效联系方式：该条款可理解为国家工商行政管理总局2010年49号文件对于平台的网店实名制义务的升级，即只要平台履行了相应的实名制义务，即可以免责。

②什么人都可以查询吗？这一条款规定了平台对于被侵权消费者的查询的响应义务。但是需要说明的是，这种响应应该是有前提的，否则随便哪一个人来要某个商家的真实身份和联系方式，将导致另一种个人信息被泄漏的危险。这个前提至少包括两个方面，一是证明自己是这家商家的消费者，存在交易关系；二是自己的合法权益受到了损害，需要进行维权和法律救济。

③关于更有利于消费者的承诺：平台的义务不止于这里的规定，如果平台做出了更有利于消费者的承诺，如先行赔付、三十日无理由退换货等，应以这些承诺为准，确保消费者的合法权益得到落实。

④明知和应知：在中国侵权责任法中，网络服务商承担责任的前提是知道侵权行为的存在。而根据这条新的规定，把平台的责任从“知道”扩展到了“应知”，可以说是加重了平台的责任和义务。但究竟什么是应知，则需要根据司法判例和相关法律规定和实际情况具体判断。

⑤关于必要措施：这里的“必要措施”则是与“明知”一样的另一个含义很广泛的概念，无法在法律条文中明确，需要参考其他规定和司法判例、实际情况进行判断。比如，我们知道，淘宝网是一个包含近十亿商品的平台，人工的全部审核是一个不可能做到的任务，那么，必要措施就应该理解为设置了必要的过滤和机器识别系统，同时在被告知侵权信息存在时采取了及时的措施。而不可以理解为，只要平台上存在明显的侵权信息，平台就需要承担连带责任。

总之，此次《消费者权益保护法》的修订规模和对消费者保护的力度是非常大的，加重了对卖家和平台的义务与责任，极大地提升了对中国消费者保护的力度和水平。

反不正当竞争法案例

案例一：浙江金华查处特大组织刷单炒信不正当竞争案

针对当前网络市场刷单炒信乱象，浙江金华市市场监管局在全省“百日执法”专项行动中，重拳出击，严厉查处各类网络违法行为。2018年4月9日，金华市局查处当事人金华吉森网络科技有限公司组织虚假交易案，处顶格罚款200万元。这是新《反不正当竞争法》施行后全国查处组织刷单炒信涉案金额最高、罚没款最高的案件。

经查，当事人金华吉森网络科技有限公司通过自建服务器，使用PO工作室刷单平台系统，利用计算机模拟手机客户端操作的方式虚假下单采购商品，使用网络采购的空包物流单号或商家自行联系的物流发送空包裹，欺骗第三方交易平台取得交易记录，完成刷单炒信全部流程。经统计，仅2017年12月28日至2018年3月21日案发共有刷单记录18.9万单，涉及刷单商品金额为2 015.811 9万元，获取佣金209.5万元。当事人从事刷单行为以来，其流水超3.2亿元。

当事人通过组织虚假交易，帮助其他经营者提升网店的信誉，提高产品销量，获取佣金，其行为违反《反不正当竞争法》第八条第二款的规定，属于组织虚假交易行为。由于当事人组织虚假交易金额及刷单交易笔数特别巨大，根据《反不正当竞争法》第二十条第一款规定，金华市市场监管局对当事人处以罚款200万元。

启示：炒信是一种不诚信的行为，也是违法行为，严重侵犯广大消费者的网络购物权益，也扰乱正常的市场秩序，理应受到法律的惩罚和道德的谴责。金华市市场监管局运用新法利器剑指刷单炒信行为，展现了工商和市场监管部门整治虚假交易违法行为的决心。治“乱”当用“重典”，使用顶格处罚，有益于发挥案件的警示作用，有益于创造良好的网络市场环境。该案的成功查处，体现了浙江工商和市场监管部门执法人员的敬业精神和专业素养，为全国工商和市场监管部门对该类行为的查处树立了标杆，充分彰显了工商和市场监管部门的执法权威，有效规范了网络市场经营秩序。

案例二：瓜子广告语激怒人人车，向其索赔1亿

竞争对手之间除了可以争夺商标、专利、版权之外，还可以用“广告语”当武器出击。2017年11月初，一则两家二手车网站打官司的消息，在网上刷屏了。

据报道：人人车二手车网站因不满瓜子二手车直卖网宣传“遥遥领先”“全国领先”等宣传用语，人人车以不正当竞争为由将瓜子网诉至法院，索赔1亿。很明显，瓜子网打广告的策略是“从众心理”，可以看见很多品牌都这样用过，例如香飘飘奶茶“可绕地球一圈”“1亿人都在用拼多多”“红罐凉茶领导者”，大家可能都觉得用的人多就是好，所以打这个广告就告诉人家我有实力，选我吧。也正是因为这个，瓜子网被人人车告了。

来而不往非礼也，12月，瓜子二手车以“人人车”使用“买车0首付，三天包卖”等不实的宣传语，造成相关公众误解，构成不正当竞争中的虚假宣传为由将人人车诉至海淀法院，请求判令被告停止相关宣传的同时并索赔经济损失1 000万元。

启示：相关从业者要以诚信经营推动行业发展，杜绝不正当竞争行为。同时，夸张广告语有风险，《广告法》提及的禁用词汇千万别用！

案例三：饿了么力压美团风波再起 判罚后屡教不改

餐饮商户猪粉世家小吃店同时入驻了美团外卖和饿了么两个平台，提供的菜品种类基本相同，同一菜品的销售价格也相同。饿了么却连同商家在其订餐页面上推出了一张名为“饿了么力压美团5元”的优惠券。

事实上，这只是针对饿了么新用户的优惠活动。而美团外卖也推出了类似针对新用户的优惠政策，双方的优惠力度是一样。

2017年9月，饿了么因不正当竞争被法院判处罚款5万元并赔礼道歉，而“双十一”

饿了么再次挑战法律底线，打出“每单比美团优惠”的虚假宣传字样，不仅扰乱了市场秩序，损害到平台商家的利益，更是威胁到消费者的食品安全。

启示：正当的竞争能产生压力与动力。饿了么与美团为了自身发展，竞争在所难免，但各自在谋求自身增长的同时，要注重诚实信用的市场规则和公认的商业道德，营造良性健康的市场环境。

案例四：苏宁斥京东擅用杨洋肖像 混淆认知

2017 年 11 月 7 日，杨洋经纪公司发表声明，称京东公司未经杨洋合法授权，在京东商城擅自使用含有杨洋肖像的图片，以“双十一”促销为主题进行宣传推广，并在网络媒介上大肆传播。

虽然京东对肖像权做出回应，同一天，苏宁通过微博发布关于京东商城擅用苏宁代言人杨洋先生形象的声明，指责京东前述不当行为，涉嫌故意混淆公众认知，扰乱市场之正常经营秩序。

京东已经知道杨洋是苏宁云南地区代言人的情况下，依然选择在图片中淡化了杨洋代言品牌的名称，并将京东的 logo、活动内容等信息放在了图片显眼位置，消费者在观看的时候很容易就会混淆杨洋的身份，同时此举也侵犯了杨洋的合法权益，对于杨洋合作方苏宁的权益也带来了损害。

启示：京东属于传统电商，苏宁属于新兴的线上 + 线下相结合的电商。苏宁在渠道整合方面相比京东拥有天然优势，京东眼看着苏宁在电商领域一步步做大。杨洋头像事件也许只是冰山一角，未来京东和苏宁还会有其他的争端。

案例五：百度擅用大众点评信息 被判赔 323 万

大众点评网的经营者汉涛公司自 2012 年以来，发现百度公司未经许可在百度地图、百度知道中使用了来自大众点评的信息，认为该行为构成不正当竞争，故将其诉至法院。

一审法院认为，百度公司未经许可在百度地图和百度知道中大量使用来自大众点评网的信息，实质性地替代了原告网站，具有不正当性，2016 年 5 月 26 日判决百度公司停止侵害，赔偿经济损失人民币 300 万元及为制止不正当竞争行为所支付的合理费用 23 万元。百度公司不服，提起上诉。2017 年 8 月 30 日，上海知识产权法院宣判上诉人百度公司和被上诉人汉涛公司不正当竞争纠纷案，判决驳回上诉，维持原判。

启示：大数据时代，得数据者得天下。希望百度之鉴能够引起大家重视，为诚实信用原则和公认的商业道德树立起法律权威。

任务 9.2　电子签名法的应用

【任务描述】

某年 1 月，杨先生结识了女孩韩某。同年 8 月 27 日，韩某发短信给杨先生，向他借钱应急，短信中说：“我需要 5 000 元，刚回北京做了眼睛手术，不能出门，你汇到我卡里”。杨先生随即将钱汇给了韩某。一个多星期后，杨先生再次收到韩某的短信，又借给韩某 6 000 元。因都是短信来往，二次汇款杨先生都没有索要借据。此后，因韩某一直没提过借款的事，而且又再次向杨先生借款，杨先生产生了警惕，于是向韩某催要。但一直索要未果，于是起诉至海淀法院，要求韩某归还其 11 000 元钱，并提交了银行汇款单两张。但韩某却称这是杨先生归还以前欠她的欠款。

为此，在庭审中，杨先生在向法院提交的证据中，除了提供两张银行汇款单外，还提交了自己使用的号码为“1391166 × × × ×”的飞利浦移动电话一部，其中记载了部分短信息内容。如：8 月 27 日 15:05，那就借点资金援助吧。8 月 27 日 15:13，你怎么这么实在！我需要 5 000 元，这个数不大也不小，另外我昨天刚回北京做了个眼睛手术，现在根本出不了门口，见人都没法见，你要是资助就得汇到我卡里等韩某发来的 18 条短信内容。

后经法官核实，杨先生提供的发送短信的手机号码拨打后接听者是韩某本人。而韩某本人也承认，自己从去年七八月份开始使用这个手机号码。

请问本案中杨先生向法院提交的手机短信能否作为证据使用？

【知识学习】

2004 年 8 月 28 日，十届全国人大常委会第十一次会议表决通过了《中华人民共和国电子签名法》(以下简称《电子签名法》)，并于 2005 年 4 月 1 日起施行。

《电子签名法》的通过，标志着中国首部“真正意义上的信息化法律”已正式诞生。《电子签名法》阐述了数据电文的概念及效力等问题，并为电子签名的应用以及相关认证服务奠定了坚实的法律基础。该法首次赋予电子签名与文本签名具有同等法律效力，并明确电子认证服务市场准入制度，保障电子交易安全。随着这部法律的出台和实施，电子签名将获得与传统手写签名和盖章同等的法律效力，这意味着在网上通行有了“身份证”。

9.2.1　数据电文

1. 数据电文概述

传统商务活动中多使用的是口头、书面意思表示形式，而电子商务中的意思表示形式，则是一种独立于口头、书面的意思表示形式，这就出现了数据电文。

(1) 基本含义

《电子签名法》从归类和产生与运用方式上给出了数据电文的基本含义，即数据电文是以电子、光学、磁或者类似手段生成、发送、接收或者储存的信息。

(2) 形态

数据电文具有静态存储与动态传输两种形态。因为其本质上是一种传达民事主体的内在意思的无纸化信息，具体形式有电话、电报、电传、传真、电邮、EDI、互联网数据等，它分别处于信息的传递和存储过程中。因此，它可能是传输于有线或无线的信道中的电磁波或比特，这体现出其动态形式；也可能是硬盘或其他存储设备中的电磁记录，这体现出其静态形式。

(3) 作用

数据电文在电子商务中具有两个作用，其一是在交易过程中以其作为交易条件的表达手段，也就是商事意思的载体，诸如要约、承诺的数据电文；其二是以数据电文表示交易内容的情况，也就是商事交易的标的或其衍生物，诸如应用软件、电子货币等。

（4）适用范围

数据电文适用于民事活动中的合同或者其他文件、单证等文书。但不能适用下列文书：

①涉及人身关系的文书，如婚姻、收养、继承等；

②涉及不动产权益转让的文书，如土地、房屋转让等；

③涉及公用事业服务的文书，如停止供水、供热、供气、供电等；

④其他。

2. 数据电文有效的条件

数据电文是独立于口头、书面等传统意思表示的一种电子信息及其记录。因此，《电子签名法》给出了一些标准，用以判断其在个案中的作用和衡量它所执行的意思表示功能。

（1）书面形式条件

数据电文如能够有形地表现所载内容，并可以随时调取查用的，则视为符合法律、法规要求的书面形式。

（2）原件形式条件

数据电文如符合①能够有效地表现所载内容并可供随时调取查用；②能够可靠地保证自最终形成时起，内容保持完整、未被更改；则视为满足法律、法规规定的原件形式要求，但在数据电文上增加背书以及数据交换、储存和显示过程中发生的形式变化不影响其完整性。

（3）文件保存要求条件

数据电文如符合①能够有效地表现所载内容并可供随时调取查用；②其格式与其生成、发送或者接收时的格式相同，或者格式不相同但是能够准确表现原来生成、发送或者接收的内容；③能够识别发件人、收件人以及发送、接收的时间；则视为满足法律、法规的文件保存要求。

3. 数据电文的效力

数据电文的意思表示与传统的口头、书面意思表示是平等的，即同样的有效，同样的具有可执行性。具体体现在法律文书效力和证据效力上。

（1）法律文书效力

在民事活动中订立合同、签署其他文件、单证等法律文书，当事人使用或者不使用数据电文，从其约定。如约定使用数据电文的文书，不得仅因为其采用数据电文的形式而否定其法律效力。

（2）证据效力

在法律程序中，不得仅仅因为数据电文是以电子、光学、磁或者类似手段生成、发送、接收或者储存的而拒绝作为证据使用。同时在评估一项数据电文的证据力时，因考虑到生成、储存或者传递该数据电文的方法的可靠性，保持内容完整性方法的可靠性，用以鉴别发件人方法的可靠性以及任何其他相关因素。

4. 数据电文的通信规则

（1）数据电文的发件人

是生成数据电文的人，而不是指传输或处理数据电文的人。

（2）数据电文的收件人

是发件人想要其接收数据电文的人，而不是指在传输过程中任何可能收到、转递或复制数据的人。

（3）中间人

任何发件人、收件人之外的履行中间功能的人，有可能是专业的也可能是非专业的人，如网络运营商。

（4）信息系统

生成、发送、接收、储存或用其他方法处理数据电文的系统，包含所有用于传输、接收和存储信息的技术手段，如通信网络、电子邮箱、传真机等。

（5）发送的效力

当事人可对发件人发送的事项进行约定，如无约定则①数据电文经发件人授权发送的；②数据电文是发件人的信息系统自动发送的；③数据电文是收件人按照发件人认可的方法对其进行验证后结果相符的，均视为发件人发送。

（6）收到确认的效力

当法律、行政法规规定或者当事人约定数据电文需要确认收讫的，应当确认收讫。发件人收到收件人的收讫确认时，数据电文视为已经收到。

（7）发送时间

当事人对发送时间有约定的，从其约定。如无约定则数据电文进入发件人控制之外的某个信息系统的时间，视为发送时间。

（8）接收时间

当事人对接收时间有约定的，从其约定。如无约定则收件人指定特定系统接收数据电文的，数据电文进入该特定系统的时间，视为该数据电文的接收时间；未指定特定系统的，数据电文进入收件人的任何系统的首次时间，视为该数据电文的接收时间。

（9）发送与接收地点

当事人对发送与接收地点有约定的，从其约定。如无约定则发件人的主营业地为数据电文的发送地点，收件人的主营业地为数据电文的接收地点。没有主营业地的，其经常居住地为发送或者接收地点。

9.2.2　电子签名

1. 电子签名概述

当民事法律行为与商事法律行为的形式由口头、书面转化为以数据电文方式进行时，即成了计算机通信网络中传输的比特时，传统的手书签名必须由一种与数据电文相适应的方式来代替，这就是电子签名。

（1）基本含义

电子签名是指数据电文中以电子形式所含、所附用于识别签名人身份并表明签名人认可其中内容的数据。

（2）作用

简单地说，电子签名是指附加于数据电文中的，或与之有逻辑联系的电子形式的数据。它可用来证明数据电文签署者的身份，并表明签署者同意数据电文中所包含的信息内容，着重保护数据电文的安全，不使其被仿冒、篡改或被否认。

（3）电子签名与传统签名之间的差异

电子签名与传统签名作用相同，但其间的差异却比比皆是，两者的差异如表9－2所示。

表9－2　电子签名与传统签名的差异

比较内容 / 比较对象	签署方式	表现形式	签名个数	是否会被遗忘	鉴别方法
电子签名	在线	数据形式	多个	是	计算机系统
传统签名	亲临现场	书面形式	一个（可能会变化）	否	视觉比较

（4）适用范围

电子签名适用于民事活动中的合同或者其他文件、单证等文书。但不能适用下列文书：

①涉及人身关系的文书，如婚姻、收养、继承等；

②涉及不动产权益转让的文书，如土地、房屋转让等；

③涉及公用事业服务的文书，如停止供水、供热、供气、供电等；

④其他。

2. 电子签名的效力

（1）基本条件

当事人可以选择使用符合其约定的可靠条件的电子签名。一个被视为可靠的电子签名，必须同时符合下列条件：

①电子签名制作数据（即在电子签名过程中使用的，将电子签名与电子签名人可靠地联系起来的字符、编码等数据）用于电子签名时，属于电子签名人（即持有电子签名制作数据并以本人身份或者以其所代表的人的名义实施电子签名的人）专有。

②签署时电子签名制作数据仅由电子签名人控制。

③签署后对电子签名的任何改动能够被发现。

④签署后对数据电文内容和形式的任何改动都能够被发现。

（2）电子签名的使用效果

①合法使用的效果

当事人可以约定使用或不使用电子签名。如果约定使用电子签名的文书，不得仅因为其采用电子签名的形式而否定其法律效力。可靠的电子签名与手写签名或者盖章具有同等的法律效力。

②未经授权使用的效果

伪造、冒用、盗用他人的电子签名，构成犯罪的，依法追究刑事责任；给他人造成损失的，依法承担民事责任。

（3）电子签名使用人的义务

电子签名人向电子认证服务提供者申请电子签名认证证书，应当提供真实、完整和准确的信息。

未向电子认证服务提供者提供真实、完整和准确的信息，或者有其他过错，给电子签名依赖方（即基于对电子签名认证证书或者电子签名信赖从事有关活动的人）、电子认证服务提供者造成损失的，电子签名人承担赔偿责任。

电子签名人应当妥善保管电子签名制作数据。

电子签名人知悉电子签名制作数据已经失密或者可能已经失密时，应当及时告知有关各方，并终止使用该电子签名制作数据。

电子签名需要第三方认证的，由依法设立的电子认证服务提供者提供认证服务。

【任务实施】

依据《电子签名法》的相关规定，分析“任务描述”案例中的手机短信能否作为证据使用？

【任务评价】

完成表9－3任务评价。

表9－3 任务评价

评定形式	自我评定（20%）	教师评定（80%）	任务总计（100%）
得分（100）			
总结			

【知识拓展】

《非银行支付机构网络支付业务管理办法》

——给网络支付“立规矩”

2015年12月，央行正式出台《非银行支付机构网络支付业务管理办法》（以下简称《办法》），这意味着备受市场关注的网络支付服务终于有章可循。

一、寻求各方利益的“最佳交集”

目前，网络支付业务已经成为电子商务与互联网金融活动的日常工具，特别是非银行支付机构网络支付业务以其灵活便捷的优势，已发展成为拥有亿级客户、10万亿级交易规模的市场。

《办法》的辐射范围和影响力已经远远超出了支付市场本身，对中国电子商务和互联网金融的发展、“互联网＋”战略的实施以及经济结构转型升级都将产生重大而深远的影响。《办法》的出台融合了监管的意志、市场的诉求、消费者的意愿以及社会各界的智慧，努力兼顾各方利益，寻求“最佳交集”，《办法》将市场原则、现实情况和科学管理有机结合，在坚守底线的前提下，给予市场主体和消费者更多的选择权，充分发挥政策引导和市场机制的作用。

新规根据支付机构的分类评级情况和支付账户实名制落实情况，对支付机构实施差别化管理，采用扶优限劣的激励和制约措施，引导和推动支付机构既要合规经营，又要勇于创新。风险高的机构实行严格监管，风险小的实行宽松监管。不同的机构依据其风险等级实行不同的监管方式，在满足行业和社会需求的同时，也最大限度地保护了消费者权益，将系统性风险控制到了最低。

支付账户有别于银行账户，支付机构更不是银行，第三方支付是支付市场的补充者，从而与商业银行形成互助、互补的关系。《办法》强调支付机构应当遵循主要服务电子商务发展和为社会提供小额、快捷、便民小微支付服务的宗旨，这是对支付机构的根本定位。这就要求支付机构不忘初心、回归本质，以服务好电子商务发展为出发点和落脚点，不要经营或者变相经营证券、保险、信贷、融资等业务，不能触碰红线。

二、保护消费者权益“切中要害”

《办法》禁止第三方支付机构执行支付清算职能，原则上支付账户与非同名的银行账户之间不可以相互转账，但也开出了一个口子：部分机构如“A”类且Ⅱ类、Ⅲ类支付账户实名比例超过95%的支付机构的客户，支付账户与非同名银行账户之间可以相互转账。《办法》给予综合评定高、账户实名制做得好的支付机构在客户身份验证渠道、支付账户转账功能、支付账户单日交易限额、银行卡快捷支付验证方式等方面更具监管弹性和灵活性，能够获得更多地创新支持，真正做到让“好孩子不吃亏”。

《办法》将个人支付账户分为三类。其中，Ⅰ类账户可以用于消费和转账，主要适用于客户小额、临时支付；Ⅱ类和Ⅲ类账户的实名验证强度相对较高，能够在一定程度上防范假名、匿名支付账户问题。对不同类别的账户，《办法》也分别规定了10万元、20万元的年累计限额和1 000元、5 000元的单日累计限额。

“限额”就像交通管理中的“限速”，是常规性安全管理措施。就像不同等级的道路有不同的限速要求一样，网上交易限额高低与账户实名程度、安全性等是正相关的关系。事实上，《办法》规定的限额以及配套的多种解决方案，能够满足绝大部分消费者的支付需要。

消费者在网络支付业务中可能面临资金被盗、信息泄露等风险隐患，在维权过程中往往处于相对弱势的地位。为保障消费者合法权益，《办法》要求支付机构以显著的方式提示风险，账户须由客户“自愿开立、自担风险”；要求支付机构对审核不严而进行验证的交易无条件全额承担客户风险损失赔付责任。《办法》兼顾了消费者的使用便捷与安全。针对当前很多第三方支付机构客户权益保护的不足，《办法》加强了客户权益保障的力度，提出了可行的具体措施，可谓切中要害。

三、支付市场优胜劣汰或不可避免

目前来看，金融消费者受新规的直接影响不大，但其无疑将对整个第三方支付行业产生重大影响。《办法》没有对支付机构办理银行账户与银行账户之间的转账业务进行额外限制，相信未来消费者在不同渠道的转账手续费水平会显著降低，甚至免费。新规通过分类管理和差别化的监管措施来引导消费者选择评定等级高的支付机构提供服务，通过消费者的“投票”来督促支付机构加强安全管理，改进服务，将推动整个支付清算服务市场的健康发展。

《办法》的实施有利于第三方支付行业健康可持续发展，对那些资本实力、技术能力和市场份额占优的企业将带来巨大利好。未来大型支付机构还将继续扩大市场占有率，而对那些仅仅拥有牌照、缺少优势和特色的小型支付机构来说发展前景不容乐观。央行正在按照“同一业务，同一规则”对商业银行与互联网公司网络支付提出要求。一个横跨商业银行和支付公司、贯彻线上支付和线下支付的更强大、更安全的账户体系正在逐步形成。

《办法》为金融创新留下空间。《办法》中提到的收款客户特定专属设备、五种身份交叉验证方式和三类支付指令验证要素等为支付技术革新指出了具体的方向，为将来各种创新技术如指纹、人脸识别等在金融领域的进一步广泛应用留出了空间。

随着信息技术的发展，我国金融业也在不断走向成熟，监管部门的监管水平也将与时俱进，金融消费者也将享受到既便捷又安全的金融服务。

任务9.3 电子商务法的应用

【任务描述】

南京雨花台区板桥新城一家餐饮公司，通过电子商务点餐平台提供餐饮服务，但未在平台上公示食品经营许可信息，被区市场监管局责令整改，并处以500元罚款，这是《电子商务法》于2019年1月1日施行后，南京市场监管部门开出的第一例罚单。电子商务是指通过互联网等信息网络销售商品或者提供服务的经营活动。常见的电子商务平台有淘宝、天猫、京东、苏宁易购、饿了么、美团、微店等，广大的平台内经营者就是通过这些平台开展经营活动。此外，通过微信朋友圈的微商、代购、直播销售等，也属于电子商务经营的范畴。《电子商务法》中对电子商务的经营行为有哪些规定？

百度一下，电子商务法

【知识学习】

9.3.1 电子商务法调整的对象

1. 电子商务的定义

通过互联网等信息网络销售商品或者提供服务的经营活动。

2. 电子商务法调整的对象

（1）互联网等信息网络

互联网等信息网络包括互联网、移动互联网、电信网、物联网等。其中通过移动客户端或移动社交圈进行的经营活动也是电子商务法的调整范围。

（2）销售商品和提供服务

商品交易既包括有形产品交易，也包括无形产品交易，如数字音乐、电子书和计算机软件的复制件等数字产品交易和技术交易。

提供服务是指在线提供的服务，如滴滴打车、在线租房、在线旅游等；或者是网上订立服务合同，在线下履行，如家政服务。此外，对销售商品和提供服务进行支撑的相关服务，如电子支付、物流快递、信用评价、网店装修设计等。

（3）经营活动

经营活动是指以营利为目的的持续性业务活动。自然人利用网络临时、偶尔出售二手物品、闲置物品不包括在内。单纯的公司内部管理行为，如生产管理、质量控制、人力资源管理和财务管理等，不属于法律意义上的经营活动，所以也不包括在电子商务法调整的范围。

此外，电子商务法调整的范围不包括的还有：金融类产品和服务，利用信息网络提供新闻信息、音视频节目、出版以及文化产品等内容方面的服务。这些产品、信息、服务，国家有专门的法律、行政法规与部门规章加以管理与规范，不属于电子商务法管辖。

9.3.2 电子商务经营者

1. 电子商务经营者的定义

通过互联网等信息网络从事经销商品或者提供服务的经营活动的自然人、法人和非法人组织，具体包括：

①电子商务平台经营者；

②平台内经营者；

③通过自建网站、其他网络服务销售商品或者提供服务的经营者。

2. 电子商务经营者的一般性规定

（1）电子商务经营者应当依法办理市场主体登记。但是以下几种情况除外：

①个人销售自产农副产品；

②家庭手工业产品；

③个人利用自己的技能从事依法无法取得许可的便民劳务活动（如钟点工、修理工、生活护理、老年人照顾、餐饮服务、出行服务等）；

④零星小额交易活动。

（2）电商经营者应当依法履行纳税义务，并依法享受税收优惠。不需要办理市场主体登记的电子商务经营者在首次纳税义务发生后，应当依据相关规定申请办理税务登记，并如实申报纳税。

（3）电子商务经营者从事经营活动，依法需要取得相关行政许可的，应当依法取得行政许可，如提供餐饮服务的商家。

（4）电子商务经营者销售商品或者提供服务应当依法出具纸质发票或者电子发票等购货凭证或者服务单据。电子发票与纸质发票具有同等法律效力。

（5）电子商务经营者应当在网页显著位置持续公示营业执照信息、与其经营业务有关的行政许可信息。

（6）电子商务经营者应当全面、真实、准确、及时地披露商品或者服务信息，保障消费者的知情权和选择权。电子商务经营者不得以虚构交易、编造用户评价等方式进行虚假或者引人误解的商业宣传，欺骗、误导消费者。

（7）电子商务经营者应当按照承诺或者与消费者约定的方式、时限向消费者交付商品或者服务，并承担商品运输中的风险和责任。但是，消费者另行选择快递物流服务提供者的除外。

（8）电子商务经营者按照约定向消费者收取押金的，应当明示押金退还的方式、程序，不得对押金退还设置不合理条件。消费者申请退还押金，符合押金退还条件的，电子商务经营者应当及时退还。

9.3.3　电子商务平台经营者

1. 电子商务平台经营者的定义

在电子商务交易中为交易双方或者多方提供网络经营场所、交易撮合、信息发布等服务，提供交易双方或者多方独立开展交易活动的法人或者非法人组织。

2. 电子商务平台经营者的一般性规定

①电子商务平台经营者应当要求申请进入平台销售商品或者提供服务的经营者提交其身份、地址、联系方式、行政许可等真实信息，进行核验、登记，建立登记档案，并定期核验更新。

②电子商务平台经营者在其平台上开展自营业务的，应当以显著方式区分标记自营业务和平台内经营者开展的业务，不得误导消费者。电子商务平台经营者对其标记为自营的业务依法承担商品销售者或者服务提供者的民事责任。

③电子商务平台经营者知道或者应当知道平台内经营者销售的商品或者提供的服务不符合保障人身、财产安全的要求，或者有其他侵害消费者合法权益行为，未采取必要措施的，依法与该平台内经营者承担连带责任。

④电子商务平台经营者应当建立健全信用评价制度，公示信用评价规则，为消费者提供对平台内销售的商品或者提供的服务进行评价的途径。电子商务平台经营者不得删除消费者对其平台内销售的商品或者提供的服务的评价。

⑤电子商务平台经营者应当根据商品或者服务的价格、销量、信用等以多种方式向消费者显示商品或者提供的服务的搜索结果；对于竞价排名的商品或者提供的服务，应当显著标明“广告”。

⑥电子商务平台经营者应当建立知识产权保护规则，与知识产权权利人加强合作，依法保护知识产权。

9.3.4　电子商务合同的订立与履行

1. 电子商务合同的定义与特点

电子商务合同指合同法所规定的采用数据电文方式的合同。这里特别注意：合同虽非以数据电文形式订立，但以在线传输形式交付合同标的（如数字产品）或者以电子支付方式付价款的，也在电子商务合同之列。例如，消费者虽然在实体超市购物，但使用电子支付（如扫描二维码支付）付款，消费者与超市之间的合同属于电子商务合同。

（1）电子商务合同并非都是书面合同

数据电文既可以用于订立合同，也可以用于履行合同。一部分合同虽然并非以书面形式订立，但是以在线传输形式交付标的或者采用电子支付履行付款义务仍然属于电子合同。

（2）电子商务合同并不等于远程合同

缔约方近在咫尺但是彼此通过互联网等信息网络达成交易、订立合同，也属于电子商务合同。例如，消费者无论在网络上还是在餐馆内点餐所订立的合同，均属于电子商务合同，不应因消费者距离餐馆的远近而有性质上的差别。

2. 电子商务合同的订立

电子商务当事人使用自动信息系统（如投币式自动售货机、游戏机等）订立或者履行合同的行为对使用该系统的当事人具有法律效力。

电子商务经营者发布的商品或者服务信息符合要约条件的，用户选择该商品或者服务并提交订单成功，合同成立。当事人另有约定的，从其约定。电子商务经营者不得以格式条款等方式约定消费者支付价款后合同不成立；格式条款等含有该内容的，其内容无效。电子商务经营者搭售商品或者服务，应当以显著方式提请消费者注意，不得将搭售商品或者服务作为默认同意的选项。

电子商务经者应当清晰、全面、明确地告知用户订立合同的步骤、注意事项、下载方法等事项，并保证用户能够便利、完整地阅览和下载。电子商务经营者应当保证用户在提交订单前可以更正输入错误。

3. 电子商务合同的履行

合同标的为交付商品并采用快递物流方式交付的，收货人签收为交付时间。合同标的为提供服务的，生成的电子凭证或者实物凭证中载明的时间为交付时间；前述凭证没有载明时间或者载明时间与实际提供服务的时间不一致的，实际提供服务的时间为交付时间。

合同标的为采用在线传输方式交付的，合同标的进入对方当事人指定的特定系统并且能够检索识别的时间为交付时间。合同当事人对交付方式、交付时间另有约定的，从其约定。

快递物流服务者在交付商品时，应当提示收货人当面查验；交由他人代收的，应当经收货人同意。

4. 电子支付服务提供者支付安全管理义务

用户在发出支付指令前，应当核对支付指令所包括的金额、收款人等完整信息。支付指令发生错误的，电子支付服务提供者应当及时查找原因，并采取相关措施予以纠正。造成用户损失的，电子支付服务提供者应当承担赔偿责任，但能够证明支付错误非自身原因造成的除外。

电子支付服务提供者完成电子支付后，应当及时准确地向用户提供符合约定方式的确认支付的信息。

9.3.5 电子商务争议解决

商品、服务质量担保机制和先行赔偿责任。电子商务平台经营者与平台内经营者协议设立消费者权益保证金的，双方应当就消费者权益保证金的提取数额、管理、使用和退还办法等做出明确约定。消费者要求电子商务平台经营者承担先行赔偿责任以及电子商务平台经营者赔偿后向平台内经营者的追偿，适用《中华人民共和国消费者权益保护法》的有关规定。

电子商务争议可以通过协商和解，请求消费者组织、行业协会或者其他依法成立的调节组织调解，向有关部门投诉，提请仲裁，或者提起诉讼等方式解决。

9.3.6 法律责任

（1）电子商务经营者违反本法规定，有下列行为之一的，由市场监督管理部门责令限期改正，可以处一万元以下的罚款。

①未在首页显著位置公示营业执照信息、行政许可信息、属于不需要办理市场主体登记情形等信息，或者上述信息的链接标识的；

②未在首页显著位置持续公示终止电子商务的有关信息的；

③未明示用户信息查询、更正、删除以及用户注销的方式、程序，或者对用户信息查询、更正、删除以及用户注销设置不合理条件的。

电子商务平台经营者对违反前款规定的平台内经营者未采取必要措施的，由市场监督管理部门责令限期改正，可以处二万元以上十万元以下的罚款，情节严重的，处十万元以上五十万元以下的罚款。

（2）电子商务平台经营者对平台内经营者侵害消费者合法权益行为未采取必要措施的，或者对平台内经营者未尽到资质资格审核义务，或者对消费者未尽到安全保障义务，由市场监督管理部门责令限期改正，可以处五万元以上五十万元以下的罚款；情节严重的，责令停业整顿，并处五十万元以上二百万元以下的罚款。

（3）电子商务经营者未向消费者明示押金退还的方式、程序，对押金退还设置不合理条件，或者不及时退还押金的，由有关部门责令限期改正，可以处五万元以上二十万元以下的罚款；情节严重的，处二十万元以上五十万元以下的罚款。

【任务评价】

完成表9－4任务评价。

表9－4 任务评价

评定形式	自我评定（20%）	教师评定（80%）	任务总计（100%）
得分（100）			
总结			

【知识拓展】

《电子商务法》的影响

自2013年12月7日第一次起草，《中华人民共和国电子商务法》前后经历了四次审议，历时五年终于在2019年1月1日正式实施，它带给我们的影响主要有：

1. 代购、微商、主播等需纳税

有关代购纳税的消息2018年就传开了，不少代购都纷纷转行，以后消费者通过代购买东西更难了。《电子商务法》规定包括“代购”在内的电子商务经营者需要办理市场主体登记，并且依法纳税。电子商务经营者包含了代购、“带货”主播、朋友圈微商、抖音卖货、在淘宝、微店、小程序等平台开设小店的个人卖家等。

2. 不能删差评、刷好评

马蜂窝的虚假点评事件就是一个最佳案例，评价也是可以大量做假的。删除差评、刷好评是现在常用的办法，不过《电子商务法》规定，电子商务平台经营者不得删除消费者对其平台内销售的商品或提供的服务的评价，否则可能被处最高五十万元的罚款。

3. 捆绑搭售必须明示

2017年，韩雪炮轰携程捆绑销售，隐性消费被广泛关注，相信上当的不在少数。《电子商务法》规定电子商务经营者搭售商品或者服务，应当以显著方式提请消费者注意，不得将搭售商品或者服务作为默认同意的选项。否则将被处五万元以上二十万元以下的罚款。情节严重的，处二十万元以上五十万元以下的罚款。

4. 大数据杀熟被禁止

大数据带来便利的同时也带来了伤害，《电子商务法》中也提及了大数据杀熟的问题。要求电商平台推出允许用户关闭“个性化推荐”的选项，对大数据杀熟起到制约作用。

5. 押金退还不及时将被罚款

近期ofo小黄车押金问题越演越烈，电商法要求明示押金退还的方式，对押金退还不设不合理条件，符合押金退还条件的，需及时退还。

6. 平台自营应显著标记

“自营”不是平台经营者自营，而是平台所属集团下属公司经营，电商法规定电子商务平台经营者在其平台上开展自营业务的，应当以显著方式区分标记自营业务和平台内经营者开展的业务，不得误导消费者。

7. 平台需保障人身、财产安全

坐顺风车失联，通过招聘平台找工作遭遇传销等事件的发生让平台不能再置身事外。《电子商务法》规定，若提供的服务不符合保障人身、财产安全的要求，平台需要依法担责。

8. 商家不得随意砍单

低价促销，在消费者付款成功后又取消订单。这种随意“砍单”的情况你遇到过吗？商品缺货、操作失误、系统出错、产品质量、订单异常等，电商交易合约关系并不稳固。电商法规定，用户选择商品或者服务并提交订单成功，合同成立。平台经营者不得毁约，格式条款等含有消费者支付价款后合同不成立的，其内容无效。

9. 强化经营者举证责任

消费维权举证困难，在电子商务交易中，有关合同、交易记录等证据大多为电子商务经营者拥有。电商法对此要求经营者有提供相关证据的义务，如果丢失、伪造、篡改、销毁、隐匿或拒绝提供相关资料则承担法律后果。

10. 不能强制商家“二选一”

2018年有不少网络商家爆料，强势平台要求所有品牌商家在众多平台之间“二选一”。电商法规定电子商务经营者不得滥用市场支配地位，排除、限制竞争。

电子商务经营者网上办理营业执照

为更好地服务淘宝商家，同时为电子商务经营者办理市场主体登记提供便利，杭州未来科技城积极与浙江省市场监管局、国家市场监管总局等部门对接，联合余杭区市场监管局等部门，探索“互联网+”方式，为淘宝商家搭建互联网线上工商登记平台——淘宝小镇（中国杭州）电子商务产业园（简称“电商园”）。

电商园于2018年12月15日试运行，当天即发出首张工商电子营业执照，如图9－1所示，这也是国内首张针对电商自然人经营者、可全程电子化领取的电子营业执照。

《电子商务法》规定，电子商务经营者应当依法办理市场主体登记，并在其首页显著位置，持续公示营业执照信息、与其经营业务有关的行政许可信息。电商经营者违反规定，由

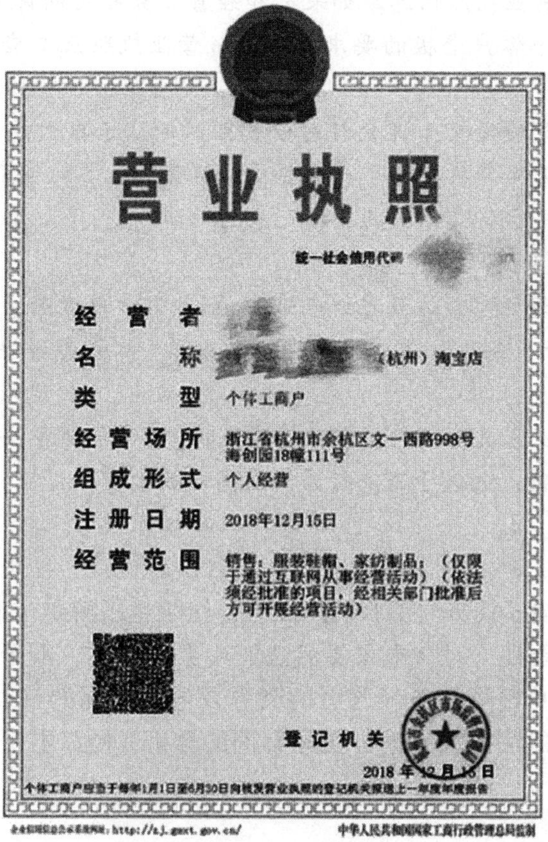

图9－1　个人电子营业执照

市场监管部门责令限期改正，可以处一万元以下的罚款。电商平台经营者对违反规定的平台内经营者未采取必要措施的，由市场监管部门责令期限改正，可以处二万元以上十万元以下的罚款。

无视《电子商务法》的店主或目前存在的“僵尸”店铺将面临清退，同时店铺等级和信誉都将被清除。同时，个人代购不会随着《电子商务法》落地戛然而止，会走向规范化。

1. 办理主体登记

淘宝个人店也要像实体店的个体户一样，办理营业执照。且必须按照规定向市场监督管理部门报送平台内经营者的身份信息，未办理市场主体登记的经营者依法办理登记，否则最高处五十万元罚款。也就是说，淘宝平台也会监督店家是否已办理营业执照，如果店铺没有办理很有可能会被处理。

2. 办理税务登记

税务登记以工商登记为前提，既然已经要求进行工商登记，那下一步当然是依法纳税。《电子商务法》第十一条和第三十一条规定，电商运营必须进行税务登记，平台交易信息保存不少于三年。淘宝个人店首当其冲，这就要求各位老板们要按照规定记账报税了，否则一查平台的交易信息，逃都逃不掉。

3. 公示营业执照

《电子商务法》第十五条十六条规定，不管淘宝店铺营业还是歇业，都需要在店铺首页的显著位置，持续公示营业执照信息。如果有和经营业务相关的许可证，也需要一起公示。这一要求和对实体店的个体户老板的要求是一样，营业执照正本应当置于经营场所的醒目位置。

不得不说，淘宝随随便便交个押金就可以创业的时代已经过去。在《电子商务法》实施后，淘宝店、微商、甚至网络直播平台都要持证经营，依法纳税了。并且电商更加没有可能逃税漏税，因为网络平台将您的交易数据记录的一清二楚。

4. 刷单违法、删评论最高罚款五十万元

像“亲，给个五星好评吧，返五元红包哦!”引导好评或者购买“水军”刷好评，这样的举动将被禁止。《电子商务法》第十七条规定“刷单”“引导好评”误导消费者，被列为涉嫌违法行为。

有些产品质量差，买家真实评价，却被卖家删掉。《电子商务法》第三十九条规定“删除评论”尤其是负面评价，也属于违法行为，最高处五十万元罚款。

【项目总结】

本项目通过国内外电子商务立法状况的介绍，让学生了解电子商务法发展的基本情况，理解电子商务立法的重要性，对《电子签名法》中数据电文、电子签名的概念和效力及新实施的《电子商务法》中电子商务经营者的义务及电子合同的订立和履行进行重点讲解，要求学生能够依据相关的法律规定进行实际案例的分析，提高电子商务活动中依法工作的能力。

【课后习题】

一、填空题

1. 联合国贸法会 1996 年 3 月召开的第 29 次会议中，通过了______________，2001 年第 34 次会议上审议通过了______________。这两部法律在国际上的重要性得到了各国的认可，为各国广泛借鉴，影响深远。

2. 2004 年 8 月 28 日第十届全国人民代表大会常务委员会第 11 次会议通过了《中华人民共和国__________》，该法于 2005 年 4 月 1 日起施行。该法的颁布与施行将在很大程度上改变中国的电子商务无法可依的状态，必将促进中国电子商务的发展。

3. 2015 年 12 月 28 日，中国人民银行发布《______________管理办法》，自 2016 年 7 月 1 日起施行。

4. 数据电文是以________、________、磁或者类似手段生成、发送、接收或者储存的信息。

5. 数据电文的效力有________________和__________________。

6. ________是指数据电文中以电子形式所含、所附用于识别签名人身份并表明签名人认可其中内容的数据。

二、单项选择题

1. 1995 年美国犹他州颁布了美国乃至全球范围内的第一部电子商务运行规范的法律文

件(　　)

A．《电子商务示范法》　　B.《电子签名指令》

C.《数字签名法》　　D.《电子签名示范法》

2.《中华人民共和国电子商务法》于(　　)起实施。

A. 2018年8月31日　　B. 2019年1月1日

C. 2018年10月1日　　D. 2019年3月1日

3. 2013年10月25日新修订的《中华人民共和国消费者权益保护法》于(　　)起实施。

A. 2013年12月1日　　B. 2014年1月1日

C. 2014年3月1日　　D. 2014年3月15日

4. (　　)是以电子、光学、磁或者类似手段生成、发送、接收或者储存的信息。

A. 电子文档　　B. 数据电文

C. 电子签名　　D. 电子印章

5. “电子合同是通过计算机网络系统订立的，以数据电文的方式生成、储存或传递的合同”，根据该定义，以下说法中不正确的是(　　)

A. 数据电文是指经由电子、光学、磁或类似手段生成、发送、接收或者储存的信息

B. 电子合同所载信息是数据电文，无法用传统的方式进行签名和盖章

C. 电子合同发生在虚拟空间，交易双方一般互不见面

D. 电子合同不具有证据效力

6. 在淘宝网销售的服装由卖家寄往买家，在投递运输过程中的风险由(　　)承担。

A. 快递公司　　B. 卖家　　C. 买家　　D. 淘宝网

7. 电子商务经营者不及时退还消费者押金的，由主管部门责令其限期整改，可以处(　　)万元的罚款。

A. 五万元以上十万元以下　　B. 十万元以上二十万元以下

C. 五万元以上二十万元以下　　D. 五十万元以下

三、多项选择题

1. 电子商务经营者包括(　　)

A. 淘宝店主　　B. 天猫商城

C. 微商　　D. 滴滴出行科技有限公司

2. 不需要办理市场经营主体登记的电子商务经营者有(　　)

A. 京东商城　　B. 提供家政服务的个人

C. 从事零星小额交易活动的个人　　D. 销售自家编制竹篮的个人

3. 在新修订的《中华人民共和国消费者权益保护法》中，不适用七天无理由退货的商品和服务包括(　　)

A. 消费者定做的商品　　B. 鲜活易腐商品

C. 纸质图书　　D. 已消费过的娱乐服务

4. 下面对电子商务合同理解正确的是(　　)

A. 电子商务合同是采用数据电文方式的合同

B. 电子商务合同并非都是书面合同

C. 电子商务合同并不等于远程合同

D. 买卖双方面对面签订的合同不是电子商务合同

四、判断题

1. 电子支付服务提供者完成电子支付后，应当及时准确地向用户提供符合约定方式的确认支付的信息。(　　)

2. 电子发票不具有法律效力。(　　)

3. 电子商务经营者应当在其首页显著位置持续公示营业执照等相关信息或者上述信息的链接标识。(　　)

4. 电子商务平台经营者可以删除消费者对其平台内销售的商品或者提供服务的评价。(　　)

【拓展学习】

登录中国电子商务法律网（www. chinaeclaw. com.），查看最新颁布的电子商务法律法规的内容。

参考文献

[1] 中国电子商务协会．中国电子商务报告（2016—2017）［R］．北京：中国商务出版社，2017.

[2] 陶玉琼．电子商务理论与实务［M］．北京：外语教学与研究出版社，2014.

[3] 陶玉琼．电子商务基础与实务［M］．北京：北京理工大学出版社，2016.

[4] 张润彤．电子商务概论（第3版）［M］．北京：电子工业出版社，2015.

[5] 万守付．电子商务基础（第4版）［M］．北京：人民邮电出版社，2015.

[6] 许应楠．电子商务基础与实务［M］．北京：高等教育出版社，2018.

[7] 魏亚平．电子商务基础（第3版）［M］．北京：机械工业出版社，2018.

[8] 李跃贞，黄建莲．电子商务概论（第3版）［M］．北京：机械工业出版社，2019.

[9] 宋俊骥，孔华．电子商务基础教程［M］．北京：人民邮电出版社，2019.

[10] 候安才，栗楠，张强华．电子商务安全技术实用教程［M］．北京：人民邮电出版社，2016.

[11] 马笑，刘昌祺．物流配送中心分类与拣货系统实用技术［M］．北京：机械工业出版社，2014.

[12] 靳林．电子商务与物流配送（第2版）［M］．北京：机械工业出版社，2016.

[13] 白世贞，谢红燕．物流信息技术［M］．北京：化学工业出版社，2016.

[14] 贺红，朱振华，周蓉．跨境电子商务［M］．北京：中国商务出版社，2017.

[15] 鲁丹萍，陈国雄．跨境电子商务理论与实务［M］．北京：高等教育出版社，2018.

[16] 电子商务法起草组．中华人民共和国电子商务法条文研析与适用指引［M］．北京：中国法制出版社，2018.

[17] 艾瑞网（www. iresearch. cn）.

[18] 亿邦动力（www. ebrun. com）.

[19] 派代网（www. paidai. com）.

[20] 易观智库（www. enfodesk. com）.

[21] 简书（https：//www. jianshu. com/）.

[22] 雨果网（https：//www. cifnews. com/）.

[23] 微信公众平台（https：//mp. weixin. qq. com/cgi－bin/wx）.

[24] 网上交易保障中心（www. 315onlin. com. cn）.

[25] 中国电子商务法律网（www. chinaeclaw. com）.

[26] 中国电子商务研究中心（b2b. toocle. com）.

［27］前瞻网（https：//t. qianzhan. com/caijing/detail/181206－211bfcb1. html）.
［28］前瞻网（https：//t. qianzhan. com/caijing/detail/181206－a3dad041. html）.
［29］法律快车网（http：//m. lawtime. cn/info/zscq/fanbzdjz/201807033380254. html）.
［30］澎湃新闻网（https：//www. thepaper. cn/newsDetail_ forward_ 3146248）.
［31］《中华人民共和国电子签名法》
［32］《中华人民共和国电子商务法》